U0862619

中等职业教育项目化教学精品教材——财经商贸类

金融学原理

Jinrongxue Yuanli

主　编　洪宇平
副主编　张　利　李曜良

暨南大學出版社
JINAN UNIVERSITY PRESS

中国·广州

图书在版编目（CIP）数据

金融学原理/ 洪宇平主编；张利，李曜良副主编．—广州：暨南大学出版社，2012. 9
（中等职业教育项目化教学精品教材．财经商贸类）
ISBN 978 -7 -5668 -0301 -6

Ⅰ. ①金… Ⅱ. ①洪…②张…③李… Ⅲ. ①金融学—中等专业学校—教材 Ⅳ. ①F830

中国版本图书馆 CIP 数据核字(2012)第 186417 号

出版发行：暨南大学出版社

地 址：中国广州暨南大学
电 话：总编室（8620）85221601
营销部（8620）85225284 85228291 85228292（邮购）
传 真：（8620）85221583（办公室） 85223774（营销部）
邮 编：510630
网 址：http：//www. jnupress. com http：//press. jnu. edu. cn

排 版：广州市天河星辰文化发展部照排中心
印 刷：佛山市浩文彩色印刷有限公司

开 本：787mm × 1092mm 1/16
印 张：12. 75
字 数：298 千
版 次：2012 年 9 月第 1 版
印 次：2012 年 9 月第 1 次
印 数：1—2000 册

定 价：23. 00 元

（暨大版图书如有印装质量问题，请与出版社总编室联系调换）

前　言

长期以来，职业教育理论界与实务界一定程度上普遍存在着对中职学校开设金融事务专业及相关课程的偏见。人们认为，金融学理论过于高深，术语多，概念复杂，很难为中职学生所理解和接受。同时，由于在实际社会经济生活中，特别是在银行、农村信用合作社等机构中，从业人员多具备专科以上学历甚至硕士研究生以上学历，此类机构中的相关工作岗位大门在中职生面前似乎永远处于闭锁状态。事实上，这种看法是失之偏颇、有失公允的。

应该注意到，近年来金融业岗位设置的细化特征越来越明显。换言之，在金融行业，不仅需要高精尖人才，同样需要大批受过基础金融学理论训练并十分熟悉金融业一般性业务流程和基本工作环节的初级专业人才、金融助理人员和财经文员，这为中职学校金融专业学生打开了就业的方便之门。

满足社会需求，永远是职业教育的出发点，也是衡量办学和教学效果的重要依据。而要达到这个目标，只能依托课程这一平台，使课程成为帮助学生成为受企业欢迎的应用型初级专业人才的有效途径。

教材是课程的载体，是体现教学目标的教学活动的指导性文件。多年以来，在学术导向的支配下，金融类专业教材多按照严谨的学科体系进行编写，过分强调逻辑性和学科体系的完整性，学生通常要先系统地学习晦涩难懂、措辞生硬的理论知识再进行技能实训，这不仅增大了教学难度，而且不利于培养学生对课程学习的兴趣。需要指出的是，对理论系统性和完整性的过度追求，还势必导致对极其丰富多彩的金融实务界的诸多生动场景的忽略，教与学两方面都因此变得被动、呆板、毫无趣味。

本教材打破了先介绍金融学的一般概念，后介绍金融的基本工具，再介绍金融政策和金融市场监管法规这一传统教材结构顺序，按照金融业从业人员所必备的基础性金融知识和基本技能要求，对教材内容进行重新整合。本教材首先从与金融学关系最为密切的货币概念入手，增强学生的感性认识，提高学生学习兴趣，避免一开始就学习抽象的金融专业名词和理论，在学生形成对货币的初始性认知的基础上，再逐步展开介绍金融学的一些基本理论。

本教材的结构可概括为“模块 + 项目”。具体而言，是以案例导入为主线，以任务互动为激趣点，以教师引导为原则，以学生参与为目的，辅之以正文叙述，最后以“知识链接”的方式对各模块相关项目知识点进行适当扩充并附课后练习题和参考答案，借以巩固学生的学习效果。

从故事中找到“知识”，是本教材的一大特色。在本教材的每一模块的每个项目中，均巧妙安排了与各项目教学内容密切相关的精选案例即故事。在教师的精心组织、安排下，学生通过集体或小组讨论的方式，围绕教师设定的若干问题进行讨论，先获取猜测性、预估性的知识，然后再在教师的讲解下，准确领悟每一项目所涵盖的知识点。本教材试图用这种方式，对“发现学习法”进行某种诠释与实践。

在组织技能实训内容时，本教材还充分发挥教师和学生的积极性，安排了师生力所能及的课外实践活动内容，如在教师的带领和指导下，学生亲赴银行、保险公司、城市信用社、企业财务公司、证券交易所、黄金珠宝首饰店等处进行实地考察、观摩与面对面访谈，使学生获得第一手宝贵的感性材料，借以巩固课堂教学内容。

本教材的作业特点为：一部分以单选、多选和判断等客观题型呈现，目的在于重现课堂讲授的理论知识点；另一部分则以案例分析的形式呈现，检验学生通过理论学习，分析和评判典型案例的能力，帮助学生逐步形成发散性思维。

本教材的编写人员均为在一线从事过多年职业教育教学工作的讲师和高级讲师，有半数编者还具有丰富的金融企业工作经验。在编写过程中，试图总结多年教学实践与教学改革经验并将企业工作经验融入其中，充分考虑中职学生特点，力求创新、实用、有趣和发人深省。

本教材建议总学时为80课时，其中4课时可作为机动课时。

各模块参考学时分配如下：

模　块	理　论	实训练习（含校外观摩）	合　计
模块一	6	4	10
模块二	10	6	16
模块三	16	8	24
模块四	6	2	8
模块五	8	2	10
模块六	6	2	8
合　计	52	24	76

本教材作者均为广东省经济贸易职业技术学校财经类资深专业教师。由洪宇平（高级讲师、教育学硕士、财会金融部部长）任主编，张利（讲师、会计师、管理学硕士）、李曜良（讲师、金融学硕士）任副主编。编写人员及具体分工如下：模块一、模块六由洪宇平编写，模块二由张利编写，模块三由李曜良编写，模块四由何大宇（高级讲师、管理学硕士）编写，模块五由许阳全（讲师、经济学硕士）编写。最后由洪宇平、李曜良对全书进行了统稿。

导 学

金融学原理既是金融事务专业的必修课程，也是会计专业的一门重要的辅助性课程。从课程本身的特点看，金融学原理课程不仅具有较为艰深的理论性，而且具有强烈的实践操作性特征，对于初次接触金融的中职学生来讲，往往会感觉比较难学、难懂。但是，只要我们牢牢把握本课程的特点，掌握科学的学习方法，形成从多个角度看待同一问题、发散式、开放式、正确的思维方法，通过努力，就一定能够学好这门课程。

学习该门课程应该注意以下几点：

第一，要把握教材的总体结构。

从教材的体系结构来看，本教材按照中职学生的年龄特征、学习规律和知识接受能力进行编写。每个模块都严格依据“案例导入—任务互动—正文讲解—知识链接—技能实训—模块小结—练习题”这一线索展开。之所以在每个模块、每个项目的正文讲授前先安排“案例导入”这一教学环节，主要是想激发学生的求知欲望，使之对金融现象产生浓厚的兴趣，并以此为教学的出发点，达到化繁为简、由浅入深、由表及里、由此及彼、由现象到本质、由讲故事到学知识的教学目的。因此，在学习每一模块、每一项目的具体教学内容之前，必须在教师的指导下，认真领会各个案例所蕴涵的知识、道理和规律，从而更好地理解正文内容。

第二，要高度重视“知识链接”和“练习题”。

在每个项目正文之后，均安排了与该项目教学内容密切相关的“知识链接”。这些知识有些是扩展性的理论总结，有些是现行法律法规，有些是正文之外的重要金融学概念、术语。了解这些知识可以帮助我们更好地掌握正文内容，所以要特别注重这些内容的学习。同时，为了帮助大家理解和掌握各模块的学习内容，本教材还在模块小结之后安排了课后练习。这些练习一部分是理论知识点的再现，一部分则是通过案例分析的方式，提高大家运用金融理论知识分析金融问题的能力。因此，每个模块后的练习都要认真地独立完成，才能取得较好的学习效果。

第三，要牢固掌握基本概念、基本公式、基本原理和基本原则。

理论既是实践的总结，也是实践的先导。作为一门比较精深的专业课程，金融学原理教材不可避免地会用到很多术语和概念。只有准确把握了这些基本概念、公式、原理和原则，才能更好地理解和掌握相关学习内容。

希望通过我们的努力，特别是任课教师的辛劳，同学们在学习金融学时不会感到枯燥乏味，能在轻松愉快的状态中理解消化所学知识，更希望同学们能够运用这些知识，初步规划自己的职业生涯，学会一些基础的个人理财方法，形成理性思维方式，为将来成为企业出色的财经文员和初级管理人才打下坚实的知识和技能基础。

目　录

模块一　货　币

【知识目标】

1. 货币的基本含义
2. 货币的本质
3. 货币的发展简史
4. 货币的类型
5. 货币的职能
6. 货币的时间价值

【技能目标】

1. 初步认识货币的含义、类型与职能
2. 了解货币的发展历史

项目1　货币的概念

【案例导入】

这是发生在20世纪初巴布亚新几内亚某一集市上的一个场景：人头攒动，热闹非凡，人人都将自己的产品拿出来与他人交换。卖粮食的人喊："买粮食的拿牛奶来!"卖布匹的人喊："买布匹的拿斧头来!"而卖咖啡的人喊："买便宜咖啡的拿牛皮来!"

【任务互动】

请大家思考并讨论如下问题：

1. 这是一种什么交换方式?
2. 这种交换中有没有货币的身影?
3. 猜测一下货币出现的原因是什么?

一、货币的定义

货币就是我们生活中天天提到、用到的"钱"，在我国通常特指人民币，即在中华人民共和国境内流通的唯一法定货币。那么，如果给货币下一个比较准确的定义，应该怎样描述呢？

一般认为，所谓货币，是指从商品中分离出来固定地充当一般等价物的特殊商品。货币是商品交换发展到一定阶段的产物。货币的本质就是一般等价物，具有价值尺度、流通手段、支付手段、贮藏手段、世界货币的职能。在各国的历史上，不同地区都曾有不同的商品充当过货币，如盐、牲畜、宝石、沙金、石头、稀有的贝壳、珍稀鸟类羽毛等不容易大量获取的物品都曾经作为货币使用过，后来才逐渐过渡为金银等贵金属。随着商品生产的发展和交换的扩大，商品货币（金银）的供应越来越不能满足人们对货币日益增长的需求，又逐渐出现了代用货币、信用货币，以弥补流通手段的不足。进入20世纪，金银慢慢地退出货币舞台，不兑现纸币和银行支票成为各国主要的流通手段和支付手段。

二、货币与商品的关系

商品是一个大家耳熟能详的名词。矿泉水、饮料是商品，学习用具是商品，黄瓜、青菜、牛奶、点心是商品，电脑、苹果手机、空调等也都是商品。各不相同的物品都被称为商品，为什么呢？因为它们之间存在一些共同的特征。

要理解这些特征，首先要知道自然存在物、产品和商品之间的区别。凡是有使用价值并能满足人类某一方面需要的，本来就存在的自然物，如空气、阳光、土壤、草场、滩涂和水，虽然它们有用，但不是劳动的产物，也不用来交换，所以不是商品。而产品虽然经过了人们的加工或制造，但如果不用于交换，只是用来满足自身需要（比如农民自产自用的粮食、蔬果和肉禽、蛋奶等），也不能成为商品。这样，我们就可以概括出商品的基本特征是：有某种用途的、用于交换的劳动产品。

再回到货币的问题。前面提到，货币是作为一般等价物的特殊商品。从这句话中，很明显可以得出一个结论：货币就是某种商品。这已经说明了二者之间的关系。但是，究竟是货币的历史长，还是商品的历史长呢？

我们稍微了解一下商品产生的历史。商品之所以出现，主要原因是生产发展的结果。人们在生产中获得的产品，除了满足自身需要外，还有剩余，这些剩余部分被拿到市场上去出售，就是商品。

最早的商品交换都是物物交换。在商品交换的过程中，有时顺利，有时并不顺利。这是因为，每个人拿到市场上的商品往往是单一的，只是用于满足特定需要的物品。比如粮食、生产工具等。如果碰巧有粮食的人想换生产工具，而有生产工具的人又想换粮食，交换问题马上就可以解决；如果有粮食的人想换的是肉食，有生产工具的人却想换马匹、骡子、牛、骆驼等古时候的运输工具，交换就进行不下去了。这就是“商品—商品”交换的天然弊端，它呼唤着一种大家都能接受而又能广泛地拿出去交换的商品出现。这种“商品”正是货币。

所以我们可以作出如下判断：商品是用来交换的劳动产品，货币是固定地充当一般等价物的特殊商品。商品是生产发展到一定阶段的产物，而货币则是商品交换发展到一定阶段必然出现的结果，商品存在的历史显然更长。

知识链接

1. 货币的发展历程

货币的发展经历了原始实物货币—金属货币—足值铸币—非足值货币—银行券—纸币等几个阶段，目前正向电子货币阶段发展。其中从原始实物货币到金属货币的过渡具有里程碑式的意义。在人类早期的商品交换中，贝壳、布条、石子、牛、马、羊、米、盐、工具，甚至奴隶等都充当过货币，但最后都被一一淘汰。于是大家不约而同地把目光集中到以金银为代表的金属上来。这是因为金属质地均匀，形式统一，易于加工，不易磨损，自然成了最方便的货币。

2. 足值货币和非足值货币

所谓足值货币是指用作货币的物品具有自身的价值和使用价值，它作为货币的用途和用于非货币的用途具有同等的价值。大多数早期的货币都是足值货币，如马、羊、米、布匹、金、银、铜、铁等。非足值货币即信用货币，是一种完全借助信用基础而流通起来的货币。这种相互加强的信念是非足值货币存在的基础。非足值货币包括不足值的铸币以及现在流行的纸币、银行存款、电子货币等。

【技能实训】

每四人分为一组，每位同学准备常用文具或其他物品，彼此进行模拟交换。如果出现换不下去的情况，先用大家公认的某一物品（如圆珠笔）进行交换，最后再借助货币（人民币）交换。通过这一过程，猜测货币出现的原因并由小组长进行总结，写出讨论汇报稿。

项目 2　货币的类型

【案例导入】

曾经发生过这样一个感人的故事：某一天，有个专门出售金鱼和热带观赏鱼的小店来了一位可爱的小朋友。她大概只有三四岁，有一双美丽的大眼睛。只见她双手小心翼翼地捧着一把大小不等的雨花石，来到老板面前，对老板说："叔叔，我想买金鱼，这是钱。"老板一看先是愣了一下，然后马上说："好啊！小朋友要买哪一条？叔叔帮你用塑料袋装起来。"接着，小姑娘小心地数出三四颗较大的雨花石，交给老板说："这些钱就买那两条红色的鱼吧！"老板很感慨地接过雨花石，产生了一丝犹豫。这时，小姑娘有些紧张了，说："叔叔，是钱不够吗？"这时，老板眼睛有些湿润，对她说："哪里，够钱了，还有得找呢！"他把两条红色金鱼装入盛了水的塑料袋里，顺手从钱柜里又拿出五六角毛票和硬币，交到小姑娘手里。小姑娘把钱装到口袋里，对老板道了谢，然后拎着塑料袋，欢呼雀跃地出了门。老板望着她的背影，对钱有了更深刻的认识。

【任务互动】

看完这则故事后，请大家讨论如下问题：

1. 货币究竟是什么？

2. 雨花石为什么在故事中能充当货币？

3. 找给小姑娘的零钱是什么类型的货币？

4. 老板因何感动并从此领悟了“钱”的真实意义？

一、货币的基本类型

在现代社会里，可将货币分为如下五种类型：实物货币、代用货币、信用货币、电子货币、纸币。

1. 实物货币

实物货币是指作为非货币用途的价值和作为货币用途的价值相等的实物商品。能充当实物货币的商品具有以下特征：①普通接受性；②价值稳定；③价值均值可分性；④轻便和易携带性。很显然，一般金属都具备这些特征，因此，在实物货币的类型中，金属货币最具代表性。

2. 代用货币

代用货币，一般是指纸质的，凭此可以换取实物的金属货币或金属条块，其本身价值就是所替代货币的价值。代用货币较实物货币的优越性主要有：①印刷纸币的成本较铸造金属的成本要低；②避免了金属货币在流通中的磨损，甚至有意的磨削，可以节约贵金属货币；③克服了运送货币的成本与风险。当然代用货币也有一些缺点，比如易损坏、易伪造等。

3. 信用货币

信用货币产生于20世纪30年代，由于世界性的经济危机，许多国家被迫脱离金本位和银本位，所发行的纸币不再能兑换金属货币，信用货币应运而生。

信用货币作为一般的交换媒介需要有两个条件：一是人们对此货币的信心；二是货币发行的立法保障。二者缺一不可。目前信用货币又可分为以下几种形态：①辅币。其功能是担任小额或零星交易中的媒介手段，多用贱金属铸造。②现金或纸币。主要功能也是担任人们日常生活用品的购买手段，一般为具有流通手段的纸币，其发行权为政府或者金融机构所专有。③银行存款，又称债务货币。存款人可借助支票或其他支付指示，将本人的存款交付他人，作为商品交换的媒介。

4. 电子货币

电子货币通常是指利用电脑或贮值卡所进行的金融活动。持有这种贮值卡就像持有现金一样，每次消费可以从卡片的存款金额中扣除。电子货币在方便的同时也存在一些问题，如如何防范电子货币被盗，如何对个人资信情况进行保密等。因此，电子货币的全面应用尚需一段科技进步和其他保障措施完善的过程。

5. 纸币

纸币作为现行的货币，执行价值尺度、流通手段、支付手段、贮藏手段、世界货币等职能。在现行货币制度即纸币本位制下，纸币的这些职能，是从它取代黄金的流通手段职能开始，然后逐步发展起来的。

二、现实生活中的货币分类

1. 硬币

硬币是一种小面额的辅币。它是铜质的、铝制的或是镍质的。我国现阶段的硬币主要有 1 元、5 角和 1 角三种面值，多为铜质和镍质的。

2. 纸币

纸币是一种法定货币，称为法币（Legal Tender）。法币是政府强制流通的货币。纸币发行的基本权力为政府所有，具体由中央银行掌控。纸币和硬币统称为通货或现金。我国现行的人民币纸币可以分为 100 元、50 元、20 元、10 元、5 元、2 元、1 元、5 角、2 角和 1 角（俗称“188. 80 元”）。

3. 存款货币

存款货币是指可以随时提取的商业银行的活期存款，也称为需求存款。由于活期存款可以随时转换成现金，所以银行的活期存款和通货没有区别。它也是一种货币。

4. 准货币

准货币（Near-Money）是指能够执行价值储藏职能，并且易于转换成交换媒介，但本身还不是交换媒介的资产，如股票和债券等金融资产就是准货币。

5. 货币替代物

货币替代物（Money Substitutes）是指能够暂时执行交换媒介职能，但不能执行价值储藏职能的东西，如信用卡就是一种货币替代物。

三、电子货币是未来货币的发展趋势

就现阶段而言，大多数电子货币是以既有的实体货币（现金或存款）为基础存在的，具备“价值尺度”和“价值保存”职能，且电子货币与实体货币之间能以 1:1 比率交换这一前提条件而成立的。而作为支付手段，大多数电子货币又不能脱离现金或存款，是用电子化方法传递、转移，以清偿债权、债务实现结算。因此，现阶段电子货币的职能及其影响，实质是电子货币与现金和存款之间的关系。

目前，我国流行的电子货币主要有四种类型：

1. 储值卡型电子货币

储值卡型电子货币一般以磁卡或 IC 卡形式出现，其发行主体除了商业银行之外，还有电信部门（普通电话卡、IC 电话卡）、IC 企业（上网卡）、商业零售企业（各类消费卡）、政府机关（内部消费 IC 卡）和学校（校园 IC 卡）等。发行主体在预收客户资金后，发行等值储值卡，使储值卡成为独立于银行存款之外新的“存款账户”。同时，储值卡在客户消费时以扣减方式支付费用，也就相当于存款账户支付货币。储值卡中的存款目前尚未在中央银行征存准备金之列，因此，储值卡可使现金和活期储蓄需求减少。

2. 信用卡应用型电子货币

信用卡应用型电子货币，指商业银行、信用卡公司等发行主体发行的贷记卡或准贷记卡。可在发行主体规定的信用额度内贷款消费，之后于规定时间还款。信用卡的普及使用可扩大消费信贷，影响货币供给量。

3. 存款利用型电子货币

存款利用型电子货币，主要有借记卡、电子支票等，用于对银行存款，以电子化方式支取现金、转账结算、划拨资金。该类电子化支付方法的普及使用能减少消费者往返于银行的费用，致使现金需求余额减少，并可加快货币的流通速度。

4. 现金模拟型电子货币

现金模拟型电子货币主要有两种：一种是基于 Internet 网络环境使用的，且将代表货币价值的二进制数据保管在微机终端硬盘内的电子现金；一种是将货币价值保存在 IC 卡内，并可脱离银行支付系统流通的电子钱包。该类电子货币具备现金的匿名性，可用于个人间支付，并可多次转手等特性。它是以代替实体现金为目的而开发的。该类电子货币的扩大使用，能影响到通货的发行机制、减少中央银行的铸币税收入、缩减中央银行的资产负债规模等。

知识链接 1

金属货币—— 实物货币的代表

经过长年的自然淘汰，在绝大多数社会里，作为货币使用的物品逐渐被金属所取代。使用金属货币的好处是它的铸造需要人工，无法从自然界大量获取，同时还易于储存。数量稀少的金银和冶炼困难的铜逐渐成为主要的货币金属。某些国家和地区使用过铁质货币。早期的金属货币是块状的，使用时需要先用试金石测试其成色，同时还要秤其重量。随着人类文明的发展，逐渐建立了更加复杂而先进的货币制度。古代希腊、罗马和波斯的人们铸造重量、成色统一的硬币。这样，在使用货币的时候，既不需要秤其重量，也不需要测试成色，无疑方便得多。至于硬币上面带有国王或皇帝的头像、复杂的纹章和印玺图案，是为了防止伪造。

中国最早的金属货币是商朝的铜贝。商代在我国历史上处于青铜器时代，当时相当发达的青铜冶炼业促进了生产的发展和交易活动的增加。但是，在当时最广泛流通的贝币由于来源不稳定而使交易发生不便，人们便寻找更适宜的货币材料，来源相对稳定的青铜自然而然地成为人们青睐的对象，由此青铜币应运而生。但这种用青铜制作的金属货币在制作上很粗糙，设计简单，形状不固定，没有使用单位，在市场上也未达到广泛使用的程度。由于其外形很像作为货币的贝币，因此人们大都将其称为铜贝。据考古材料分析，铜贝产生以后，是与贝币同时流通的，铜贝发展到春秋中期，又出现了新的货币形式，即包金铜贝，它是在普通铜币的外表包一层薄金，既华贵又耐磨。铜贝不仅是我国最早的金属货币，也是世界上最早的金属货币。

知识链接2

交子—— 世界上最早出现的纸币

交子最早出现于我国四川地区，发行于北宋前期（1023 年）的成都。

最初的交子实际上是一种存款凭证。北宋初年，四川成都出现了为不便携带巨款的商人经营现金保管业务的“交子铺户”。存款人把现金交付给铺户，铺户把存款数额填写在用楮纸制作的纸卷上，再交还存款人，并收取一定保管费。这种临时填写存款金额的楮纸券便谓之交子。

随着市场经济的发展，交子的使用越来越广泛，许多商人联合成立专营发行和兑换交子的交子铺，并在各地设分铺。由于铺户恪守信用，随到随取，交子逐渐赢得了很高的信誉。商人之间进行大额交易，为了避免铸币搬运的麻烦，越来越多地用交子来支付货款。后来交子铺户在经营中发现，只动用部分存款，并不会危及交子信誉，于是他们便开始印刷有统一面额和格式的交子，作为一种新的流通手段向市场发行。正是这一步步的发展，使得交子逐渐具备了信用货币的特性，真正成为纸币。

随着交子影响的逐步扩大，对其进行规范化管理的需求也日益突出。北宋景德年间（1004—1007 年），益州知州张泳对交子铺户进行整顿，剔除不法之徒，专由 16 户富商经营。至此，交子的发行正式取得了政府认可。宋仁宗天圣元年（1023 年），政府设益州交子务，以本钱 36 万贯为准备金，首届发行“官交子”126 万贯，准备金率为 28%。从商业信用凭证到官方法定货币，交子在短短数十年间就发生了脱胎换骨的变化，具备了现代纸币的各种基本要素，将还处在黑暗的中世纪的欧洲远远抛在后面。

知识链接3

纸币本位制

纸币本位制亦称“自由本位制”。以国家发行的纸币作为本位货币的一种货币制度。其特点是国家不规定纸币的含金量，也不允许纸币与金（银）兑换，纸币作为主币流通，具有无限法偿能力；同时，国家也发行少量金属铸币作为辅币流通，但辅币价值与用以铸造它的金属商品价值无关。由于发行纸币是国家的特权，在中央银行国有化之后，国家便委托中央银行发行纸币。中央银行发行纸币的方式是通过信贷程序进行的，所以纸币实际上是一种信用货币。由于该种货币制度不与黄金挂钩，纸币发行量一般由国家根据经济发展的需要来决定，国家要对其实行严格的管理，所以也叫“有管理的通货制度”。当今世界各国的货币制度，几乎都是纸币本位制。

【技能实训】

将全体学生分为六组，三个组赴银行，另三个组赴其他金融机构（信用社、保险公司等）进行现场考察。观察在一段时间内出入银行的各色人等及其办理业务的类型（取款、存款、还款、缴费、纳税等），分辨其使用货币的基本类型。由每位小组长执笔写出考察报告并在下次课堂上向全班汇报。

项目3 货币的职能

【案例导入】

小张花850元从商店买了一辆自行车，小李花8 000元从商店买了一辆摩托车。

【任务互动】

请同学们思考并且讨论：

1. 案例中的数字是什么含义？体现了货币的什么职能？

2. 纸币既然是国家发行的，那么国家随心所欲想印多少就印多少，行吗？结果会怎样？

3. 纸币可以执行贮藏手段的职能吗？为什么？

4. 货币在哪些时候行使的是支付手段职能？举例说明。

5. 我国现行的人民币具有世界货币的职能吗？

一、价值尺度

价值尺度是货币作为社会劳动的直接体现。货币本身作为一种商品，可以以自己为标准，与其他商品进行量的比较，而此时商品的价值形式就转化为价格形式，商品通过货币进行表达的价值形式即为价格。当货币执行价值尺度这一职能时，货币只需要以想象中的或是观念上的形式存在就可以了，然而它的单位则必须依赖于现实中流通的货币。正是由于货币的价值尺度功能，使得人们可以将不同形式的商品先转化为货币的价格形式，然后再与其他商品进行交换。货币本身作为商品也存在不同货币之间量的差别，因此人们为货币也制定了一个量的标准，即规定价格标准（有时亦称价格标度），指的是含有一定金属重量的货币单位及其等份。

二、流通手段

在货币执行流通手段之后，使得商品的交换有了可能。而流通手段则是货币价值尺度职能的发展。货币的产生，使得商品之间的交换由直接的物物交换变成了以货币为媒介的交换，即由“商品—商品”变成了“商品—货币—商品”。两者之间不仅存在形式上的区别，也存在着性质上的区别。货币执行流通手段职能时，必须使用现实货币，不能使用观念上的货币。

三、贮藏手段

货币的贮藏手段职能，即货币退出流通领域作为社会财富的一般代表被保存起来的职能。货币作为贮藏手段能够自发地调节流通中的货币量。当流通中需要的货币量减少时，多余的货币就退出流通；当流通中需要的货币量增加时，部分被贮藏的货币就进入流通。充当贮藏手段的货币，必须是实在的、足值的金银货币。只有金银铸币或金银条块才能发挥货币的贮藏手段职能。

要特别注意的是，纸币不具备贮藏手段的职能。只有当纸币币值长期保持稳定的条件下，人们才会储藏纸币。纸币有储存手段（在银行）的职能，不具备贮藏手段的职能。

四、支付手段

在支付债务、地租、利息、税款、工资等时，货币执行支付手段的职能。因为在进行现实支付时，需要现实的、流通中的货币。

五、世界货币

世界货币是指货币在世界市场上作为一般等价物发挥作用时产生的职能。作为世界货币，必须有十足价值，并且是贵金属块，按其实际重量来发挥其职能。实际上，发挥世界货币职能的就是金块或银块。纸币不能充当世界货币，如现在的美元等只是充当国际支付手段和结算手段，还称不上世界货币。

货币的世界货币职能的发挥，主要体现在在世界市场上购买国外商品、支付国际收支差额。在这里，货币作为社会财富的代表在国与国之间进行转移。

知识链接1

世界货币

货币在世界市场上执行一般等价物的职能。由于国际贸易的发生和发展，在现代世界经济走向一体化及全球化浪潮的冲击下，世界货币职能所起到的作用越来越大。作为世界货币，必须是足值的金和银，且必须脱去铸币的地域性外衣，以金块、银块的形状出现。原来在各国国内发挥作用的铸币以及纸币等在世界市场上都失去了作用。

在国内流通中，一般只能由一种货币商品充当价值尺度。在国际上，由于有的国家用金作为价值尺度，有的国家用银作为价值尺度，所以在世界市场上金和银可以同时充当价值尺度的职能。后来，在世界市场上，金取得了支配地位，主要由金执行价值尺度的职能。

世界货币除了具有价值尺度的职能以外，还有以下职能：①充当一般购买手段，一个国家直接以金银向另一个国家购买商品。②作为一般支付手段，用以平衡国际贸易的差额，如偿付国际债务、付利息和其他非生产性支付等。③充当国际间财富转移的手段。货币作为社会财富的代表，可由一国转移到另一国，如支付战争赔款、输出货币资本或由于其他原因把金银转移到外国去。在当代，世界货币的主要职能是作为国际支付手段，用以平衡国际收支的差额。

作为世界货币的金银流动是二重的：一方面，金银从它的产地散布到世界市场，为各个国家的流通领域所吸收，补偿磨损了的金银铸币，充作装饰品、奢侈品的材料，并且凝固为贮藏货币。这个流动体现了商品生产国和金银生产国之间劳动产品的直接交换；另一方面，金和银又随着国际贸易和外汇行情的变动等情况，在各国之间不断流动。

为了适应世界市场的流通，每个国家必须贮藏一定量的金银作为准备金。这笔世界货币准备金随着世界市场商品流通的扩大或缩小而增减。在资本主义国家，银行中的黄金储备，往往要把它限制在它的特殊职能所必要的最低限度内。过多的货币贮藏，对于资本是一个限制，而且在一定程度上也意味着商品流通的停滞。

知识链接2

一国四币：独特的货币文化现象

当政治上的“一国两制”在中国取得重大突破时，经济上的“一国四币”即人民币、港币、澳门币及新台币早已在两岸四地相互流通，这种新的经济文化现象很具有独特性。

据有关资料显示，目前在大陆流通的港币现金已超过150亿港元，占香港货币发行总量的30%左右。而从台湾涌向大陆和香港的资金高达600多亿美元，其中有相当数量的新台币流到大陆，在福建等地流通。由于受90年代末东南亚金融危机的影响，港币、澳门币与币值稳定的人民币关系十分密切，除金融机构相互挂牌外，还形成了地域性的如珠江三角洲一带互为流通使用的局面。广州、深圳、珠海等地，接受港币、澳门币的店铺随处可见。内地城乡居民为了使自己拥有的货币收入分散化以及投资或收藏等原因，也都以拥有港币、澳门币及新台币为荣。与此同时，人民币在香港、澳门已进入流通领域，在这些地区，越来越多的人以人民币为“硬通货”及结算货币。在香港或澳门的街头，除银行外，还随处可见公开挂牌买卖人民币的兑换店。更有趣的是，香港、澳门大多数的商店、饭店、宾馆等很多消费场所都直接接受人民币，一些商店门口甚至挂上“欢迎使用人民币”的牌子招揽顾客。台湾也同样出现了人民币的流通现象，许多人将人民币作为坚挺的货币来看待，台湾警方已视伪造人民币为非法行为，不少台胞回大陆探亲后，都带着人民币回去使用或收藏留作纪念。

【技能实训】

请大家在课堂上根据如下情况进行判断，货币分别执行了什么职能？

1. 你去买东西，商品的标价是6克黄金。

2. 你用6克黄金与卖家交换了这件商品。

3. 你买房子，分期付款。

4. 你把白金、钻石、黄金、白银、珠宝、文物等收藏起来，过了几年升值了。

5. 白金和黄金可以在全世界流通。

根据判断的结果，再举出类似的例子以加深理解。

项目4　货币的时间价值

【案例导入1】

某民间贷款公司的广告上写着：借1万元的1天的利息等于一杯咖啡的钱。这个广告吸引了很多人的注意，少部分人还因生意往来急需资金周转而准备尝试借入一些款项。

【任务互动】

请老师组织学生分组讨论如下问题：

1. 假设一杯咖啡的价格是3元，照此计算，年利率是多少？

2. 这个故事告诉我们什么道理？

3. 按照自己的理解，描述一下你对货币时间价值的看法。

【案例导入2】

某人手中现在有1 000元钱，他可以花掉它，也可以将它存入银行，还可以用它进行投资。

【任务互动】

请老师组织学生分组讨论如下问题：

1. 假如此人选择了存入银行，当时银行利率是10%，那么一年后，此人可从银行取出多少钱？

2. 根据上面的计算结果，与一年前相比，此人手中多出的钱是怎么来的？

3. 再次对货币的时间价值进行尝试性定义。

一、货币时间价值的概念

1. 货币时间价值的定义

货币时间价值是指货币经历一定时间的投资和再投资所增加的价值，也称为资金的时间价值。它反映的是由于时间因素的作用，使现在的一笔资金高于将来某个时期的同等数量的资金的差额，或者资金随时间推延所具有的增值能力。资金的循环和周转以及因此实现的货币增值，需要或多或少的时间，每完成一次循环，货币就增加一定数额，周转的次数越多，增值额也越大。因此，随着时间的延续，货币总量在循环和周转中按几何级数增大，使得货币具有时间价值。

货币时间价值问题存在于我们日常生活中的每一个角落，我们经常会遇到这类问题：我们是花 90 万元买一幢现房值呢，还是花 40 万元买一年以后才能住进的期房值呢？我们若想买一辆汽车，是花 18 万元现金一次性购买值呢，还是每月支付 5 000 元，共付 4 年更合算呢？所有这些都告诉我们一个简单的道理，也就是金融学的基本原理之一：货币是具有时间价值的，也就是说，今天的 1 元钱比明天的 1 元钱值钱。

那么，我们认真思考一下，货币时间价值到底是怎样产生的呢？刚才案例中的那个人将钱存入银行，银行为什么会多给 100 元，这是对那人没将钱拿去消费从而推迟消费的耐心的一种补偿吗？在西方，大多数经济学家都认为，货币时间价值是对货币所有者推迟消费的耐心应给予的报酬。如果是这样的话，我们完全可以将钱放在家里不消费，等到以后再消费，这样也是推迟消费，而且比存银行更方便，因为钱在自己手上，想何时用就何时用，想怎样用就怎样用，这样的货币会增值吗？显然是不会的。他们所得出的概念只是说明了一些现象，并没有说明时间价值的本质。

2. 货币时间价值的本质

马克思经济学原理回答了这个问题。在马克思经济学原理中，马克思并没有用到“时间价值”这个概念，但正是他揭示了所谓的“时间价值”就是剩余价值。在发达的商品经济条件下，商品流通的变化形态是 $G—W—G$。企业首先将一笔资金 G 投入生产，用于购买必要的生产资料、劳动力等必需的资源，生产出产品，然后将产品送到流通领域销售出去，最终获得一笔资金 G。在生产过程中，企业投入人力、物力、财力，它们在生产过程中被消耗并转换成产品价值的一部分。而且，工人除了创造了补偿其劳动消耗所必需的价值之外，还创造出了剩余价值，这部分价值使生产出的产品的价值（$C+V+M$）大于初投入的价值（$C+V$），因此，销售产品所获得的资金 G 大于投入资金 G，即原预付价值不仅在流通中保存下来，而且在流通中改变了自己，有了一个增值，即货币随着时间的推移有了一个增加的价值，这部分增加的价值是工人创造的剩余价值，即时间价值的真正来源是工人创造的剩余价值。它不可能由“时间”创造，也不可能由“耐心”创造，只能由工人的劳动创造，如果没有工人的劳动，就算有一大笔资金也不会产生时间价值。这也告诉我们，货币如果闲置不用是没有时间价值的，只有当作资本投入生产和流通后才能增值，因为货币时间价值既然来源于工人创造的剩余价值，如果闲置不用，也就是企业未将资金投入生产，没有必要的生产资源，工人就不可能创造剩余价值，货币的时间价值也无从产生。由此可见，案例 2 中多出的 100 元，正是由于银行将其存款投入生产流通领域，在生产过程中所发生的增值即货币时间价值，并不是对耐心的补偿。

二、货币时间价值与企业的投资决策的关系

货币的时间价值是一个客观存在的经济范畴，任何企业的生产、经营、管理、服务活动，如果排斥了时间价值，就无法正确计量和评价企业的收支与盈亏。前面谈到，货币如果闲置不用是不会产生时间价值的，同样的道理，一个企业在经过一段时间的发展后，正常情况下，肯定会赚得比原始投资额要多的资金，闲置的资金不会增值，而且还可能随着通货膨胀而贬值。所以，企业为了有效地利用这笔资金，最简单的方法就是将资金投入一个经过可行性分析的好的投资项目里面，使其在生产流通活动中发生增值。

企业的投资需要占用企业的一部分资金，这部分资金是否应被占用，可以被占用多长时间，均是决策者需要运用科学方法确定的问题。因为一项投资虽然有利益，但伴随着它的还有风险，如果决策失误，将会给企业带来很大的灾难。1997 年，受东南亚金融危机和自身经济因素的影响，韩国一些大企业集团频频陷入危机，先后有起亚集团、韩宝集团等 10 家大企业集团因债台高筑、资金周转困难而宣告破产，其中一个重要的财务原因便是企业往往不进行深入的调查研究便乱上投资项目，投资决策失误较多。在我们国内，目前也有不少企业正走着与当年韩国大企业集团相同的路子，盲目投资，造成公司资金链断裂而破产。这提醒我们，投资决策一定要科学合理，切实可行，在充分考虑货币时间价值的前提下，用好企业的每一分钱。

企业投资的最主要动机是取得投资收益，投资决策就是要在若干待选方案中，选择投资小、收益大的方案。如何进行投资决策，一般有两大类决策方法，一类是非贴现法，在不考虑货币时间价值的情况下进行决策；另一类是贴现法，决策时考虑到货币时间价值的影响。

三、货币时间价值与个人生活的关系

对于个人投资来说，我们也要掌握货币时间价值的计算方法，也就是将不同时点的资金换算到相同时点上的方法，搞清楚资金到底处在哪个时点上，在日常生活中多考虑时间价值的影响。对我们个人投资者来说，了解一些市场调查方面的知识是十分必要的。通过对市场的调研，收集个人决策所需的背景资料，以便自己能对市场进行周密的分析和判断，以保证自己投资决策的安全性和科学性，提高投资决策的可靠性和效益性。除此之外，我们还要在决策实施后，跟踪实施结果，及时根据市场的变化进行新的决策。当然，在进行个人投资决策时，除了考虑货币时间价值，还要综合投资项目自身的一些因素以及政府的政策等因素。

四、货币时间价值的计算

1. 单利计算

单利计算的原理是，本金在贷款期限中获得利息，不管时间多长，所生利息均不加入本金重复计算利息。比如，某人将10 000元存入银行，年存款利息率为3%，三年后取出，他所获得的本金、利息之和是$10\,000\times(1+3\times3\%)=10\,900$（元）。其中900元就是在单利条件下计算出来的三年利息之和。

2. 复利计算

复利计算的原理是，每经过一个计息期，要将所生利息加入本金再计利息，逐期滚算，俗称“利滚利”。具体又涉及如下三个概念：第一，复利终值：$S=P\ (1+t)\ n$，其中$(1+t)\ n$被称为复利终值系数或1元的复利终值，用符号（s/p，i，n）表示；第二，复利现值：$P=S\ [\ (1+t)\ -n]$，其中$(1+t)\ -n$称为复利现值系数，或称1元的复利现值，用（p/s，i，n）表示；第三，复利利息：$I=S-P$。（公式中字母的含义分别是：P表示本金，又称期初额或现值；i表示利率，通常指每年利息与本金之比；I表示利息；S表示本金与利息之和，又称本利和或终值；t表示时间；n表示期数，如天数、月数或年数）

知识链接

对货币时间价值来源的几种不同看法

一是所谓的“节欲论”。这种观点认为，投资者进行投资就必须推迟消费，对投资者推迟消费的耐心应给以报酬，这种报酬的量应与推迟的时间成正比。一句话，货币的时间价值是由人的“耐心”创造的。

二是有人认为，货币时间价值是资源稀缺性的体现。经济和社会的发展要消耗社会资源，现有的社会资源构成现存社会财富，利用这些社会资源创造出来的将来的物质和文化产品构成了将来的社会财富，由于社会资源具有稀缺性特征，又能够带来更多社会产品，所以现在物品的效用要高于未来物品的效用。在货币经济条件下，货币是商品的价值体现，现在的货币用于支配现在的商品，将来的货币用于支配将来的商品，所以现在货币的价值自然高于未来货币的价值。市场利息率是对平均经济增长和社会资源稀缺性的反映，也是衡量货币时间价值的标准。

三是有人认为，货币时间价值是信用货币制度下，流通中货币的固有特征。在目前的信用货币制度下，流通中的货币是由中央银行基础货币和商业银行体系派生存款共同构成的，由于信用货币有增加的趋势，所以货币贬值、通货膨胀成为一种普遍现象，现有货币也总是在价值上高于未来货币。市场利息率是可贷资金状况和通货膨胀水平的反映，反映了货币价值随时间的推移而不断降低的程度。

四是还有人认为，货币时间价值是人们认知心理的反映。由于人在认识上的局限性，人们总是对现存事物的感知能力较强，而对未来事物的认识较模糊，结果人们存在一种普遍的心理就是比较重视现在而忽视未来。现在的货币能够支配现在商品满足人们的现实需要，而将来货币只能支配将来商品满足人们将来的不确定需要，所以现在单位货币价值要高于未来单位货币的价值。为使人们放弃现在货币及其价值，必须付出一定代价，利息率便是这一代价。

【技能实训】

某中职生毕业后决定自主创业。他在家人和朋友的帮助下，筹资 10 万元开了一家精品店。按照税法规定，假设每年应纳 5 000 元税款。现在有两个方案可供选择：第一种是每年缴纳5 000元税款，共缴三年，年利率是 10%；第二种是在第三年年末一次性缴纳15 000元。

请同学们回答下列问题：

1. 想一想：究竟选哪一种方案比较划算？
2. 算一算：为什么选择这个方案？
3. 议一议：从中你获得什么启发？
4. 举出类似的例子请周围同学算一算，加深对货币时间价值的理解。

【模块小结】

本模块围绕货币的定义、货币的类型、货币的职能、货币的时间价值这四个项目，为同学们介绍了与货币有关的基础知识。通过学习，同学们应该对货币的发展历史、货币的表现形式与基本类型、支付手段等货币的五个基本职能和延伸职能以及货币的时间价值形成比较清晰的认识。本模块提供后续学习的入门知识。通过对这些知识的学习和掌握，同学们应该形成初步的金融理财和投资意识，学会用金融的眼光看待和分析社会经济现象，并借以对企业和个人投资决策产生积极的影响。要运用相关知识对身边的典型事例进行评价和判断，提高自己分析、处理日常性金融问题的能力。

【练习题】

一、单项选择题

1. 对货币最准确的定义是（　　）。
   A. 本质上是一种商品
   B. 是商品的最高代表
   C. 是固定地用来充当一般等价物的特殊商品
   D. 特指黄金、白银等贵金属
2. 所谓商品，通常是指（　　）。
   A. 包括自然存在物在内的一切物品　　B. 用来交换的劳动产品
   C. 一定是人类劳动的结果　　D. 一定是某种用途的有形物品
3. 非足值货币一定是指（　　）。
   A. 信用货币

B. 非信用货币

C. 有时可与足值货币通用

D. 可以是信用货币，也可以是非信用货币

4. 以下属于“准货币”的是（　　）。

A. 存款货币　　B. 硬币

C. 纸币　　D. 股票和债券

5. 在某公司上班的小王领到了第一个月的工资 2 300 元。这时，货币执行的是（　　）职能。

A. 贮藏手段　　B. 支付手段

C. 流通手段　　D. 世界货币

6. 一般来说，纸币具有（　　）的职能，不具备贮藏手段的职能。

A. 储存手段　　B. 电子货币

C. 世界货币　　D. 贵金属货币

7. “电子钱包”属于（　　）电子货币。

A. 储值卡型　　B. 信用卡应用型

C. 存款利用型　　D. 现金模拟型

8. 货币时间价值产生的原因是（　　）。

A. 对人们节制消费欲望的某种补偿

B. 随着时间的延续，货币必然增值的部分

C. 本质上是货币的贬值

D. 货币经历一定时间的投资和再投资所增加的价值

9. 小张向银行存入 10 000 元。年存款利息率 4%。三年后，小王将存款连本带息取出。在单利计算的条件下，其本利和是（　　）元。

A. 10 400　　B. 10 800

C. 11 200　　D. 12 000

10. 条件如上题。在复利计算的条件下，其本利和是（　　）元。

A. 11 200　　B. 11 248. 64

C. 11 219　　D. 11 250. 65

二、多项选择题

1. 在货币的发展历程中，人们之所以最终选定贵金属作为货币，是因为贵金属（　　）。

A. 质地均匀　　B. 形式统一

C. 便于携带　　D. 不易磨损

2. 非足值货币包括（　　）。

A. 不足值的铸币　　B. 足值的硬币

C. 纸币　　D. 银行存款

3. 货币可分为如下基本类型（　　）。

A. 实物货币　　B. 代用货币

C. 信用货币　　D. 电子货币

4. 货币的基本职能是（　　）。

A. 衡量尺度　　B. 支付手段

C. 流通手段　　D. 世界货币

5. 我国流行的电子货币主要有如下类型（　　）。

A. 储值卡型电子货币　　B. 信用卡应用型电子货币

C. 存款利用型电子货币　　D. 现金模拟型电子货币

6. “一国四币”是指（　　）等货币可以同时合法地在我国大陆及港、澳、台地区流通。

A. 人民币　　B. 新台币

C. 港币　　D. 澳门币

7. 以下对货币时间价值的描述较为准确的是（　　）。

A. 资金随时间推延所具有的增值能力

B. 货币经历一定时间的投资和再投资所增加的价值

C. 其本质是劳动者创造的剩余价值

D. 其本质是对人们延迟消费进行的某种奖励或补偿

8. 对货币时间价值的几种主要看法包括（　　）。

A. 节欲论　　B. 剩余价值理论

C. 是“资源稀缺性”的体现　　D. 是人们认知心理的反映

9. 小李用季度奖金中的 1 280 元买了一部手机，用 613 元支付房租和水电费，用 2 000元买了一枚金戒指。这时，货币执行的是（　　）职能。

A. 支付手段　　B. 储藏手段

C. 流通手段　　D. 世界货币

10. 信用货币可以分为如下类型（　　）。

A. 辅币　　B. 现金

C. 纸币　　D. 银行存款

三、判断题

1. 货币的本质就是一般等价物。（　　）

2. 只要有某种用途的劳动产品都是商品。（　　）

3. 货币的发展经历了原始实物货币—金属货币—足值铸币—非足值货币—银行券—纸币等几个阶段，目前正向电子货币阶段发展。（　　）

4. 早期的货币大多数都是非足值货币。（　　）

5. 纸币作为现行的货币，执行价值尺度、流通手段、支付手段、贮藏手段、世界货币等职能。（　　）

6. 股票和债券等金融资产是典型的准货币。（　　）

7. 现阶段电子货币的职能及其影响，实质是电子货币与现金和存款之间的关系。（ ）

8. 世界上最早的纸币是出现在我国清代的交子。（ ）

9. 货币时间价值的本质是对人们持币延迟消费的某种补偿。（ ）

10. 某人在银行存入5 000元，在年利息3%的情况下，两年后本息共取出5 300元。这是典型的复利计息。（ ）

四、案例分析题

在我们平常的生活中，经常可以看到人们因手头很紧，以分期付款（即按揭）的方式购买自己心仪的产品或服务。购买商品房是最常见的例子。但假如买的是家电等耐用消费品，其使用效用固然可延长好几年，问题是，这与借钱置产是同样的道理吗？来看以下这个例子。

某人看中了一台标价为10 000元的大屏幕彩电，打算以分期付款的方式购买。经与商家约定，拟分12个月付清，每月支付1 000元。请作如下计算并回答问题：

1. 按照上述假定，月利率和年利率分别是多少？划算吗？

2. 假如双方约定，该商品10个月分期付款每月1 000元，即免息，但同时又约定，若每月以现金付清则可获得5%的折扣。在这一条件下，分期付款利率和年利率分别是多少？

3. 假若资金足够，可否采用一次性付款方式？对比前两种，划算吗？

4. 本案例对我们有何启发？

模块二　金融机构

【知识目标】

1. 银行性金融机构的构成体制、特点、功能
2. 证券公司的产生、类型、业务范围
3. 保险公司的产生、类型、主要业务
4. 其他金融机构的简单介绍
5. 金融政策的内容与金融监管机构组成及职责

【技能目标】

1. 认识银行性金融机构和其他非银行性金融机构的产生、发展及特点
2. 了解银行性金融机构的组织形式和结构以及主要业务内容
3. 掌握中央银行、商业银行的经营管理内容与方法及在金融发展中的地位与作用

项目 1　银行性金融机构

【案例导入】

银行的起源

世界上最古老的银行可以追溯到公元前 2000 年，当时西欧古代社会的一些寺庙已从事保管金银、发放贷款、收付利息的活动。公元前 400 年在雅典，公元前 200 年在罗马帝国，先后出现了银钱商和类似银行的商业机构。

近代银行的出现是在中世纪的欧洲，在当时的世界中心——意大利首先产生。意大利于 1171 年设立的威尼斯银行，1407 年设立的热亚那银行以及此后相继成立的一些银行，主要从事存放款业务，大多具有高利贷性质。1694 年英国成立的英格兰银行是世界上第一个资本主义股份银行。18 世纪末至 19 世纪初，随着资本主义生产关系的广泛确立和资本主义商品经济的不断发展，资本主义银行得以普遍建立。资本主义银行是特殊的资本主义企业，它的主要职能是经营货币资本，发行信用流通工具，充当资本家之间的信用中介和支付中介。进入帝国主义时期，银行的垄断组织随着资本的不断集中而形成。银行垄断资本和工业垄断资本融合为金融资本，银行由原来简

单的中介人演变为万能的垄断者，它既是控制国民经济的神经中枢，又可通过资本输出和跨国银行的形式加强对外扩张。

我国银行业的产生可追溯到1 000 多年前的唐代，当时出现了一些兼营银钱的机构，如邸店、质库等；随后，宋代有钱馆、钱铺；明代有钱庄、钱肆；清代有票号、汇票庄等。这些机构虽还称不上是真正的银行，但已具备了银行的某些特征。1845年在上海由英国人创办的东方银行，是出现于我国的第一家银行；1897 年成立的中国通商银行，是我国自办的第一家银行。现代资本主义国家的银行结构和组织形式种类繁多，按其职能划分为：中央银行、商业银行、投资银行、储蓄银行和各种专业信用机构。以中央银行为中心，股份商业银行为主体，各类银行并存，构成现代资本主义国家的银行体系。在社会主义制度下，银行既是经营货币、办理信贷、结算业务的经济组织，又是国家调节、管理经济的重要机构。

【任务互动】

请大家思考并讨论如下问题：

1. 回忆一下，你在哪些电视、网络、小说里看到过古代从事银钱业务的机构？

2. 讨论一下，你所了解的现代银行和哪间是你最熟悉的银行，为什么？

一、银行性金融机构的组织结构

现代银行结构和组织形式种类繁多，目前基本上形成了以中央银行为中心，商业银行为主体，各类专业银行并存的现代银行金融体系。

（一）中央银行

中央银行是在商业银行的基础上发展形成的，它是一个国家的货币金融管理机构，其特点可概括为“发行的银行”、“国家的银行”、“银行的银行”。

中央银行的职能主要有：

1. 预防性管理

预防性管理，旨在防止或缩小由银行内控不严而引起的各种风险。这些措施主要有：

（1）市场准入。该项控制是保证金融业安全稳定发展的有效的预防性措施，通常对于银行营业都要有最低认缴资本的限制。

（2）资本充足性。除最低资本要求外，一般还要求银行自有资本与资产总额、存款总额、负债总额及风险投资之间保持适当的比例。

（3）流动性管制，既包括本币流动性，也包括外币流动性。流动性监督总的改进趋势，是以考核银行资产负债期限和利率结构搭配是否合理为基础对流动性进行系统的评价。

（4）业务范围的管制。

（5）贷款风险的控制。大多数中央银行通常限制一家银行对单个借款者提供过多的贷款，以分散风险。

（6）外汇风险管理。

（7）准备金管理。监管当局的主要任务是确保银行的准备金是在充分考虑谨慎经营和真实评价业务质量的基础上提取的。如果认为准备金的提留不符合要求，监管当局将采取相应措施监督有关银行达到要求。

2. 存款保险

存款保险是指国家货币主管部门为了维护存款者利益和金融业的稳健经营与安全，在金融体系中设立负责存款保险的机构，规定本国金融必须自愿地按吸收存款的一定比率向保险机构交纳保险金进行投保的制度。投保有官方的，有银行自己组织的，也有当局和银行联合组织的。多数国家存款保险包括外国银行的分支机构和附属机构，而不包括本国在外国的机构。

3. 紧急救援

即使是最有效的金融监管体制也无法完全消除银行步入困境的可能性，一旦出现较严重的问题，只能求助于紧急救援。如果危机无法避免，金融监管当局只有两种选择：要么促成当事银行与其他机构进行某种形式的合并，要么对其进行破产清算。

（二）商业银行

商业银行是指从事各种存款、放款和汇兑结算等业务的银行。商业银行的特点是可开支票的活期存款在所吸收的各种存款中占相当高的比重，商业银行存放款业务可以派生出活期存款，增加货币供应量，所以通常被称为“存款货币银行”，各国都非常重视对商业银行行为的调控和管理。商业银行的主要职能如下：

（1）信用中介。信用中介是指商业银行充当将经济活动中的赤字单位和盈余单位联系起来的中介人的角色。信用中介是商业银行最基本的职能，它在国民经济中发挥着多层次的调节作用：①将闲散货币转化为资本；②使闲置资本得到充分利用；③将短期资金转化为长期资金。

（2）支付中介。支付中介是指商业银行借助支票这种信用流通工具，通过客户活期存款账户的资金转移为客户办理货币结算、货币收付、货币兑换和存款转移等业务活动。商业银行发挥支付中介功能主要有两个作用：①节约流通费用；②降低银行的筹资成本，扩大银行的资金来源。

（3）信用创造。信用创造是指商业银行通过吸收活期存款、发放贷款，从而增加银行的资金来源、扩大社会货币供应量。商业银行发挥信用创造功能的作用，主要在于通过创造存款货币等流通工具和支付手段，既可以节省现金使用，减少社会流通费用，又能够满足社会经济发展对流通手段和支付手段的需要。

（4）金融服务。金融服务是指商业银行利用在国民经济中联系面广、信息灵通等的特殊地位和优势，利用其在发挥信用中介和支付中介功能的过程中所获得的大量信息，借助电子计算机等先进手段和工具，为客户提供财务咨询、融资代理、信托租赁、代收代付等各种金融服务。通过金融服务功能，商业银行既提高了信息与信息技术的利用价值，加强了银行与社会的联系，扩大了银行的市场份额；同时也获得了不少费用收入，提高了银行的盈利水平。

（三）专业银行

在现代银行制度下，中央银行处于核心地位，商业银行居主导地位，除此之外，专业银行也有较快的发展。专业银行是指专门从事指定范围内的金融业务，提供专门金融服务的银行。专业银行一般有其特定的客户群和业务范围。目前各国主要的专业银行有：

1．投资银行

投资银行这一名称通用于美国和欧洲等一些工业化国家。英国称其为商人银行，在其他国家和地区也被称作实业银行、公司、投资公司等。它是金融市场的专业投资机构，属于非银行性金融机构。

2．不动产抵押银行

不动产抵押银行是经营以土地、房屋等不动产为抵押的长期贷款银行。不动产抵押银行的资金来源主要是发行不动产抵押债券。其资金运用有两类：一类是以土地为抵押的长期贷款，贷款对象是土地所有者或购买土地的农业资本家；另一类是以城市不动产为抵押的长期贷款，贷款对象是房屋所有者和经营建筑业的资本家。不动产抵押银行在一定程度上带有国有专业银行性质。

3．开发银行

开发银行可以分为国际性、区域性、国内性三种。国际复兴开发银行（又称世界银行）是著名的国际性开发银行，也是联合国的附属机构。区域性开发银行与世界银行的宗旨大致相同，只是服务对象仅限于某一区域的会员国，如亚洲开发银行主要服务于亚洲地区的国家，泛美开发银行主要服务于中美洲国家。国内性开发银行多属于一个国家的政策性银行，其宗旨是通过融通长期性资金以促进本国经济建设和发展，这种银行在业务经营上的特点是不以营利为经营目标。

4．储蓄银行

储蓄银行是专门吸收居民闲置或小额货币资金的银行，通常以存折的形式接收存款。在一些西方国家商业银行只吸收企业的活期存款，而居民家庭与个人储蓄存款则由专门的储蓄银行来办理。储蓄银行在美国被称为互助储蓄银行，英国称之为信托储蓄银行。我国商业银行可以吸收储蓄存款，而邮政储金汇业局可视为专门吸收居民储蓄的专业机构。

5．进出口银行

进出口银行是专门为对外贸易办理信用业务的银行机构，在一些国家属于政府单设的银行机构，属于政策性银行。

二、我国现行银行体系、特征及基本业务

我国现行的银行体系由中央银行、商业银行、其他银行金融机构组成。中国人民银行是中央银行，在国务院的领导下，负责制定和执行货币政策，防范和化解金融风险，维护金融稳定。商业银行是主体，分为国有独资商业银行（中国银行、中国建设银行、中国工商银行、中国农业银行）和股份制商业银行。其他银行性金融机构还包括政策性银行（国

家开发银行、中国进出口银行、中国农业发展银行)、中国邮政储蓄银行和外资银行。

(一) 中央银行

1. 我国中央银行是中国人民银行

中国人民银行在1984年以前既行使中央银行职能，又为企业单位和居民个人办理存贷款等业务。1983年9月，国务院决定中国人民银行专门行使中央银行职能，同时成立中国工商银行，办理有关具体业务。1983年12月，《国务院关于金融体制改革的决定》进一步明确中国人民银行的主要职能是制定和实施货币政策，保持货币的稳定；对金融机构实行严格监管，确保金融体系安全、有效地运行。1995年3月18日，第八届全国人民代表大会第三次会议通过了《中华人民共和国中国人民银行法》，中国人民银行作为中央银行以法律形式被确定下来。

2. 中国人民银行的性质和地位

中国人民银行是我国的中央银行，享有货币发行的垄断权，是货币发行的银行，代表政府管理全国的金融机构和金融活动及国库管理。中国人民银行作为最后贷款人，在商业银行资金不足时，可向其发放贷款，因此又被称为“银行的银行”。中国人民银行的性质决定了它的特殊地位：①在国务院领导下，依法独立履行职责，不受地方政府和各级政府部门的干预。②相对于国务院其他部委和地方政府具有明显的独立性。财政不得向中国人民银行透支；中国人民银行不得直接认购政府债券，不得向各级政府贷款，不得包销政府债券。

3. 中国人民银行的主要职责

(1) 制定和实施货币政策，保证货币币值稳定。

(2) 依法对金融机构进行监督管理，确保金融业的合法、稳健运行。

(3) 维护支付、清算系统的正常运行。

(4) 持有、管理、经营国家外汇储备与黄金储备。

(5) 管理国库和代理其他金融业务。

(6) 代表我国政府从事有关的国际金融活动。

(二) 商业银行

商业银行是以经营存放款、办理转账结算为主要业务，以营利为主要经营目标的金融企业。

商业银行的主要特点是：

(1) 在所有制结构上，以国有独资或控股的国有商业银行为主体。

(2) 在现阶段，依照《中华人民共和国商业银行法》规定，商业银行不得在境内从事信托投资和股票业务，不得对非银行金融机构和企业投资，不得投资于非自用不动产。

(3) 实行稳健的经营方针，争取最好的盈利水平。

我国商业银行主要包括以下类型：

(1) 国有独资商业银行。国有独资商业银行由国家专业银行演变而来，包括中国工商银行、中国农业银行、中国银行、中国建设银行。中国工商银行主要承担工商信贷业务，中国农业银行以开办农村信贷业务为主，中国银行主要经营外汇业务，中国建设银行主要承担中长期投资信贷业务。

（2）股份制商业银行。当前，我国的股份制商业银行主要有交通银行、光大银行、招商银行、华夏银行、中国民生银行、中信实业银行、深圳发展银行、上海浦东发展银行、广东发展银行、兴业银行等。

这些商业银行的共同特点是：初步建立了自主经营、自负盈亏、自担风险、自求平衡、自我约束、自我发展的经营机制；有了明晰的产权关系，实行董事会领导下的行长负责制，为建立有效的资产保障安全体系提供了条件；明确了以营利为目的的经营目标，项目选择有较多的自主权；共同面临竞争压力，促使这些银行不断提高服务质量和水平；不同于四大国有商业银行，一般不承担对国有企业的资金供应义务。

（3）城市合作银行。1993 年底，中央银行提出组建城市合作银行。1995 年春，国务院决定在城市信用社基础上组建城市合作银行。

其服务领域是：依照商业银行经营原则为地方经济发展服务，为中小企业发展服务。截至 1996 年底，全国已有 18 家城市合作银行挂牌营业。从总体上看，其发展迅速，抵御风险能力逐渐增强，经济效益明显改善。

（三）政策性银行

政策性银行一般是指由政府设立，以贯彻国家产业政策、区域发展政策为目的，不以营利为目标的金融机构。

1. 政策性银行的主要特点

（1）有自己特定的融资渠道。财政拨款、发行政策性金融债券是主要资金来源，不面向公众吸收存款。

（2）资金多由政府财政拨付。

（3）不以营利为目标。

（4）有自己特定的服务领域，不与商业银行竞争。

（5）一般不普遍设立分支机构，业务通常由商业银行代理。

2. 我国政策性银行分类

我国政策性银行始建于 1994 年，包括国家开发银行、中国农业发展银行、中国进出口银行三家。

（1）国家开发银行。国家开发银行的主要任务是：建立长期稳定的资金来源；筹集和引导社会资金用于国家重点建设；投资项目不留缺口，从资金来源上对固定资产投资总量及结构进行控制和调节；按照社会主义市场经济的原则，逐步建立投资约束和风险责任机制，提高经济效益，促进国民经济持续、快速、健康发展。

（2）中国农业发展银行。中国农业发展银行主要承担国家收购粮、棉、油以及扶贫等政策性金融业务。其具体业务主要有：①提供优惠利率的农业贷款；②提供国家农副产品收购贷款；③提供国家扶持的农业生产性投资贷款；④提供因特定环境和特殊因素而发放的贷款。

（3）中国进出口银行。中国进出口银行经营的主要目的在于促进我国对外贸易，通过提供优惠出口信贷增强我国商品的出口竞争能力。

（四）中国邮政储蓄银行

中国邮政储蓄银行于2007年3月20日正式挂牌成立，是在改革邮政储蓄管理体制的基础上组建的商业银行。中国邮政储蓄银行承继原国家邮政局、中国邮政集团公司经营的邮政金融业务及因此而形成的资产和负债，并将继续从事原经营范围和业务许可文件批准、核准的业务。2012年2月27日，中国邮政储蓄银行发布公告称，经国务院同意，中国邮政储蓄银行有限责任公司于2012年1月21日依法整体变更为中国邮政储蓄银行股份有限公司。公告称，股份公司自成立之日起，依法承继中国邮政储蓄银行有限责任公司的全部资产、负债、机构、业务和人员。

（五）外资银行

外资银行是指在本国境内由外国独资创办的银行。外资银行的经营范围根据各国银行法律和管理制度的不同而有所不同。它主要凭借其对国际金融市场的了解和广泛的国际网点等有利条件，为在其他国家的本国企业和跨国公司提供贷款，支持其向外扩张和直接投资。国内现在主要有以下几家外资银行：花旗银行、东亚银行、恒生银行、渣打银行、美国银行、汇丰银行、华侨银行、满地可银行。

知识链接

花旗银行

花旗银行（Citibank，N. A.）是花旗集团属下的一家零售银行，其前身是1812年6月16日成立的“纽约城市银行”（City Bank of New York），经过近两个世纪的发展、并购，已成为美国最大的银行，也是一间在全球近五十个国家及地区设有分支机构的国际大银行，总部位于纽约市公园大道399号。花旗银行作为第一家美资银行于1902年来到中国上海，开立了在华的第一家分行，也是花旗银行开始在亚洲营运的第一家海外分行。今天，花旗银行已成为中国最大的外资银行之一，面向最广泛的客户群体提供多样的金融产品及服务。

citibank
花旗银行

【技能实训】

请大家分成学习小组，看看哪个组可以最快说出以下的图片中出现的银行机构名称并能分辨出其属于哪一类银行机构，是哪个国家的银行？

项目 2 证券公司

【案例导入 1】

约在 1600 年，那正好是欧洲的大航海时代。仅荷兰一个国家的商船数量就相当于英法两国商船数量的总和。这表明当时荷兰的海运业是多么的繁荣。后来，尤其是到了 17 世纪，1602 年，荷兰东印度公司成立，他们用这些船，继续荷兰和亚洲之间的贸易。荷兰的船队把别国市场上缺少的东西运过去，再把本国市场缺少的东西运回来，这其中的利润是十分可观的。但是，仅仅凭着一叶轻舟，要在海上航行数万公里，无论前面的利润有多么可观，那些出没无常的狂风巨浪即给远航的贸易带来无法回避的巨大风险。因为航海风险很大，可能随时会出现风暴、海难、疾病等情况，饮食条件又非常糟糕，使得水手的生活非常艰苦，一旦船只出事，不光是货物化为泡影，甚至连水手的性命都保不住了。

远航带来的超额利润是所有人都希望得到的，而获取它所必须承担的巨大风险又是所有人无法逃避的，那么，有没有一种办法既能够获得足够的利润又能够把风险控制在一定程度呢？为了筹集远航的资本和货物，有人想到了分摊经营风险，于是出现了以股份集资的方法，即在每次出航前，招募股金，航行结束后将资本退给出资人并将所获利润按照股金的比例进行分配，这就是“股东”和“股息”的前身。后来，为了保护这种股份制经济组织，政府不但给予它们各种特权和免税优惠政策，还制定了相关的法律，从而为股票的产生创造了社会环境和法律条件。这就是证券公司的由来。

【案例导入 2】

股市有风险，美国著名幽默小说大师马克·吐温曾在其短篇小说《傻头傻脑威尔逊的悲剧》中借主人公威尔逊之口说出一句名言：“十月，这是炒股最危险的月份；其他危险的月份有七月、一月、九月，四月、十一月、五月、三月、六月、十二月、八月和二月。”如此说来，月月都是危险月！这不仅仅是马克·吐温的一句幽默之语，当年，马克·吐温曾经迫于还债压力，进军股市希冀大捞一笔，结果却屡战屡败。与马克·吐温相似，历史上也曾经有过一些名人，他们也如今日股民一般历经股海沉浮，有人欢喜有人忧。

大名鼎鼎的牛顿就曾做过一个疯狂的股民。1711 年，为攫取蕴藏在南美东部海岸的巨大财富，有着英国政府背景的英国南海公司成立，并发行了最早的一批股票。当时人人都看好南海公司，其股票价格从 1720 年 1 月的每股 128 英镑左右，很快增值，涨幅惊人。这时候牛顿恰巧获得了一笔款子，加上他个人的一些积蓄，看到如此利好的消息，就在当年 4 月份投入约 7 000 英镑购买了南海公司股票。很快他的股票就涨起来了，仅仅两个月左右，比较谨慎的牛顿把这些股票卖掉后，竟然赚了 7 000 英镑！

但是刚刚卖掉股票，牛顿就后悔了，因为到了 7 月，股票价格达到了 1 000 英镑，几乎增值了 8 倍。经过“认真”的考虑，牛顿决定加大投入。然而此时的南海公司已经出现了经营困境，公司股票的真实价格与市场价格脱钩严重，此前的 6 月英国国会通过了《反泡沫公司法》，对南海公司等企业进行限制。没过多久，南海公司股票一落千丈，到了 12 月份最终跌为约 124 英镑，南海公司总资产严重缩水。许多投资者血本无归，牛顿也未及脱身，亏了 2 万英镑！这笔钱对于牛顿而言无疑是一笔巨款，牛顿曾做过英格兰皇家造币厂厂长的高薪职位，年薪也不过 2 000 英镑。事后，牛顿感到自己枉为科学界名流，竟然测不准股市的走向，感慨地说：“我能计算出天体运行的轨迹，却难以预料到人们的疯狂。”

与牛顿的一掷千金相比，马克思的炒股规模小得多。1864 年，马克思当时在伦敦做研究工作。他经济上一直比较拮据，主要依靠恩格斯等友人的资助。健康问题上，他不大乐观，医生对他的忠告就是，不可以从事紧张和长时间的脑力劳动。囊中羞涩和脱离工作的滋味，让他感觉到不快乐。当年 5 月，马克思的一个朋友去世，在遗嘱中特意请人把 600 英镑的遗产赠与马克思。对于马克思来说，朋友的这次遗赠不仅是雪中送炭，还给了他在股市小试牛刀的机会。

当时英国刚颁布《股份公司法》，英国的股份公司又开始飞速发展，股票市场也呈现繁荣景象，股价波动较大。有了这笔资金，经济学造诣颇深的马克思便决定投资英国股市，一为休闲，二为体验一下股民生活，赚些生活费用。于是他参考伦敦“金融时报指数”回升的好时机，分批次购买了一些英国的股票证券，之后他耐心等待市场变化，在他认为政治形势和经济态势提供了良好的投资机会，股票价格开始上升一段时间后，就迅速地逐一清仓。

通过这一番炒股操作，马克思以 600 英镑的本金赚取了约 400 英镑的净利润！对于这段经历，马克思颇以为有趣，他在写信给一个亲人时特意提到：医生不许我从事紧张和长时间的脑力劳动，所以我——这会让你大吃一惊——做起投机生意来了……主要是做英国的股票投机，我用这个办法已经赚了 400 多英镑。

【案例导入3】

中国第一股民，真名杨怀定，人称杨百万，自称“散户工会小组长”，原是上海铁合金厂职工，1987年从事被市场忽略的国库券买卖，赚取其人生第一桶金而成名，1990年进入股票市场，随后成为上海滩第一批证券投资大户。如今，与其同时代的那批大户，仍活跃于证券市场的，仅存杨百万一人。

“18年的中国股市，是英雄造时势的时代！”这个周末，在中国证券市场上拥有着众多“第一”头衔的杨百万，在深圳格外忙碌——先是出席中国证券市场18年庆典“煮酒论英雄”；昨日又在深圳录制电视节目，回首自己18年的炒股心路，展望中国股市未来。

作为中国证券市场的最早参与者、实践者和见证者，杨百万在证券市场拥有许多“第一”：第一个从事大宗国库券异地交易的个人，第一个到中国人民银行咨询证券的个人，第一个个人从保安公司聘请保镖，第一个主动到税务部门咨询缴税政策，第一个聘请私人律师，第一个与证券公司对簿公堂，也是第一个作为个人投资者被大学聘为教授的人。

得意：

“5·30”前清仓逃离

“‘5·30’之前两周我就清仓了，5月27日我在外地讲课，就劝股民赶紧清仓。当时很多人怀疑我，接下来就发生了夜半鸡叫的事情。(财政部决定从5月30日起，调整证券交易印花税税率，由1‰调整为3‰。——编者注)。”杨百万最得意自己今年这次对股市的准确判断。

杨百万称，从1990年买卖最先开始的“上海老八股”和“深圳老五股”起，18年间自己明白一个道理，中国股市说到底，是政府主导的政策市，“在中国炒股，一定要听党和政府的话，跟着党和政府走”，杨百万说。

对于接下来股市的走向，杨百万显得非常乐观。“现在的中国股市，老百姓出钱，政府就是收税，政府肯定要大力发展股市。”杨百万还劝诫年轻人，呼吁中国的每一个年轻人都参与到股市中来。

自嘲：

“我不是神仙不是妖怪”

“现在国内股市投资机会远比10年前更大。”前天，杨百万在出席中国证券市场18年庆典时表示，尽管市场规范减小了暴利存在的可能，但发展后逐步扩容，呈现出了“海阔凭鱼跃”的局面。

20世纪90年代初，以杨百万为代表的一批大户曾主导中国股市，当时的股市也被喻为“大户时代”。如今，那批人中却只剩他孤身奋战。“这两年的行情，我肯定跑赢了大盘。”杨百万说，尽管股指从998点到现在临近5 000点，但能全程分享股市上扬的投资者少之又少。

当记者和股民数度问起近期股市走向和投资策略如何时，精明中带着狡黠的杨百万则拒绝回答。“我不是神仙不是妖怪，也不喜欢吹牛皮。”杨百万自嘲。

回首：

拎钱拎到手起老茧

“1987年倒卖国债，我一个晚上挣了6 000元，当时月工资是63元，一晚上挣了10年的钱!”在电视节目中回顾自己当年的创业史，杨百万有自己一套早已娴熟的“剧本”。

如今年近60岁的杨百万，回忆当年赚大钱的日子，“那时候我手上起了老茧，很多人以为我是打铁磨的，其实是我拎钱拎出来的。”杨百万当初倒卖国债的套路很简单：带着全部的积蓄前往全国其他省市，在当地银行以较低的价格买入国债，然后再带回上海，以较高的价格卖给银行，赚取差价。

“那时候我至少赚了四五百万，在上海滩和全国都出名了。”杨百万称，多年之后自己才知道，时任央行行长的陈慕华曾说，“杨百万这样的人，不是太多了，而是太少了。”后悔自己当初没能放开手脚大干。

感慨：

“誓与股市共存亡”

1990年，杨百万作为中国第一批股民和第一批大户开始涉足股市。“那时候就13只股票，我们几个大户怎么弄股价就怎么走，做小庄。”杨百万说，现在的庄家的操作手法，自己一看就能清清楚楚，都是当年自己玩过的花样。

“那个时代，乱世出英雄!”杨百万感慨，如今自己成了草根股民，对股市感情依旧，他还表示“誓与股市共存亡”。

对话：

“太紧张赚不了钱”

记者：经历了中国股市18年的风风雨雨，当初的大户只有你还在做，最大的心得是什么？

杨百万：一句话，在中国炒股票，要听党和政府的话，跟着党和政府走。

记者：你在“5·30”之前清仓了，避开了那一轮的下跌行情，当时是如何判断的？

杨百万：我当时基本上从四个层面判断出来：散户的从众心理开始狂热了，党和政府的意图已经三令五申了，自己的获利程度也不小了，报纸上还在天天鼓吹狂热。我就知道确实是膨胀了，就要跌了。

记者：上周的全球股灾和接下来可能的宏观调控，对大盘的影响会多大？

杨百万：炒股不要风声鹤唳的，太紧张赚不了什么钱。这些东西对股市的影响都不大。

记者：下周的大盘行情你怎么判断？

杨百万：短期的行情没办法回答，把握住短期的风险，大的（方向）肯定看好。

记者：如何看待如今的全民炒股？

杨百万：股市肯定是要发展的。中国每一个年轻人都应该加入股市中来，分享中国经济高速发展的成果，不要在乎那些两三个月的短期数据之类的。

炒股心得：

"以投资的眼光买，以投机的观念卖。"

"证券市场上，我始终认为，法无禁止就能干！"

"'ST'股票，我从来不买，除非重组注资了。"

【任务互动】

请大家思考并讨论如下问题：

1. 案例1中的人们在得到远航带来的超额利润的同时，用什么办法尽可能减少随之产生的巨大风险？
2. 和大家讨论和分享你所了解的股票和证券。
3. 结合所学的知识，讨论投资风险是否可以完全避免。

一、证券公司概述

证券公司是指依照《中华人民共和国公司法》和《中华人民共和国证券法》的规定设立的并经国务院证券监督管理机构审查批准而成立的专门经营证券业务，具有独立法人地位的有限责任公司或者股份有限公司。证券公司（Securities Company）是专门从事有价证券买卖的法人企业。证券公司分为证券经营公司和证券登记公司。狭义的证券公司是指证券经营公司，是经主管机关批准并到有关工商行政管理局领取营业执照后专门经营证券业务的机构。它具有证券交易所的会员资格，可以承销发行、自营买卖或自营兼代理买卖证券。普通投资人的证券投资都要通过证券商来进行。

在不同的国家，证券公司有着不同的称谓。在美国，证券公司被称作投资银行（Investment Bank）或者证券经纪商（Broker-Dealer）；在英国，证券公司被称作商人银行（Merchant Bank）；在欧洲大陆（以德国为代表），由于一直沿用混业经营制度，投资银行仅是全能银行（Universal Bank）的一个部门；在东亚（以日本为代表），则被称为证券公司（Securities Company）。

二、证券公司的功能

证券公司的功能主要表现在以下几个方面：

1. 促进储蓄转化为投资

证券经营机构通过在证券市场上积极活动，以代理发行和买卖证券的形式，为资金供应者和需求者牵线搭桥，从而满足储蓄与投资双方的需要，把社会各阶层的闲散资金广泛地集中起来用于长期投资，这样既繁荣了证券市场，又促进了投资增加和经济增长。

2. 分散证券市场的风险

证券市场种类和层次的多样性，形成了错综复杂的交易关系和债权债务关系。众多的交易主体参与交易活动，其交易动机多种多样，利益需求各不相同，由此便形成了风险和收益的差别。如果不增强证券市场的可控性，减少或分散证券的风险性，证券市场就不可能获得长期稳定的发展。证券市场中的证券经营机构能够在某种程度上分散证券市场上的风险。

3. 有利于促进证券视差的平稳发展

在证券业务高度发达的国家里，证券市场是社会政治、经济等变化的晴雨表。影响证券价格的基本因素有宏观经济因素、行业因素、公司因素等，因此，证券价格的变化反映了这些宏观经济因素的信息。

三、证券公司的类型

我国证券公司分为两类：证券经营公司和证券登记公司。

（一）证券经营公司

证券经营公司是指狭义的证券公司，是经主管机关批准并到有关工商行政管理局领取营业执照后专门经营证券业务的机构。它具有证券交易所的会员资格，可以承销发行、自营买卖或自营兼代理买卖证券。普通投资人的证券投资都要通过证券商来进行。

按证券经营公司的功能划分，可分为证券经纪商、证券自营商和证券承销商。

1. 证券经纪商

证券经纪商，即证券经纪公司，是代理买卖证券的证券机构，接受投资人委托、代为买卖证券，并收取一定手续费即佣金，如东吴证券苏州营业部，江海证券经纪公司。

2. 证券自营商

证券自营商，即综合型证券公司，除了证券经纪公司的权限外，还可以自行买卖证券的证券机构，它们资金雄厚，可直接进入交易所为自己买卖股票，如国泰君安证券。

3. 证券承销商

证券承销商，以包销或代销形式帮助发行人发售证券的机构。实际上，许多证券公司是兼营这3种业务的。按照各国现行的做法，证券交易所的会员公司均可在交易市场进行自营买卖，但专门以自营买卖为主的证券公司为数极少。

（二）证券登记公司

证券登记公司是证券集中登记过户的服务机构。它是证券交易不可或缺的组成部分，并兼有行政管理性质，须经主管机关审核批准方可设立。

四、证券公司的主要业务

（一）证券经纪业务

证券经纪业务又称代理买卖证券业务，是指证券公司接受客户委托代客户买卖有价证券的业务。在证券经纪业务中，证券公司只收取一定比例的佣金作为业务收入。

在证券经纪业务中，经纪委托关系的建立表现为开户和委托两个环节。经纪关系的建立只是确立了投资者和证券公司直接的代理关系，还没有形成实质上的委托关系。

证券经营机构在从事证券经纪业务时必须遵守下列规定：

第一，未经国务院证券监督管理机构批准，不得为客户提供融资融券服务。

第二，不得接受客户的全权委托而决定证券买卖、选择证券种类、决定买卖数量或者买卖价格。

第三，不得向客户保证交易收益或者允诺赔偿客户的投资损失。

第四，妥善保管客户开户资料、委托记录、交易记录和与内部管理、业务经营有关的各项资料，任何人不得隐匿、伪造、篡改或者毁损。

第五，证券公司及其从业人员不得在批准的营业场所之外接受客户委托和进行清算交割。

第六，禁止证券公司及其从业人员从事下列损害客户利益的欺诈行为：违背委托人的指令买卖证券；未经客户委托，擅自为客户买卖证券，或者假借客户的名义买卖证券；挪用客户交易结算资金；为多获取佣金而诱导客户进行不必要的证券买卖；利用传播媒介或者通过其他方式提供、传播虚假或者误导投资者的信息；其他违背客户真实意思表示，损害客户利益的行为。2009年3月，中国证监会发布《证券经纪人管理暂行规定》，对证券公司采用经纪人制度开展证券经纪业务营销作出了进一步的明确规定。

（二）证券投资咨询业务及与证券交易、证券投资活动有关的财务顾问业务

根据服务对象的不同，证券投资咨询业务又可进一步细分为面向公众的投资咨询业务，为签订了咨询服务合同的特定对象提供的证券投资咨询业务，为本公司投资管理部门、投资银行部门提供的投资咨询服务。

证券公司从事投资咨询业务，应当有5名以上取得证券投资咨询从业资格的专职人员，其高级管理人员中，至少有1名取得证券投资咨询从业资格，要求公司有健全的内部管理制度。

证券公司及其投资咨询业务人员不得从事下列活动：代理投资者从事证券买卖；向投资人承诺证券收益；向投资者约定分享投资收益或者分担投资损失；为自己买卖股票及具有股票性质、功能的证券；利用咨询服务与他人合谋操纵市场或者进行内幕交易；法律法规所禁止的其他欺诈行为。

财务顾问业务是指与证券交易、证券投资活动有关的咨询、建议、策划业务。

（三）证券承销与保荐业务

证券承销是指证券公司代理证券发行人发行证券的行为。

证券承销业务可以采取代销或者包销方式。

按照《中华人民共和国证券法》的规定，向不特定对象发行的证券票面总值超过人民币 5 000 万元的，应当由承销团承销，承销团由主承销商和参与承销的证券公司组成。

发行人申请公开发行股票、可转换为股票的公司债券，依法采取承销方式的，或者公开发行法律、行政法规规定实行保荐制度的其他证券的，应当聘请具有保荐资格的机构担任保荐机构。

（四）证券自营业务

证券自营业务是指证券公司以自己的名义，以自有资金或者依法筹集的资金，为本公司买卖依法公开发行的股票、债券、权证、证券投资基金及中国证监会认可的其他证券，以获取盈利的行为。

证券公司从事自营业务、资产管理业务等两种以上的业务，注册资本最低限额为 5 亿元，净资本最低限额为 2 亿元。同时，要求证券公司治理结构健全，内部管理有效，能够有效控制业务风险；公司有合格的高级管理人员及适当数量的从业人员、安全平稳运行的信息系统；建立完备的业务管理制度、投资决策机制、操作流程和风险监控体系。

知识链接

2012 年前 15 位中国证券公司排名

1. 国信证券股份有限公司
2. 中国银河证券股份有限公司
3. 招商证券股份有限公司
4. 国泰君安证券股份有限公司
5. 广发证券股份有限公司
6. 海通证券股份有限公司
7. 华泰证券股份有限公司
8. 中信建投证券有限责任公司
9. 申银万国证券股份有限公司
10. 光大证券股份有限公司

11. 中信证券股份有限公司
12. 中国建银投资证券有限责任公司
13. 齐鲁证券有限公司
14. 安信证券股份有限公司
15. 联合证券有限责任公司

【技能实训】

请老师安排时间组织学生前去参观证券交易所，看看证券交易所的营业大厅及交易场景，从而更好地了解证券公司的功能和业务。

项目3 保险公司

【案例导入1】

意大利诞生世界第一张海上运输保险单

1347年10月23日，意大利商船“圣·科勒拉”号要运送一批贵重的货物由热那亚到马乔卡。这段路程虽然不算远，但是地中海的飓风和海上的暗礁会成为致命的风险。这可愁坏了“圣·科勒拉”号的船长，他可不想丢掉这样一笔大买卖，同时也害怕在海上遇到风暴而损坏了货物，他可承担不起这么大的损失。正在他为难之际，朋友建议他去找一个叫做乔治·勒克维伦的意大利商人，这个人以财大气粗和喜欢冒险而著名。于是，船长找到了勒克维伦，说明了情况，勒克维伦欣然答应了他。双方约定，船长先存一些钱在勒克维伦那里，如果6个月内“圣·科勒拉”号顺利抵达马乔卡，那么这笔钱就归勒克维伦所有，否则勒克维伦将承担船上货物的损失。这样，一份在今天看来并不完备的协议就成了第一份海上保险的保单，也成为现代商业保险的起源。现在我们仍然可以在意大利热那亚博物馆看到这两张具有里程碑意义的保险单。

【案例导入2】

17世纪伦敦一场大火“烧”出了首家火灾保险公司

火灾保险起源于1118年冰岛设立的Hrepps社，该社对火灾及家畜死亡损失负赔偿责任。1591年，德国酿造业发生一起大火。灾后，为了筹集重建酿造厂所需资金和保证不动产的信用而成立了“火灾保险合作社”，这是火灾保险的雏形。

1666年9月2日，位于伦敦市中心的皇家面包店突然因为烘炉过热，引发了一场火灾。大火蔓延至全城，燃烧了五天五夜，烧毁13 000多栋住宅和90多个教堂，伦敦80%的建筑物被烧毁，20万人因此无家可归。

在经历了这场灾难之后，一个叫尼古拉斯·巴蓬的医生开始筹措开办一家承保火灾风险的保险公司。经过十多年的摸索和实践，1680年，巴蓬医生和他的四个朋友凑齐了4万英镑，开办了世界上第一家火灾保险营业所，1705年更名为菲尼克斯火灾保险公司。巴蓬的主顾们多是经历了伦敦大火的居民，他们为了防止灾害再次造成巨大损失而纷纷到巴蓬这里购买保险，而巴蓬也意识到不能所有的房子都按照统一标准收费，于是他独创性地依据房屋的结构和租金收取保费，例如，砖石建筑的费率定为年房租的2.5%，木质结构的房屋费率则提高至5%，这种差别费率制为日后保险业的发展提供了一个样板，巴蓬本人也被誉为“现代火灾保险之父”。

【案例导入3】

泰坦尼克号背后的保险故事：国外人均八张保单

时隔15年，在中国上映的3D版《泰坦尼克号》迷人依旧，其背后的保险故事却鲜为人知。在当时，英国保诚集团理赔了泰坦尼克号超过五分之一的遇难者，有324个家庭获得来自保险公司的慰藉。如此赔付率及保险密度，即使是100年后的中国保险业之今天，亦难以企及，着实令人思考。

累计赔付达110万英镑

最近，走进万达院线的观众会欣赏到一段15秒的映前片花，这段短短的视频讲述了泰坦尼克号沉没后一段鲜为人知的历史故事：

当大西洋冰冷的海水吞噬了1 500多个鲜活的生命，把1 000多个家庭从对新大陆、新生活的憧憬中推向破碎与绝望，悲剧并没有无限蔓延，在他们当中，有324个家庭感受到了爱的延续、责任的担当。灾难发生后，当时英国最大的保险公司英国保诚集团迅速作出反应，在巨轮沉没仅仅24天后，英国保诚集团发表公告对本次事件中罹难的客户进行理赔，并最终为324名乘客和船员赔付14 239英镑，价值相当于今天的110万英镑，这笔在当时看来的巨额赔偿为324个破碎的家庭带去了温暖和安慰。

外国人平均拥有八张保单

1 523条意外死去的生命传递了无比深切的痛苦，在100年前的西方为何会有如此高比例的乘客和船员向保险公司投保？“这是由于外国人对于意外险的认识及普及。”一位业内的专业人士告诉记者，国外人对于自己的保障认识非常强烈，曾有数据显示每个外国人至少拥有八张保单。

该专业人士为记者做了列举，如今，外国的大学生毕业后一般要为父母买一张保单，算是对父母养育之恩的报答。第二张保单是为自己的生活、疾病提供保障。结婚之后一般要为爱人买一张保单。在自己出现意外之时，爱人仍然可以正常生活，这是第三张保单。国外人一般享受一两年的二人世界，然后考虑要孩子，为孩子购买一些意外或者疾病保单，是家庭必需的第四张保单。第五张是孩子的教育保单。30岁之后，开始拥有自己的房子，买房之后，通常也会买车，第六张就是为车、房购买保险。第七张是预防身故、提供还债保障的保单。在30岁左右，为晚年生活着想，通常要买一张大病养老保险，这是第八张保单。

【任务互动】

1. 请大家组成学习小组，通过案例探讨保险业务或保险公司产生的原因。
2. 和大家分享你所了解的保险业务范围。
3. 你和你的家人有购买保险吗？为大家介绍一下购买保险的目的和保单内容。

一、保险公司的诞生

远在公元前2000年，航行在地中海的商人在遇到海难时，为避免船只和货物同归于尽，便往往抛弃一部分货物，损失由各方分摊，形成“一人为大家，大家为一人”的共同海损分摊原则，成为海上保险的萌芽。

最早的保险单，是热那亚商人勒克维伦于1347年10月23日开立的承担“圣·科勒拉”号船从热那亚至马乔卡的航程保险单。

1676年成立的汉堡火灾保险社是最早的专营保险的组织。

18世纪后，保险业迅速发展，保险种类增加。到了19世纪，保险进入现代时期，保险对象和范围不仅包括传统的财产损失和人身伤亡，而且扩展到生存保险、责任保险、信用保险和再保险等业务。

最早在中国出现的保险机构，是英国商人于1805年在广州开设的广州保险公司。最早的中国民族资本的保险公司是1885年由招商局设立的仁和、济和两家保险公司。中国人自办的第一家人寿保险公司，是曾经当过大总统的黎元洪开办的华安合群保寿有限公司。

国学大师胡适先生谈起保险时曾说：保险的意义只是今天作明天的准备；生时作死时的准备；父母作儿女的准备；儿女幼时作儿女长大时的准备，如此而已。今天预备明天，这是真稳健；生时预备死时，这是真豁达；父母预备儿女，这是真慈爱。能做到这三步的人，才能算作现代人。时至今日，在人类即将进入21世纪的时候，现代保险是市场经济条件下风险管理的基本手段，是经济社会的重要组成部分。保险公司已与银行一样，成为人们生活中不可或缺的一部分。其中，人寿保险为人们的生命安全提供了确切的保障，从保障人的生命安全这个意义上说，保险公司比银行更重要。

二、保险公司的定义

保险公司是销售保险合约、提供风险保障的公司。保险公司分为两大类型——人寿保险公司、财产保险公司。保险公司，是指经中国保险监督管理机构批准设立，并依法登记注册的商业保险公司，包括直接保险公司和再保险公司。保险公司是采用公司组织形式的保险人，经营保险业务。保险关系中的保险人，享有收取保险费、建立保险费基金的权利。同时，当保险事故发生时，有义务赔偿被保险人的经济损失。

三、保险公司的组织形式

（一）西方保险公司的组织形式

保险公司的组织形式类型：

1. 股份保险公司

股份保险公司类似于其他产业的股份公司，由发起人根据《公司法》设立，由此具体规定了公司发起人的人数、公司债务的限额、发行股票的种类、税收、营业范围、公司的权力、申请程序、公司执照等。西方发达国家的公司组织由三个权力集团组成，即股东、董事会、高级经理人员。

2. 相互保险公司

相互保险公司也是一种公司组织形式，但它是一种非营利公司，没有股东，公司为报单持有人（投保人）拥有。因此投保人具有双重身份，既是公司所有人，又是公司的客户。股份保险公司的股东并不一定是公司的客户，相互保险公司的投保人作为所有人可以参加选举董事会，由董事会任命公司的高级管理人员专事公司的业务经营与管理。投保人能以取得“红利”的形式分享经营成果。

3. 专属保险公司

由工商企业自己设立，旨在为该企业、附属企业以及其他相关企业的风险保险或再保险的保险公司。

（二）我国现行的保险公司组织形式

我国现行的保险公司组织形式主要有股份有限公司和国有独资公司。

1. 股份有限公司

股份有限公司是指其全部资本分为等额股份，股东以其所持股份为限对公司承担责任，公司以其全部资产对公司的债务承担责任的企业法人。股份有限公司是一种对于集中资本最有利的公司形式，公司可以向社会发行股票，资金来源广泛，而且每股金额较小，可以更广泛地吸收社会小额分散资金。保险公司采取股份有限公司形式，可以募集到大量资金，其财力越雄厚，信誉就越好，对被保险人就越有保证。股份有限公司还有利于分散投资者的风险，由于每股金额较小，大多数股东个人所拥有的股份只占公司总资本的很小部分，股东以其所持股份为限对公司承担责任，这样股东所承担的风险就比较小。另外，股份有限公司的会计事务实行公示制度，应当将公司的财务会计报告置于本公司，供股东查阅；以募集方式设立的股份有限公司还应公告其财务会计报告，以供股东和债权人查询，这一制度对涉及社会经济和人民生活的保险业来讲是至关重要的。

2. 国有独资公司

国有独资公司是指国家授权投资的机构或者国家授权的部门单独投资设立的有限责任公司。国有独资公司的股东仅就其出资额对公司承担责任，股东将其资产投入公司后，该资产即构成公司的法人财产，如果公司在经营中出现资不抵债的情况，只能以公司的全部资产对公司的债务承担责任，股东不承担出资额以外的责任。国有独资公司作为有限责任公司的一种特殊形式，其主要特点是投资主体单一。国有独资企业的资本来源于一个股东，即国家，而其他有限责任公司的资本是由两个以上五十个以下股东共同出资的；国有独资公司不设股东会，由国家授权投资的机构或者国家授权的部门授权公司董事会行使股东会的部分职权，决定公司的重大事项，但公司的合并、分立、解散、增减资本和发行公司债券，必须由国家授权投资的机构或者国家授权的部门决定；而其他有限责任公司必须设股东会，股东会是有限责任公司的权力机构；国有独资公司的资产转让，依照法律、行政法规的规定，由国家授权投资的机构或者国家授权的部门办理审批和财产权转移手续；国有独资企业应当设立监事会，而其他有限责任公司经营规模较大的设立监事会。

四、保险公司的业务范围

保险公司的业务范围分为财产保险业务和人身保险业务。

（一）财产保险业务

财产保险业务是指保险公司以财产及其有关利益为保险对象的业务，包括财产损失保险、责任保险、信用保险等保险业务。财产损失保险是指以财产作为保险标的，如果保险财产在保险事故中受到损失，保险公司即按保险合同对这种财产损失承担赔偿责任。责任保险是指财产责任保险，保险标的为被保险人对于第三者应当依法承担的经济赔偿责任。信用保险的保险标的是被保险人对他人的信用。

（二）人身保险业务

人身保险业务是以人的寿命和身体健康为保险对象的保险业务，人身保险包括人寿保险、健康保险、意外伤害保险。人寿保险是以被保险人的寿命作为保险标的，以死亡或者生存作为保险事故。当保险事故发生时，保险公司承担给付保险金的责任。健康保险是以被保险人的疾病、分娩及其所致的伤残或者死亡为保险事故，当保险事故发生时，由保险公司承担给付保险金的责任。意外伤害保险是以意外伤害及其所致的残废或者死亡作为保险事故，当保险事故发生时，由保险公司承担给付保险金的责任。

同时，《中华人民共和国保险法》还规定保险公司的业务范围由金融监督管理部门核定，保险公司只能在被核定的业务范围内从事保险经营活动。

知识链接

中国全国性的保险公司

1. 中国太平保险（集团）公司：简称“中国太平”，下辖太平人寿、太平保险、太平资产、太平养老、民安保险、中保国际（香港上市）等。

2. 中国人寿保险（集团）公司：简称“中国人寿”，下辖中国人寿、国寿资产、国寿海外、国寿财险等。

3. 中国人民保险集团股份有限公司：简称“中国人保”，下辖人保财险、人保寿险等。

4. 中国再保险（集团）公司：简称“中国再保险”，下辖财产再保险、人寿再保险、中国大地财产保险、中再资产、华泰保险等。

5. 中国出口信用保险公司：简称“中国信保”，在英国伦敦设有代表处。

6. 合众人寿保险股份有限公司：简称“合众人寿”，是一家综合性人寿保险公司。企业性质为全国性、股份制寿险公司。作为综合性人寿保险公司，公司可经营一切人身险种（含各种法定保险）。合众人寿率行业之先提出了“合众保险，理赔不难”的服务举措，为其在行业内外赢得了广泛赞誉。

7. 新华人寿保险股份有限公司：简称“新华保险”，经营范围包括各类人寿保险、健康保险和人身意外伤害保险。

【技能实训】

请同学们根据下列保险公司的 LOGO 和所学保险公司知识，指出它们的具体公司名称，所属的保险公司类型。请分享你和你的家人或朋友购买某个保险公司保险产品或理赔的经验。

项目 4　其他金融机构

【案例导入】

“苹果”之父——乔布斯与信托机构

乔布斯和妻子2009年把至少三笔不动产委交信托管理，法律专家表示，这显示作风隐秘的乔布斯可能有意确保在他身后财产不至于公开。

公共记录显示，乔布斯是在向苹果公司请病假期间进行这些产权转移的。他的股票和其他非房地产资产是否也委交信托管理还不得而知。不过如果他真的这样做，外人可能很难窥知这些资产如何分配。

旧金山信托组织和遗产律师欧格瑞迪说，把股票和房地产委交信托，可以尽可能减少遗产税，并避免财产在遗嘱认证法庭公开。他说，如果处理妥善，乔布斯的遗产详情可能永远不会公开。

除了苹果股票，乔布斯2006年把皮克斯（Pixar）动画公司卖给迪斯尼，换得1亿3 800万股迪斯尼股票。《福布斯》杂志估计他有70亿美元的身价。房地产记录显示，乔布斯曾对他在硅谷的一些产业做遗产规划。

乔布斯夫妇多年共同拥有他们在加州的住宅，以及附近两处不动产。2009年3月，也就是乔布斯第二次向苹果请病假之后两个月，他们夫妇把这三个地方的产权交给两个不同的信托组织管理。

欧格瑞迪说，除了遗产规划，把财产委交信托另一个可能的理由就是避免债权人追讨，不过乔布斯非常有钱，不可能有这种考虑。

加州法律规定遗嘱必须在当事人去世30天内提交法庭认证，不过律师表示这种规定极少切实执行，而且如果乔布斯早就把财产委交信托管理，遗嘱本身内容可能无关重要。在这种情况下，乔布斯的遗嘱将只表示一切已委交信托管理人处理，而他的遗产将根据向来保密的信托法规管理。

【任务互动】

1. 你听说或者见过“信托机构”这个金融机构名称吗？

2. 请大家讨论一下，乔布斯的巨额财产为何要交给信托机构管理？信托机构是一个什么样的机构呢？

除了银行金融机构、证券公司、保险公司外，信托投资公司、金融租赁公司、财务公司、信用合作社、金融资产管理公司等机构被称为其他金融机构。

一、信托投资公司

信托投资公司是一种以受托人的身份代人理财的金融机构。它与银行信贷、保险并称为现代金融业的三大支柱。信托业务一律采取委托人和受托人签订信托契约的方式进行，信托投资公司受托管理和运用信托资金、财产，只能收取手续费，费率由中国人民银行会同有关部门制定。我国信托投资公司的主要业务有：经营资金、财产委托、代理资产保管、金融租赁、经济咨询、证券发行以及投资等。信托投资公司业务特点：收益高、责任重、风险大、管理复杂等。

二、金融租赁公司

金融租赁公司是专门经营租赁业务的公司，是租赁设备的物主，通过提供租赁设备而定期向承租人收取租金。金融租赁公司开展业务的过程是：租赁公司根据企业的要求，筹措资金，提供以“融物”代替“融资”的设备租赁；在租期内，作为承租人的企业只有使用租赁物件的权利，没有所有权，并要按租赁合同规定，定期向租赁公司交付租金。租期届满时，承租人向租赁公司交付少量的租赁物件的名义贷价（即象征性的租赁物件残值），双方即可办理租赁物件的产权转移手续。

财务公司又称金融公司，是为企业技术改造、新产品开发及产品销售提供金融服务，以中长期金融业务为主的非银行机构。各国的名称不同，业务内容也有差异。但多数是商业银行的附属机构，主要吸收存款。中国的财务公司不是商业银行的附属机构，而是隶属于大型集团的非银行金融机构。

三、信用合作社

信用合作社（简称信用社）是指由个人集资联合组成，以互助为主要宗旨的合作金融组织，其基本的经营目标是以简便的手续和较低的利率，向社员提供信贷服务，帮助经济力量薄弱的个人解决资金困难，以免遭高利贷盘剥。按照地域不同，可分为农村信用合作社和城市信用合作社。城市信用合作社是中国城市居民集资建立的合作金融组织，宗旨是通过信贷活动为城市集体企业、个体工商业户以及城市居民提供资金服务。农村信用合作社是经中国银行业监督管理委员会批准设立，由社员入股组成，实行社员民主管理，主要为社区社员提供金融服务的农村合作金融机构。农村信用合作社按照“明晰产权关系、强化约束机制、增强服务功能、国家适当扶持、省级地方政府负责”的改革方案在全国铺开，并先后在各省市成立了省级农村信用合作社联合社，负责全省市农村信用合作社的“管理、指导、协调、服务”。

四、金融资产管理公司

金融资产管理公司的实质是指由国家出面专门设立的以处理银行不良资产为使命的金融机构，具有特定使命的特征，以及较为宽泛业务范围的功能特征。我国成立金融管理公司的目的：一是改善四大行的资产负债状况，提高其国内外资信；二是实现不良贷款价值回收最大化；三是通过金融资产管理，对符合条件的企业实施债券转股权，支持国有大中型亏损企业摆脱困境。国家先后组建了信达（建行）、东方（中行）、长城（农行）、华融（工行）四家金融资产管理公司，帮助四大国有商业银行处理银行不良资产。

知识链接

我国目前隶属于大型集团的主要非银行金融机构

1. 中国华电集团财务有限公司
2. 上海汽车集团财务有限责任公司
3. 江铃汽车集团财务有限公司
4. 上海浦东发展集团财务有限责任公司
5. 京能集团财务有限公司
6. 中航工业集团财务有限责任公司
7. 兵器装备集团财务有限责任公司
8. 中核集团中核财务有限责任公司
9. 中国南航集团财务有限公司
10. 攀钢集团财务有限公司

【技能实训】

1. 查阅相关网站和报纸杂志，看看近些年来我国出现了哪些新的金融管理机构和商业金融机构。

2. 请以学习小组为单位，将调查结果写成调查报告，然后在课堂上和同学们分享调查结果及学习心得。

项目 5　金融政策与金融监管机构

【案例导入 1】

三大金融监管机构换帅　中国金融保卫战远未收官

2011 年 10 月 29 日，中国三大金融监管机构集体换帅。尚福林走马上任中国银监会主席、党委书记，郭树清任中国证监会主席、党委书记，项俊波任中国保监会主席、党委书记。

而此前，也即 8 月 28 日，刘明康迎来了其 65 岁的生日，这正是中国官方规定的部长级官员的退休年龄。

作为中国银监会的首任掌门，刘明康在任期间领导的国有银行业改革，为中国的银行业在2009年美国金融危机肆虐全球时能够安然度过打下了坚实基础。2011年3月末，中国银行业金融机构境内外本外币资产总额为101.2万亿元，是银监会成立之初的3.67倍。

接棒刘明康的是前中国证监会主席尚福林。掌舵证监会期间，尚福林以其在中国股市里推行股权分置改革及新股市场化定价发行、推出中小板与创业板及股指期货等业绩，深刻改变了中国证券市场。其在银监会的表现，值得期待。

对于郭树清接任证监会主席一事，舆论并不意外，这位“学者型官员”就任中国建设银行董事长期间，该行市值升至全球第二。

而作为本轮人事变动的另一位主角，在7月份就满65岁的中国保监会前主席吴定富任职9年，也在一定程度上完成了其挂帅时“把中国保险业做大做强”的目标。2010年，中国保费收入达到1.45万亿元，保险业总资产达到5.05万亿元，中国已经成为全球最重要的新兴保险大国，市场主体快速成长，市场体系更加完善，保险公司的利润总额从2005年底的不到1亿元增长到2010年底的576.7亿元。

接任吴定富的项俊波以其奋战过老山前线及获得过“飞天奖”优秀编剧一等奖而被称为“文武双全”，不仅如此，项俊波作为中国第三大银行的董事长，曾在2009年和2010年带领农行股改上市，完成了中国四大国有银行收官之作和最后一役。在此之前，他担任中国人民银行副行长，更早时候他在审计署有10年的工作经历。

相较于欧美国家金融形势的风雨飘摇，中国三大金融监管部门掌门人在相对平稳的环境中实现新老交替。同时，他们均具有博士学历、学位，属于学者型的金融官员，并具实战经历。人们也注意到，当前，中国经济发展面临的国内外环境仍然十分复杂，不稳定、不确定因素还不少。

国务院常务会议今天再次强调，要保持货币信贷总量合理增长，优化融资结构，提高金融服务水平。换言之，三大金融监管机构新任领导层将面临维护金融体系稳定、防范外来金融冲击、化解地方债务危机等诸多挑战。中国金融保卫战，远未收官。期待在三位新掌门的努力下，中国金融业能够百尺竿头，更进一步。

【案例导入2】

金融监管“紧箍咒”：灵不灵？

2011年10月15日，二十国集团（G20）财政部长和中央银行行长在巴黎举行的会议上通过新规则，将加强对系统性金融机构的监管。高盛、汇丰等被认为具有系统性影响力的银行将被要求额外增加1%～2.5%的资本金。根据《巴塞尔协议III》，到2013年全球金融机构的最低核心资本充足率将提高至7%，这意味着具有系统性影响的银行核心资本充足率需提高至8%～9.5%。

显然，金融大鳄们的头上又多了一道“紧箍咒”。

怒：大到不能倒

2011年9月发源于美国纽约的“占领华尔街”示威活动，如今已在全球多个国家轰轰烈烈地上演。示威者的矛头直指大银行、大企业，他们指责华尔街的贪婪，表达对社会不平等的深切不满。为表达对金融寡头的不满，民众还在网上发起“注销大银行账户”活动，号召中小储户将钱转存到社区信用合作银行。

没有人可以否认本轮金融危机肇祸于美国次贷危机，而次贷危机则与美国金融机构在金融创新中过度利用金融衍生产品有关。危机的结果是多家银行破产，投资银行作为一种独立的商业模式从此消失。而且危机从美国蔓延至全球，从金融体系蔓延至整个实体经济领域。然而，就在全球经济都低迷的时候，作为始作俑者，接受了政府巨额救助的华尔街大佬们却没有停止往钱袋里装钱：华尔街的金融机构雇员在2008年仍然拿到了超过180亿美元的分红；2009年华尔街银行业分红额高达203亿美元；2010年华尔街派出了1 350亿美元的年终奖，再度改写历史。也难怪示威者打出了“政府为他们解套，却把我们出卖了”的口号。

思：缺乏金融监管

痛定思痛。金融危机爆发后，世人把目光投向了金融监管。那些“大到不能倒”的巨人们到了必须接受约束的时候了。

近年来，一直有业界人士抱怨，金融监管体系不仅机构太多，而且权限互有重叠，在全球金融市场密切相连的情势下，这种过度监管会影响金融业的顺畅发展。以金融危机中的美国银行监管为例，由于银行业的监管分散在5个联邦机构中，每个联邦机构都有管理权，但同时没有一个机构拥有足够的法律授权来负责金融市场和金融体系的整体风险。专家还指出，此次金融危机的根源之一就在于对从事混业经营的金融集团缺乏统一协调的监管机制，形成监管漏洞和空白。而且，发达经济体内的金融业普遍放松管制与金融创新，尤其是金融衍生产品的创新，金融监管改革远远落后于金融业发展的步伐。

此次金融危机扰乱了全球政治、经济秩序，重建国际金融新秩序和制定新规则成为必要。这已是共识。

变：新一轮变革

危机爆发以来，以美国为首的西方国家开始对金融监管进行改革，以维护金融市场的稳定，国际金融监管体制正在经历一轮新的变革。

2009年6月，美国政府正式公布了金融监管体系改革的“白皮书”，旨在全面修复美国金融监管体系。美联储前主席保罗·沃尔克去年提出“沃尔克规定”，禁止金融机构以为己赚钱为目的交易证券、衍生品以及其他某些金融工具。最近，美国金融监管部门公布“系统重要性”金融机构的认定标准，划归“系统重要性”的机构将不得不服从更严格的资本金和流动性规定，还将被迫草拟详细“遗嘱”，说明在因濒临倒闭可能遭政府接管的情况下，将怎样被拆分。“系统重要性规定”是美国金融监管改革的重要内容，旨在预防保险巨头美国国际集团这类“大到不能倒”的机构对金融市场造成冲击。高盛集团、摩根大通公司等资产超过500亿美元的银行控股公司，将自动归由“系统重要性规定”监管。国际社会也在行动。本轮危机以来，二十国集团（G20）取代七国集团（G7）成为国际经济金融治理的最重要平台，G20领导人系列峰会明确了国际金融监管的目标和时间表，定期审议国际金融监管改革进展，并确定国际金融改革的最终方案。

变革必然会遇到阻力。加之于金融大鳄身上的“紧箍咒”究竟灵还是不灵，则取决于各国与国际社会对变革的决心和实施力度了。

【任务互动】

1. 请同学们上网或查看报纸期刊，找出金融政策和金融监管机构的相关新闻。

2. 请大家就案例中体现的中西方的金融监管机构和方法，谈谈自己对金融监管的认识和体会。

一、金融政策

金融政策是指中央银行为实现宏观经济调控目标而采用各种方式调节货币、利率和汇率水平，进而影响宏观经济的各种方针和措施的总称。

一般而言，一个国家的宏观金融政策主要包括三大政策：货币政策、利率政策和汇率政策。

（一）货币政策

货币政策是中央银行调整货币总需求的方针策略。中央银行传统的货币政策工具包括法定准备金、贴现率、公开市场业务等，其政策一般是稳定货币供应和金融秩序，进而实现经济增长、物价稳定、充分就业和国际收支平衡的有效手段。

（二）利率政策

利率政策是中央银行调整社会资本流通的手段。合理的存款利率政策有利于经营存贷业务的银行吸收储蓄存款，集聚社会资本；可以在一定程度上调节社会资本的流量和流向，从而导致产品结构、产业结构和整个经济结构的变化；可以用于刺激和约束企业的筹资行为，促进企业合理筹资，提高资本的使用效益。

（三）汇率政策

一个国家的汇率政策对于国际贸易和国际资本的流动具有重要的影响。跨国公司、外商投资企业和经营进出口业务的其他企业在国际资金融通活动中，必须掌握汇率政策并有效地加以利用。

二、金融监管机构

金融监管机构是根据法律规定对一国的金融体系进行监督管理的机构。其职责包括按照规定监督管理金融市场，发布有关金融监督管理和业务的命令和规章，监督管理金融机构的合法合规运作等。

目前，我国金融监管模式是分业监管，即“一行三会”：中国人民银行、中国银行业监督管理委员会、中国证券监督管理委员会、中国保险监督管理委员会。

（一）中国人民银行

中国人民银行（简称央行或人行）是中华人民共和国的中央银行，也是中华人民共和国国务院组成部门之一，于1948年12月1日组成。中国人民银行根据《中华人民共和国中国人民银行法》的规定，在国务院的领导下依法独立执行货币政策，履行职责，开展业务，不受地方政府、各级政府部门、社会团体和个人的干涉。中国人民银行总行设于北京，2005年8月10日在上海设立中国人民银行上海总部。

中国人民银行的主要职责为：

（1）起草相关法律和行政法规，完善有关金融机构运行规则，发布与履行职责有关的命令和规章。

（2）依法制定和执行货币政策。

（3）监督管理银行间同业拆借市场和银行间债券市场、外汇市场、黄金市场。

（4）防范和化解系统性金融风险，维护国家金融稳定。

（5）确定人民币汇率政策，维护合理的人民币汇率水平，实施外汇管理，持有、管理和经营国家外汇储备和黄金储备。

（6）发行人民币，管理人民币流通。

（7）管理国库。

（8）会同有关部门制定支付、结算规则，维护支付、清算系统的正常运行。

（9）制定和组织实施金融业综合统计制度，负责数据汇总和宏观经济分析与预测。

（10）组织协调国家反洗钱工作，指导、部署金融业反洗钱工作，承担反洗钱的资金监测职责。

（11）管理信贷征信业，推动建立社会信用体系。

（12）作为国家的中央银行，从事有关国际金融活动。

（13）按照有关规定从事金融业务活动。

（二）中国银行业监督管理委员会

中国银行业监督管理委员会，简称中国银监会。根据授权，统一监督管理银行、金融资产管理公司、信托投资公司以及其他存款类金融机构，维护银行业的合法、稳健运行。中国银行业监督管理委员会自2003年4月28日起正式履行职责。银监会的成立与职责明确的过程同时也是人民银行职责专业化的过程，两者正是在这一期间进行职责分工的明确与细化。央行监管职责的剥离与银监会的设立，实现金融宏观调控与金融微观监管的分离，是与中国经济、金融发展大环境密不可分的，是金融监管与调控的对象——金融业与金融市场日益复杂化、专业化、技术化的必然要求。

中国银监会的主要职责包括：

（1）依照法律、行政法规制定并发布对银行业金融机构及其业务活动监督管理的规章、规则。

（2）依照法律、行政法规规定的条件和程序，审查批准银行业金融机构的设立、变更、终止以及业务范围。

（3）对银行业金融机构的董事和高级管理人员实行任职资格管理。

（4）依照法律、行政法规制定银行业金融机构的审慎经营规则。

（5）对银行业金融机构的业务活动及其风险状况进行非现场监管，建立银行业金融机构监督管理信息系统，分析、评价银行业金融机构的风险状况。

（6）对银行业金融机构的业务活动及其风险状况进行现场检查，制定现场检查程序，规范现场检查行为。

（7）对银行业金融机构实行并表监督管理。

（8）会同有关部门建立银行业突发事件处置制度，制定银行业突发事件处置预案，明确处置机构和人员及其职责、处置措施和处置程序，及时、有效地处置银行业突发事件。

（9）负责统一编制全国银行业金融机构的统计数据、报表，并按照国家有关规定予以公布，对银行业自律组织的活动进行指导和监督。

（10）开展与银行业监督管理有关的国际交流、合作活动。

（11）对已经或者可能发生信用危机，严重影响存款人和其他客户合法权益的银行业金融机构实行接管或者促成机构重组。

（12）对有违法经营、经营管理不善等情形，银行业金融机构予以撤销。

（13）对涉嫌金融违法的银行业金融机构及其工作人员以及关联行为人的账户予以查询，对涉嫌转移或者隐匿违法资金的申请，司法机关予以冻结。

（14）对擅自设立银行业金融机构或非法从事银行业金融机构业务活动予以取缔。

（15）负责国有重点银行业金融机构监事会的日常管理工作。

（16）承办国务院交办的其他事项。

（三）中国证券监督管理委员会

1992 年 10 月，国务院证券委员会（简称国务院证券委）和中国证券监督管理委员会（简称中国证监会）宣告成立，标志着中国证券市场统一监管体制开始形成。国务院证券委是国家对证券市场进行统一宏观管理的主管机构。中国证监会是国务院证券委的监管执行机构，依照法律法规对证券市场进行监管。

中国证监会在对证券市场实施监督管理中履行下列职责：

（1）研究和拟定证券期货市场的方针政策、发展规划，起草证券期货市场的有关法律、法规，提出制定和修改的建议，制定有关证券期货市场监管的规章、规则和办法。

（2）直接领导全国证券期货监管机构，对证券期货市场实行集中统一监管；管理有关证券公司的领导班子和领导成员。

（3）监管股票、可转换债券、证券公司债券和国务院确定由证监会负责的债券及其他证券的发行、上市、交易、托管和结算，监管证券投资基金活动，批准企业债券的上市，监管上市国债和企业债券的交易活动。

（4）监管上市公司及其按法律法规必须履行有关义务的股东的证券市场行为。

（5）监管境内期货合约的上市、交易和结算，按规定监管境内机构从事境外期货业务。

（6）管理证券期货交易所，按规定管理证券期货交易所的高级管理人员，归口管理证券业、期货业协会。

（7）监管证券期货经营机构、证券投资基金管理公司、证券登记结算公司、期货结算机构、证券期货投资咨询机构、证券资信评级机构，审批基金托管机构的资格并监管其基金托管业务，制定有关机构高级管理人员任职资格的管理办法并组织实施，指导中国证券业、期货业协会开展证券期货从业人员资格管理工作。

（8）监管境内企业直接或间接到境外发行股票、上市以及在境外上市的公司到境外发行可转换债券，监管境内证券、期货经营机构到境外设立证券、期货机构，监管境外机构到境内设立证券、期货机构从事证券、期货业务。

（9）监管证券期货信息传播活动，负责证券期货市场的统计与信息资源管理。

（10）会同有关部门审批会计师事务所、资产评估机构及其成员从事证券期货中介业务的资格，并监管律师事务所、律师及有资格的会计师事务所、资产评估机构及其成员从事证券期货相关业务的活动。

（11）依法对证券期货违法违规行为进行调查、处罚。

（12）归口管理证券期货行业的对外交往和国际合作事务。

（13）承办国务院交办的其他事项。

（四）中国保险监督管理委员会

中国保险监督管理委员会成立于 1998 年 11 月 18 日，是中国商业保险的主管机关，也是国务院直属事业单位。其基本目的是为了深化金融体制改革，进一步防范和化解金融风险，根据国务院授权履行行政管理职能，依照法律、法规统一监督和管理保险市场。

中国保险监督管理委员会的主要职责：

（1）拟定保险业发展的方针政策，制定行业发展战略和规划；起草保险业监管的法律、法规；制定业内规章。

（2）审批保险公司及其分支机构、保险集团公司、保险控股公司的设立，会同有关部门审批保险资产管理公司的设立；审批境外保险机构代表处的设立；审批保险代理公司、保险经纪公司、保险公估公司等保险中介机构及其分支机构的设立；审批境内保险机构和非保险机构在境外设立保险机构；审批保险机构的合并、分立、变更、解散，决定接管和指定接受；参与和组织保险公司的破产、清算。

（3）审查、认定各类保险机构高级管理人员的任职资格，制定保险从业人员的基本资格标准。

（4）审批关系社会公众利益的保险险种、依法实行强制保险的险种和新开发的人寿保险险种等的保险条款和保险费率，对其他保险险种的保险条款和保险费率实施备案管理。

（5）依法监管保险公司的偿付能力和市场行为，负责保险保障基金的管理，监管保险保证金；根据法律和国家对保险资金的运用政策，制定有关规章制度，依法对保险公司的资金运用进行监管。

（6）对政策性保险和强制性保险进行业务监管，对专属自保、相互保险等组织形式和业务活动进行监管。归口管理保险行业协会、保险学会等行业社团组织。

（7）依法对保险机构和保险从业人员的不正当竞争等违法、违规行为以及对非保险机构经营或变相经营保险业务进行调查、处罚。

（8）依法对境内保险及非保险机构在境外设立的保险机构进行监管。

（9）制定保险行业信息化标准，建立保险风险评价、预警和监控体系，跟踪分析、监测、预测保险市场运行状况，负责统一编制全国保险业的数据、报表，并按照国家有关规定予以发布。

（10）承办国务院交办的其他事项。

知识链接

保险代理人及其资格取得

保险代理人是根据保险人与投保人订立保险合同，并承担赔偿或者给付保险金责任的保险公司的委托，向保险人收取佣金，并在保险人授权的范围内代为办理保险业务的机构或者个人。根据《中华人民共和国保险法》及中国保监会的有关规定，保险代理人有专业代理人和兼业代理人。不管是哪种类别的代理人，他们都是代理保险公司为客户提供保险服务的。专业代理人是指专门从事保险代理业务的保险代理公司，保险代理公司的组织形式为有限责任公司。兼业代理人是指受保险公司委托，在从事自身业务的同时，指定专人为保险公司代办保险业务的单位。兼业代理人只能代理与本行业直接相关，且能为投保人提供便利的保险业务，党政机关及其职能部门不得兼业从事保险代理业务。

根据我国的现行法规，要取得保险营销员的执业资格，个人必须满足四个要件：第一，具有完全民事行为能力；第二，品行良好；第三，具有初中以上文化程度；第四，参加中国保监会组织的保险代理从业人员资格考试，成绩合格并取得《保险代理从业人员资格证书》（以下简称《资格证书》）。

保险营销员从事保险营销活动，除需取得中国保监会颁发的《资格证书》外，还必须与保险公司签订保险代理委托协议，并取得所属保险公司发放的《保险营销员展业证》（以下简称《展业证》）。《展业证》的业务范围和销售区域不得超出所属保险公司经营许可证上的业务范围和经营区域。保险公司向《资格证书》持有人发放《展业证》前，需向当地保险行业协会办理该持有人《展业证》的登记注册。个人代理人初次上岗前需接受累计不少于 80 小时的岗前培训，其中接受保险法律知识、职业道德和诚信教育的时间累计不得少于 12 小时。

《资格证书》的有效期为3年，自颁发之日起计算。若持有人希望继续拥有展业资格，就需要在《资格证书》有效期届满30日前申请换发，并具备下列条件：

第一，前3年内每年接受后续教育时间累计不少于36小时，其中接受保险法律知识、职业道德和诚信教育的时间累计不少于12小时。

第二，前3年内未因欺诈和严重金融、保险违法违规行为受刑事或者行政处罚。

第三，无故意不履行数额较大的个人债务的行为。如果《资格证书》期满时不符合换发条件，中国保监会依法不予换发并注销其《资格证书》。此外，如果《资格证书》的持有人是以欺骗、贿赂等不正当手段取得《资格证书》的，中国保监会依法撤销并收回其《资格证书》，并给予警告，该证书持有人3年内不得向中国保监会申请《资格证书》。

【技能实训】

1. 请同学们分成学习小组，选出小组长组织讨论一则消息："为应对国际金融危机对我国可能产生的影响，同时为了扩大内需，加强居民对普通自住房的购买信心，央行特别发布了'扩大商业性个人住房贷款利率下浮幅度、支持居民首次购买普通住房'的公告。"

2. 请结合本节所学金融政策之利率政策方面的知识，讨论针对中国人民银行（央行）对利率调整的公告将会形成怎样的金融导向和怎样影响人们的投资行为。

【模块小结】

本模块介绍了以下五个项目：银行性金融机构的构成体制、特点、功能；证券公司的产生、类型、业务范围；保险公司的产生、类型、主要业务；其他金融机构和金融政策的内容与金融监管机构组成及职责。通过对上述内容的学习，同学们应该形成对我国现行主要金融机构及其他非金融机构的特点、职能和相互关系的清晰认识，初步了解各类金融及非金融机构的主要业务，为将来胜任相关工作岗位打好基础。

【练习题】

一、单项选择题

1. 商业银行的基本职能是（　　）。

A. 信用中介　　B. 支付中介

C. 信用创造　　D. 金融服务

2. 中央银行首要和基本的职能是（　　）。

A. 政府的银行　　B. 发行的银行

C. 金融管理的银行　　D. 银行的银行

3. 下列哪一家银行属于地方城市金融机构（　　）。

A. 中国银行　　B. 北京商业银行

C. 交通银行　　D. 中国民生银行

4. 与银行信贷、保险并称为现代金融业的三大支柱的非银行金融机构是（　　）。

A. 金融租赁公司　　B. 财务公司

C. 证券机构　　D. 信托投资公司

5. 我国的农业政策性银行是（　　）。

A. 农村合作银行　　B. 中国农业发展银行

C. 中国农业银行　　D. 农村信用合作社

6.（　　）的宗旨和任务是为本企业集团内部筹集、融通资金提供便利。

A. 财务公司　　B. 金融租赁公司

C. 信托投资公司　　D. 证券公司

7. 我国目前实行的中央银行体制属于（　　）。

A. 跨国中央银行制　　B. 复合中央银行制

C. 单一中央银行制　　D. 准中央银行制

8. 垄断货币发行权，是央行作为（　　）的职能的体现。

A. 银行的银行　　B. 发行的银行

C. 监管的银行　　D. 国家的银行

9.（　　）是金融体系的核心，金融体系是一个相互联系、相互影响的庞大的组织系统。

A. 银行　　B. 证监会

C. 信用合作社　　D. 金融机构

10. 除了银行金融机构，最重要的非银行类金融机构是（　　）。

A. 保险公司　　B. 养老基金

C. 信用合作社　　D. 政策性银行

二、多项选择题

1. 金融机构体系一般由下列环节组成（　　）。

A. 中央银行　　B. 商业银行

C. 专业银行　　D. 非银行金融机构

2. 商业银行的职能主要有（　　）。

A. 信用中介　　B. 支付中介

C. 信用创造　　D. 金融服务

3. 我国 1994 年组建的三家政策性银行是（　　）。

A. 中国农业银行　　B. 中国进出口银行

C. 国家开发银行　　D. 中国农业发展银行

4. 我国保险公司的业务大致包括（　　）。

A. 财产保险　　B. 责任保险

C. 保证保险　　D. 人身保险

5. 1994年，为适应金融机构体系改革的需要，使政策性金融与商业性金融相分离，我国相继成立了（　　）等政策性银行。

A. 交通银行　　B. 国家开发银行

C. 中国民生银行　　D. 中国进出口银行

三、判断题

1. 中国银行作为银行的银行、发行的银行、国家的银行，成为一国金融体系的核心。（　　）

2. 中央银行与商业银行的区别之一是中央银行不以营利为目的，不从事货币信用业务。（　　）

3. 在现代银行制度下，中央银行处于核心地位，商业银行居主导地位。（　　）

4. 政策性银行有自己特定的融资渠道，财政拨款、发行政策性金融债券是主要资金来源，而且也可以面向公众吸收存款。（　　）

5. 中国农业银行、中国银行、交通银行、光大银行都是国有商业银行。（　　）

6. 我国金融机构是由银行金融机构组成的。（　　）

7. 信托投资公司是一种以受托人的身份代人理财的金融机构。它与银行信贷、保险并称为现代金融业的三大支柱。（　　）

8. 金融租赁公司是专门经营租赁业务的公司，是租赁设备的物主，通过提供租赁设备而定期向承租人收取租金。（　　）

9. 合作银行一般是在信用合作社的基础上建立和发展起来的，但是不具有与信用合作社相同的宗旨和经营原则。（　　）

10. 商业银行既是信用中介又是支付中介。支付中介是商业银行最基本的功能，它在国民经济中发挥着多层次的调节作用。（　　）

四、案例分析题

南京爱立信"倒戈"投奔花旗银行

2002年3月21日，花旗银行上海分行首先获准向中国境内各类客户开办外汇业务，这是我国履行对世贸组织的承诺，进一步开放银行业的第一项举措。几乎与此同时，媒体也爆出了爱立信放弃中资银行，投奔花旗银行的新闻。3月26日的各媒体新闻称，近日南京爱立信公司突然作出惊人之举，凑足巨资提前还完了南京工商银行、交通银行19.9亿元的贷款，转而再向花旗银行上海分行贷回同样数额的巨款。爱立信南京公司是南京市最大的外资企业，多年来，一直由中国银行江苏省分行、交通银行南京分行、工商银行江苏省分行和招商银行南京分行为其提供金融服务。然而，从2001年下半年起，该公司陆续归还了中资银行的贷款。到2002年3月底，在中资银行的贷款余额只剩下0.5亿元。与此同时，该公司开始向外资银行贷款，2001年9月向花旗银行上海分行贷了6 000万美元等值的人民币贷款；12月底与汇丰、渣打等外资银行签订了1亿美元等值的人民币贷款；2002年3月28日与花旗银行上海分行签订了金额为5亿元人民币的无追索权保理贷款协议。“爱立信投奔花旗”一说就是指这一协议。协议的含义是：爱立信将其持有的一定数量的应收账款出售给花旗银行，同时花旗银行给爱立信5亿元人民币贷款，即花旗银行将爱立信的应收账款买断，如果花旗银行收购的应收账款到期不能收回，爱立信不负责购回。消息还表示，交通银行南京分行已经完成了数万字的《关于爱立信事件引发的思考》研究报告。另有报道指出，此次事件已在江苏金融业产生剧烈震荡，业内人士更是开始担心此次倒戈事件会在金融业引起连锁反应。

有关记者在随后的追踪采访中发现，上述报道并非完全真实，甚至有可能是一次新闻炒作。无追索权保理贷款协议确有其事，但完全转移这样大规模的信贷业务关系是不存在的。爱立信南京公司不可能也没有将金融服务的业务完全转向外资银行。相关的国内银行也出面加以澄清，相应证实了爱立信公司的一些说法。

请在老师的组织下，对上述案例进行分析：

1. 我国金融机构面临怎样的冲击？

2. 从中我们可以获得何种启示？

模块三　金融工具

【知识目标】

1. 金融工具的概念
2. 金融工具的种类
3. 各类金融工具的基本定义
4. 各类金融工具的特点
5. 各类金融工具的运用原则与方法

【技能目标】

1. 认识各类金融工具
2. 学会证券分析软件的安装及使用
3. 会进行股票、基金、期货模拟交易

项目1　储　蓄

【案例导入】

消费者物价指数（CPI）一直处在高位，也许你并不在意；猪肉或者鸡蛋的价格在变化，也许你亦不曾留意。但是，工资卡里的钱如果在“睡大觉”，那么这些钱已在悄悄“缩水”了，这绝对是一个值得关注的问题。对于理财，很多人其实很“懒”，仅仅习惯于储蓄。不过，懒人如果花点小心思，储蓄理财也可以达到最佳效果。市民张先生就是这样一个花点小心思的“懒人”，他的主要收入来自工资，每月去查一下到账多少，除了用于消费等开支外，剩余的钱都在工资卡里“睡大觉”，这是张先生曾经的做法。不过，“负利率”时代的到来，让张先生坐立不安：钱存在银行不是增值，而是“缩水”了。而其他投资渠道，股市、债券、基金、期货等，对于张先生来说，又都是“浮云”。“整个经济环境都不好，搞什么投资呢？还是储蓄安全呀！”张先生这么认为。“懒人”张先生善于动脑筋，请教了银行理财师，打听到了四条锦囊妙计，即“通知存款”、“自动转存”、“组合储蓄”、“台阶储蓄”这些不同的储蓄方法，通过灵活组合运用，储蓄理财原来也可以达到最佳效果，再也不怕什么“负利率”了。

【任务互动】

请大家谈谈在自己的家庭或所知道的亲朋好友的家庭中，主要的理财投资方式有哪些？如储蓄、债券、股票、基金、期货等。你个人了解并最感兴趣的是其中哪一种？

一、储蓄的定义

储蓄是指城乡个人将暂时不用或结余的货币收入存入银行或其他金融机构的一种存款活动。储蓄有广义和狭义之分。广义的储蓄包括存款储蓄、购买债券、商业保险和手持现金等。日常生活中所讲的储蓄一般指狭义的储蓄，即存款储蓄。我国储蓄分活期储蓄和定期储蓄两大类，并对公民的存款储蓄采取鼓励和保护的政策，实行“存款自愿，取款自由，存款有息，为储户保密”的原则。

储蓄是居民管理个人财富的最常见、最普通的方式，首先是资金存在银行比放在家中安全，其次是借此获得利息收入。

二、储蓄的作用

公民个人的存款储蓄，作为一种投资行为，在国家经济活动和人民生活中起着重大作用：

（1）为国家积累资金，支援现代化建设。银行通过吸收存款，可以“变小钱为大钱，变死钱为活钱”，有利于国家现代化建设。

（2）调节市场货币流通。一方面，国家通过开展储蓄业务，可以把市场上多余的一部分纸币采用信用回笼的方式吸收过来，可以有效地减少需求压力，使货币购买力和商品供应量平衡，保持物价稳定。另一方面，银行吸收公民的个人储蓄存款，转化为生产投资，为市场提供更多的消费品，从而增加货币回笼，保持正常的货币流通和物价稳定。

（3）有利于培养科学合理的生活习惯，建立文明健康的生活方式。通过储蓄有计划地安排生活，有利于培养勤俭节约的社会风尚，是科学文明的消费习惯和文明健康的生活方式的体现。

三、我国主要储蓄业务品种和办理规定

（一）人民币储蓄存款

个人在银行进行人民币储蓄，根据存款期限不同，可选择活期储蓄和定期储蓄两大品种。

1．活期储蓄

活期储蓄是指开户时不约定存取日期，个人可随时存取、金额不限的一种个人存款。

活期储蓄开户和存取款的程序是这样的：个人在开户时，须填写内容有存款日期、户名、存款金额、身份证种类及号码、联系方式、活期储蓄存款开户申请书和结算凭证，并将开户申请书和现金、身份证件交给银行经办人员。银行经办人员审核后，办理开户手续，经个人在存款凭条签字确认后，发给个人存折，并退还证件。个人若要求凭密码或印鉴支取，要在银行网点的密码器上自行按规定格式输入密码，或向经办人员提供两张印鉴卡片。存取款时，大部分银行实行免填客户凭条，个人只需口述存取款需求即可完成。

活期存款起存金额为1元，个人活期存款按季结息，按结息日挂牌公告的活期利率计息。不到结息日清户时，按清户日挂牌公告的活期利率计算到清户前一日止。具体的利率在各银行营业大厅挂牌中可见或可登录银行官网查询获取。

2. 定期储蓄

定期储蓄是个人在存款开户时约定存期，一次或按期分次（在约定存期内）存入本金，整笔或分期、分次支取本金或利息的一种储蓄方式。个人定期储蓄可分为以下几种类型：整存整取、零存整取、整存零取、存本取息、定活两便、通知存款和教育储蓄。其存取方式因类型不同而有所区别。定期存款中，只有整存整取可办理一次部分提前支取，其他储种只能办理全部提前支取。

（1）整存整取。整存整取指开户时约定存期，整笔存入，到期一次整笔支取本息的一种个人存款。人民币50元起存，外汇整存整取存款起存金额为等值人民币100元的外汇。另外，个人提前支取时必须提供身份证件，代他人支取的不仅要提供存款人的身份证件，还要提供代取人的身份证件。该储种只能进行一次部分提前支取。计息按存入时的约定利率计算，利随本清。整存整取存款可以在到期日自动转存，也可根据客户意愿，到期办理约定转存。人民币存期分为三个月、六个月、一年、两年、三年、五年六个档次。外币存期分为一个月、三个月、六个月、一年、两年五个档次。具体利率标准请见利率表。

（2）零存整取。零存整取指开户时约定存期，分次每月固定存款金额（由个人自定），到期一次支取本息的一种个人存款。开户手续与活期储蓄相同，只是每月要按开户时约定的金额进行续存。储户提前支取时的手续比照整存整取定期储蓄存款有关手续办理。一般5元起存，每月存入一次，中途如有漏存，应在次月补齐。计息按实存金额和实际存期计算。存期分为一年、三年、五年。利息按存款开户日挂牌的零存整取利率计算，到期未支取部分或提前支取按支取日挂牌的活期利率计算利息。具体利率标准请见利率表。

（3）整存零取。整存零取指在存款开户时约定存款期限，本金一次存入，固定期限分次支取本金的一种个人存款。存款开户的手续与活期相同，存入时1 000元起存，支取期分一个月、三个月及半年一次，由个人与营业网点商定。利息按存款开户日挂牌整存零取利率计算，于期满结清时支取。到期未支取部分或提前支取按支取日挂牌的活期利率计算利息。存期分为一年、三年、五年。具体利率标准请见利率表。

（4）存本取息。存本取息指在存款开户时约定存期，整笔一次存入，按固定期限分次支取利息，到期一次支取本金的一种个人存款。一般是5 000元起存。可一个月或几个月取息一次，可以在开户时约定的支取限额内多次支取任意金额。利息按存款开户日挂牌存本取息利率计算，到期未支取部分或提前支取按支取日挂牌的活期利率计算利息。存期分为一年、三年、五年。其开户和支取手续与活期储蓄相同，提前支取时与定期整存整取的手续相同，具体利率标准请见利率表。

（5）定活两便。定活两便指个人在存款开户时不必约定存期，银行根据客户存款的实际存期按规定计息，可随时支取的一种个人存款种类。50 元起存，存期不足三个月的，利息按支取日挂牌活期利率计算；存期三个月以上（含三个月）、不满半年的，利息按支取日挂牌定期整存整取三个月存款利率打六折计算；存期半年以上（含半年）、不满一年的，整个存期按支取日定期整存整取半年期存款利率打六折计息；存期一年以上（含一年），无论存期多长，整个存期一律按支取日定期整存整取一年期存款利率打六折计息。

（6）通知存款。通知存款是指个人在存入款项时不约定存期，支取时事先通知银行，约定支取存款日期和金额的一种个人存款方式。最低起存金额为人民币 5 万元（含），外币等值 5 000 美元（含）。为了方便，个人在存入款项开户时即可提前通知取款日期或约定转存存款日期和金额。个人通知存款须一次性存入，可以一次或分次支取，但分次支取后账户余额不能低于最低起存金额，当低于最低起存金额时，银行给予清户，转为活期存款。个人通知存款按存款人选择的提前通知的期限长短划分为一天通知存款和七天通知存款两个品种。其中一天通知存款需要提前一天向银行发出支取通知，并且存期最少需两天；七天通知存款需要提前七天向银行发出支取通知，并且存期最少需七天。

（7）教育储蓄。教育储蓄是为鼓励城乡个人以储蓄方式，为其子女接受非义务教育积蓄资金，促进教育事业发展而开办的储蓄。教育储蓄的对象为在校小学四年级（含四年级）以上学生。教育储蓄存款按存期分为一年、三年和六年三种；每一账户 50 元起存，本金合计最高限额为 2 万元；客户凭学校提供的正在接受非义务教育的学生的身份证明一次支取本金和利息时，还可享受利率优惠，并免征储蓄存款利息所得税。

（二）储蓄一本通、定期转存、约定转存

1. 储蓄一本通

储蓄一本通是指银行为个人签发的一种将本、外币个人存款集中于一本存折上，用于记载个人多个存款账户资金活动状况的存款权利凭证。储蓄一本通分为活期一本通和定期一本通。

2. 储蓄存款定期转存

储蓄存款定期转存是指银行于个人客户存款到期日，自动将客户未来办理支取的定期储蓄存款结计利息并代扣利息税后，将储蓄存款本金连同税后利息，按到期日当日利率自动转存为同种类、同档次定期储蓄存款的一种服务方式。

3. 储蓄存款约定转存

储蓄存款约定转存是指银行根据客户的事先约定，在到期日将其个人储蓄存款的本金或税后利息按约定金额和时间转存到另一指定的存款种类或存款账户的一种服务方式。

（三）外币储蓄存款

外币储蓄存款包括外币活期储蓄存款和外币整存整取定期储蓄存款。

外币活期储蓄存款是指不规定存期，客户不需预先通知银行，以各币种外币随时存取

款，存取金额不限的一种储蓄业务。

外币整存整取定期储蓄存款是指储户事先约定存期，以外币一次存入，到期后一次性支取本息的定期储蓄存款方式。

四、储蓄的其他相关业务

（一）提前支取

个人在办理提前支取定期储蓄存款时，要向银行经办人员提供存款凭证和有效身份证件。代他人支取的还要提供代取人的身份证件，并在存款凭证后面填列存款人（代取款人）姓名及证件号码。提前支取的部分，均按支取日挂牌公告的相应币种的活期储蓄存款利率计付利息。未支取部分仍按原起息日、原期限、原利率、原到期日开具新存单。同一笔存款部分提前支取只限一次。

（二）挂失

个人的存折（单、卡）丢失，或密码错记、遗忘，印鉴丢失后，为了资金安全，要立即向银行办理正式挂失或临时挂失手续。临时挂失又称口头挂失，是指个人在因紧急需要或其他原因不能到营业机构办理正式挂失的情况下，可通过面谈、函电、网络、客户服务中心等方式向营业机构进行存款账户临时止付的请求，营业机构对个人确认的存款进行临时冻结止付的挂失行为。正式挂失又称书面挂失，是指个人凭有效身份证件到营业机构对个人确认的存款账户进行冻结止付，并发给个人客户挂失申请书（客户留存联）。正式挂失后，个人凭挂失申请书（客户留存联）和有效身份证件办理存款凭证补发、密码重置、印鉴更换或直接支取现金。

存折（单、卡）挂失时，个人要提供身份证件，填写“挂失申请书”，一式三联，并提供存款日期、种类、户名、金额、账号等情况。银行经办人员根据个人提供的资料，经查询存款确未被支取、未冻结止付，即可受理挂失申请，挂失生效。

为了个人的方便和资金安全，银行还提供口头挂失服务。个人在未带身份证件的情况下，或在非原存款营业机构办理挂失，或以函电、服务电话等方式申请挂失，均可进行口头挂失。口头挂失后，要在五日内办理正式挂失手续，否则口头挂失五日后自动失效。正式挂失七天后，储户可到办理挂失的营业机构领取新存折（单、卡）、重置密码、更换印鉴或取款。

（三）继承和过户

存款人死亡之后，其继承人若要取得其存款的继承权，必须凭法院的判决书、裁定书、调解书或公证处的继承权证明书办理过户或支取手续。具体办理过户时比照挂失办理。支取现金则与一般存款和取款手续相同。

五、存款实名制

2000 年 4 月 1 日，根据国家有关文件的规定，我国的金融机构开始实行个人存款账户实名制。这是我国金融监管的一项重要制度。

个人存款实名制是指存款人到金融机构办理各种本、外币存款开户时应出示个人法定身份证件，并使用身份证件上的姓名；金融机构应按规定进行核对，并登记身份证件上的姓名和号码。

个人存款账户实名制规定的有效身份证件有：

（1）居住在中国境内 16 周岁以上的中国个人，为身份证、户口簿、护照；居住在中国境内 16 周岁以下的中国个人，为户口簿；中国籍的华侨可以是中国护照。

（2）军人，为军人身份证件；人民武装警察，为人民武装警察身份证件。

（3）香港、澳门个人，为港澳个人往来内地通行证；台湾个人，为来往大陆通行证或其他有效旅行证件。

（4）外国公民为护照。

（5）法律规定的其他有效身份证件。

根据国家有关规定，居民办理下列个人储蓄业务时均须提交有效身份证件：

（1）开立个人银行结算账户（活期储蓄账户）、储蓄账户、银行卡账户均应出示有效身份证件。

（2）大额现金取款。单笔在 5 万元（不含）以上的现金取款，必须出示有效身份证件。

（3）大额款项转账、现金存款。10 万元（含）以上的转账收入、转账支出、现金存款等大额款项转移，应出示有效身份证件。

（4）代他人办理取款业务、大额存款、大额转账时须出示有效身份证件。

（5）办理挂失、挂失撤销、查询、冻结、止付均应出示有效身份证件。

（6）购买记名式国债、基金、保险等银行代理的有价证券，均应出示有效身份证件。

（7）办理定期存款提前支取应出示有效身份证件。

（8）客户办理个人存款证明、速汇通现金汇款或 10 万元（含）以上账户转出汇款、储蓄存款、异地托收业务时应出示有效身份证件。

六、储蓄利息的计算

储蓄利息的计算一般分单利和复利两种计息方法。单利（Simple Interest）是指以本金为基数计算利息，所产生的利息不再加入本金计算下期利息。我国发行的国债和银行存款大多采用单利法。

单利计算公式如下：

$$I = P \times r \times n$$

$$S = P + I = P \times (1 + r \times n)$$

其中，I 表示利息额，P 表示本金，r 表示利率，n 表示期限，S 表示本金与利息之和。

例如，老李存款账户上有 100 元，现在的年利为 2.25%，按单利计算，

第一年末，账户上的钱应该是：

$S_1 = 100 \times (1 + 2.25\% \times 1) = 102.25$（元）

第二年末，账户上的钱应该是：

$S_2 = 100 \times (1 + 2.25\% \times 2) = 104.50$（元）

依次类推，第 n 年年末的存款账户总额为：

$S_n = 100 \times (1 + 2.25\% \times n)$

但是，在现实生活中，更有意义的往往是复利。如银行定期储蓄存款，在存期内是按单利计算，到期后按照到期日当天的挂牌利率按原存期自动转存，利息加到本金里变成下一存期的本金。此时即具备了“复利”的概念。

复利（Compound Interest）是与单利相对应的经济概念。单利的计算不用把利息计入本金；而复利计算时，要将每一期的利息加入本金一并计算下一期的利息。

复利计算公式为：

$S = P \times (1 + r)^n$

$I = S - P$

其中，S 表示本金与利息之和，P 表示本金，r 表示利率，n 表示期限，I 表示利息额。

若将上例“老李的存款账户上有 100 元，现在的年利为 2.25%”按复利计算，

第一年末，账户上的钱是：

$S_1 = 100 \times (1 + 2.25\%)^1 = 102.25$（元）

第二年末，账户上的钱应该是：

$S_2 = 100 \times (1 + 2.25\%)^2 \approx 104.55$（元）

依次类推，第 n 年年末的存款账户总额为：

$S_n = 100 \times (1 + 2.25\%)^n$

知识链接

巧用储蓄组合理财

【技巧 1】

交替储蓄

假定你手中有 5 万元的现金，你可以把它平均分成两份，每份 2.5 万元，然后分别将其存成半年和一年的定期存款。半年后，将到期的半年期存款改存成一年期的存款，并将两张一年期的存单都设定成为自动转存。这样交替储蓄，循环周期为半年，每半年你就会有一张一年期的存款到期可取，这样也可以让自己有钱应备急用。

专家点评：假如你手中的闲钱较多，而且一年之内没有什么用处的话，交替储蓄法则会比较适合你。

【技巧2】

利息滚利储蓄

如果你有一笔额度较大的闲置资金，你可以选择将这笔钱存成存本取息的储蓄，在一个月后，取出这笔存款第一个月的利息，然后再开设一个零存整取的储蓄账户把所取出来的利息存到里面，以后每个月固定把第一个账户中产生的利息取出存入零存整取账户，这样不仅存本取息储蓄得到了利息，而且其利息在参加零存整取储蓄后又取得了利息。

专家点评：即使你选择较低风险的储蓄，也要尽可能让每一分钱都滚动起来，包括利息在内，尽可能让自己的收益达到最大。

【技巧3】

分份儿储蓄

假定你有1万元现金，你可以将它分成不同额度的4份儿，分别是1 000元、2 000元、3 000元、4 000元，然后将这4张存单都存成一年期的定期存款。在你一年之内不管什么时候需要用钱，都可以取出和所需数额接近的那张存单，这样既能满足用钱需求，也能最大限度得到利息收入。

专家点评：这种方法适用于在一年之内有用钱预期，但不确定何时使用、一次用多少的小额度闲置资金。用分份儿储蓄法不仅利息会比存活期储蓄高很多，而且在用钱的时候也能以最小的损失取出所需的资金。

【技巧4】

台阶储蓄

假定你手中有5万元现金，你可以把它平均分成5份儿，用1万元开设一个一年期的存单，用1万元开设一个两年期的存单，用1万元开设一个三年期的存单，用1万元开设一个四年期的存单，用1万元开设一个五年的存单，这里要注意一下，四年期的存单可以选择三年期加一年期的方法进行存储。这样的储蓄方法可以使存单到期额度保持等量平衡，具有非常强的计划性。

专家点评：此方式较适合生活支出有规律的家庭，储蓄期限的长短结合能让资金照顾到你不同时期的用钱需求，让你的生活井井有条。

【技巧5】

接力储蓄

如果你每个月会固定存入银行2 000元的活期存款，你可以选择将这2 000元存成三个月的定期，在之后的两个月中，继续坚持每月一笔2 000元的定期存款，这样一来，在第四个月的时候，你的第一个定期存款就会到期，从此开始你每个月都会有一笔三个月的定期存款到期供你支取。这种储蓄方式不仅不会影响到你日常的用钱需求，还能让你取得比活期储蓄更高的利息收入。

专家点评：它和交替储蓄法比较相似，但它的操作更为灵活，应该是完全能够代替日常活期储蓄的一种定期储蓄方法。

（资料来源：五个储蓄技巧．豆瓣，http：//www. douban. com/group/topic/18140381/?start＝100．）

【技能实训】

1．每位同学到学校附近的银行网点，开一个储蓄卡或存折，然后理顺一下自己亲身经历的开户流程、所需递交给银行审核的证件、填写开户申请书时的要点等内容，撰写成一份《个人储蓄业务开户指引》。

2．每两位同学为一组，分别扮演银行职员和客户，由银行职员向客户介绍储蓄开户的流程及其他相关要求，解答客户的问题和疑惑，直到对方完全理解为止，然后互换角色再演练一遍。

项目2　股　票

【案例导入】

投资比亚迪又成经典 巴菲特一年狂赚500%

尽管手机和电池业务因金融风暴而受损严重，但凭借着汽车业务收入的飙升，比亚迪股份有限公司（01211. HK，下称“比亚迪股份”）昨天还是交出了一份亮丽的半年报。

昨日，比亚迪股份发布的2009年上半年财报显示，今年上半年收入161.32亿元，同比增长30%，实现净利润11.78亿元，同比增长98%。而在这一业绩背后，股神巴菲特正在偷着乐。

“今年上半年集团汽车整体销量超过18万辆，同比大幅增长约1.5倍。其中F3还成功打入上半年轿车品牌销售前五名。”比亚迪股份董事会主席王传福昨日在香港记者会上表示，比亚迪汽车今年销量将超过40万台，并已向政府及企业等出售100台F3DM电动车，将于9月份开始向个人用户销售。

亮丽的半年报也让巴菲特赚了个盆满钵满。

去年9月，巴菲特斥资18亿港元以每股8港元的价格认购了2.25亿股比亚迪股份，占比亚迪股份约10%股权。尽管他入市以后股市仍然持续低迷，但截止到昨日，比亚迪股份收盘48.6港元，股价当日上涨8%。按此计算，巴菲特所持有的股份账面获利逾91亿港元，增长超过500%。

【任务互动】

1. 巴菲特先生是全球金融行业公认的“股神”，请同学们搜集关于他的投资生涯的资料，看谁搜集的成果较为详尽、全面。

2. 假设学校有个“学生超市”要招商，以班级名义成立一个虚拟的“公司”进行经营，请同学们构想一下成立这样一个公司的具体方案。

一、股票的概念和特征

（一）股票的定义

股票是股份公司（包括有限公司和无限公司）在筹集资本时向出资人发行的股份凭证，代表着其持有者（股东）对股份公司的所有权。这种所有权包括参加股东大会、投票表决、参与公司的重大决策、收取股息或分享红利等。股票一般可以通过买卖方式有偿转让，股东能通过股票转让收回其投资，但不能要求公司返还其出资。股东是公司的所有者，以其出资额为限对公司负有限责任，承担风险，分享收益。

（二）股票的特征

1. 不可偿还性

股票是一种无偿还期限的有价证券，投资者认购了股票后，就不能再要求退股，只能到二级市场卖给第三者。股票的转让只意味着公司股东的改变，并不减少公司资本。从期限上看，只要公司存在，它所发行的股票就存在，股票的期限等于公司存续的期限。

2. 参与性

股东有权出席股东大会，选举公司董事会，参与公司重大决策。股票持有者的投资意志和享有的经济利益，通常是通过行使股东参与权来实现的。股东参与公司决策的权利大小，取决于其所持有股份的多少。从实践中看，只要股东持有的股票数量达到左右决策结果所需的实际多数时，就能掌握公司的决策控制权。

3. 收益性

股东凭其持有的股票，有权从公司领取股息或红利，获取投资的收益。股息或红利的大小，主要取决于公司的盈利水平和公司的盈利分配政策。股票的收益性，还表现在股票投资者可以获得价差收入或实现资产保值增值。通过低价买入和高价卖出股票，投资者可以赚取价差利润。

4. 流通性

股票的流通性是指股票在不同投资者之间的可交易性。流通性通常以可流通的股票数量、股票成交量以及股价对交易量的敏感程度来衡量。可流通股数越多，成交量越大，价格对成交量越不敏感（价格不会随着成交量一同变化），股票的流通性就越好，反之就越差。股票的流通，使投资者可以在市场上卖出所持有的股票，取得现金。通过股票的流通和股价的变动，可以看出人们对于相关行业和上市公司的发展前景和盈利潜力的判断。那些在流通市场上吸引大量投资者、股价不断上涨的行业和公司，可以通过增发股票，不断吸收大量资本进入生产经营活动领域，收到了优化资源配置的效果。

5. 风险性

股票在交易市场上作为交易对象，同商品一样，有自己的市场行情和市场价格。由于股票价格要受到诸如公司经营状况、供求关系、银行利率、大众心理等多种因素的影响，其波动有很大的不确定性。正是这种不确定性，有可能使股票投资者遭受损失。价格波动的不确定性越大，投资风险也越大。因此，股票是一种高风险的金融产品。

二、股票的种类

1. 根据投资主体划分

可分为国家股、法人股、内部职工股和社会公众个人股。

2. 按股东权益和风险大小划分

可分为普通股和优先股。

普通股是指在公司的经营管理和盈利及财产的分配上享有普通权利的股份，代表满足所有债权偿付要求及优先股东的收益权与求偿权要求后，对企业盈利和剩余财产的索取权。普通股构成公司资本的基础，是股票的一种基本形式。目前，在上海和深圳证券交易所上进行交易的股票都是普通股。

优先股相对于普通股而言，在利润分红及剩余财产分配的权利方面优先于普通股。

3. 按照认购股票投资者身份和上市地点划分

可分为境内上市内资股、境内上市外资股和境外上市外资股三类。

4. 其他类别或称谓

A 股：正式名称是人民币普通股票。它是由中国境内的公司发行的，供境内机构、组织或个人（不含台、港、澳投资者）以人民币认购和交易的普通股票。

B 股：也称为人民币特种股票。是指那些在中国大陆注册、在中国大陆上市的特种股票。以人民币标明面值，只能以外币认购和交易。

H 股：也称为国企股，是指国有企业在香港（Hong Kong）上市的股票。

S 股：是指那些主要生产或者经营等核心业务在中国大陆，而企业的注册地在新加坡（Singapore）或者其他国家和地区，但是在新加坡交易所上市挂牌的企业股票。

N 股：是指那些在中国大陆注册，在纽约（New York）上市的外资股票。

红筹股：即在香港上市的中资企业所发行的股票。人们形容中国是红色中国，而她的国旗又是五星红旗，因此把与中国相联系的上市公司发行的股票称为红筹股。

蓝筹股：美国人打牌下赌注，蓝色筹码为最高，红色筹码为中等，白色筹码为最低，后来人们就把股票市场上最有实力、最活跃的股票称为蓝筹股。蓝筹股几乎成了绩优股的代名词。

成长股：是指发行股票时规模并不大，但公司的业务蒸蒸日上，管理良好，利润丰厚，产品在市场上有竞争力的公司的股票。

热门股：是指交易量大、交易周转率高、股价涨跌幅度也较大的股票。热门股的形成往往有其特定的经济、政治、社会原因。

绩优股：是指那些业绩优良，但增长速度较慢的公司的股票。这类公司有实力抵抗经济衰退，但这类公司并不能给你带来振奋人心的利润。

周期股：是指经营业绩随着经济周期的涨缩而变动的公司的股票。航空工业、汽车工业、钢铁及化学工业都属于此类。

三、股票的发行市场和交易市场

（一）一级市场

一级市场也称为发行市场；它是指公司直接或通过中介机构向投资者出售新发行的股票。所谓新发行的股票包括初次发行和再发行（增发）的股票，前者是公司第一次向投资者出售的原始股，后者是在原始股的基础上增加新的份额。

（二）二级市场

二级市场也称交易市场，是投资者之间买卖已发行股票的场所。这一市场为股票创造流动性，即能够迅速脱手换取现值。二级市场通常可分为有组织的证券交易所和场外交易市场。

证券交易所是由证券管理部门批准的，为证券的集中交易提供固定场所和有关设施，并制定各项规则以形成公正合理的价格和有条不紊的秩序的正式组织。

中国大陆的证券交易所分别设在上海和深圳，简称沪深两市。

场外交易是相对于证券交易所交易而言的，凡是在证券交易所之外进行的股票交易活动都可称作场外交易。场外交易市场与证交所相比，没有固定的集中场所，而是分散于各地，规模有大有小，由自营商来组织交易。

四、我国股市的交易规则

1．交易时间

周一至周五（法定休假日除外）

上午9：30～11：30

下午1：00～3：00

2．竞价成交

（1）竞价原则：价格优先、时间优先。价格较高的买进委托优先于价格较低的买进委托，价格较低的卖出委托优先于较高的卖出委托；同价位委托，则按时间顺序优先。

（2）竞价方式：上午9：15～9：25进行集合竞价（集中一次处理全部有效委托）；

上午9：30~11：30、下午1：00~3：00进行连续竞价（逐笔处理有效委托）。

3. 交易单位

股票的交易单位为“股”，100股=1手，委托买入数量必须为100股或其整数倍；当委托数量不能全部成交或分红送股时可能出现零股（不足1手的为零股），零股只能委托卖出，不能委托买入。

4. 报价单位

交易委托价格最小变动单位：A股为人民币0.01元；深B为港币0.01元；沪B为美元0.001元。

5. 涨跌幅限制

在一个交易日内，除首日上市证券外，每只证券的交易价格相对上一个交易日收市价的涨跌幅度不得超过10%，超过涨跌限价的委托为无效委托。

6. “ST”股票

在股票名称前冠以“ST”字样的股票表示该上市公司最近两年连续亏损，或亏损一年，或净资产跌破面值，公司经营过程中出现重大违法行为等情况之一，交易所对该公司股票交易进行特别处理。“ST”股票交易日涨跌幅限制在5%以内。

7. 委托撤单

在委托未成交之前，投资者可以撤销委托。

8. “T+1”交收

“T”表示交易当天，“T+1”表示交易日当天的第二天。“T+1”交易制度指投资者当天买入的证券不能在当天卖出，需待第二天进行自动交割过户后方可卖出。

9. 新股申购

目前在深圳证券交易所和上海证券交易所发行新股的方式主要有两种：网上公开发行和向二级市场投资者配售。

10. 代码

交易股票时必须输入股票代码，熟悉这类代码有助于增强我们对交易品种的理解。

A股代码：沪市主板的为600×××或601×××，深市的为000×××，中小板为002×××，两市的后3位数字均是表示上市的先后顺序。

B股代码：沪市的为900×××，深市的为200×××，两市的后3位数字也均是表示上市的先后顺序。

创业板的股票申购代码、上市代码都是30××××，增发的为37××××，配股的为38××××。

五、开户及委托下单

股票交易开户的一般流程是：首先持有效证件先到证券公司办理开户，同时开通上海或深圳股东“账户卡”、“资金账户”、“网上交易”业务、“电话交易”业务等。接着到银行开立活期储蓄账户，并开通“银证转账”业务，将股票资金账户和银行储蓄账户绑定，以便于资金的安全互转。通过网上交易系统或电话交易系统把钱从银行转入证券公司资金账户，然后开始买卖股票（如是通过网络操作则需下载证券公司指定的网上交易软件并安装）。

买卖股票是通过委托下单实现的，投资者一般可以采取柜台委托、自助终端、电话交易系统、网上交易系统等途径进行。目前较多的是使用电话或网络方式。

委托下单的流程如下：

登录网上交易系统或拨通电话交易系统—输入股东账号—输入账号密码—选择“委托交易”菜单——依次输入证券代码、委托方向（买/卖）、委托价格、委托数量等。

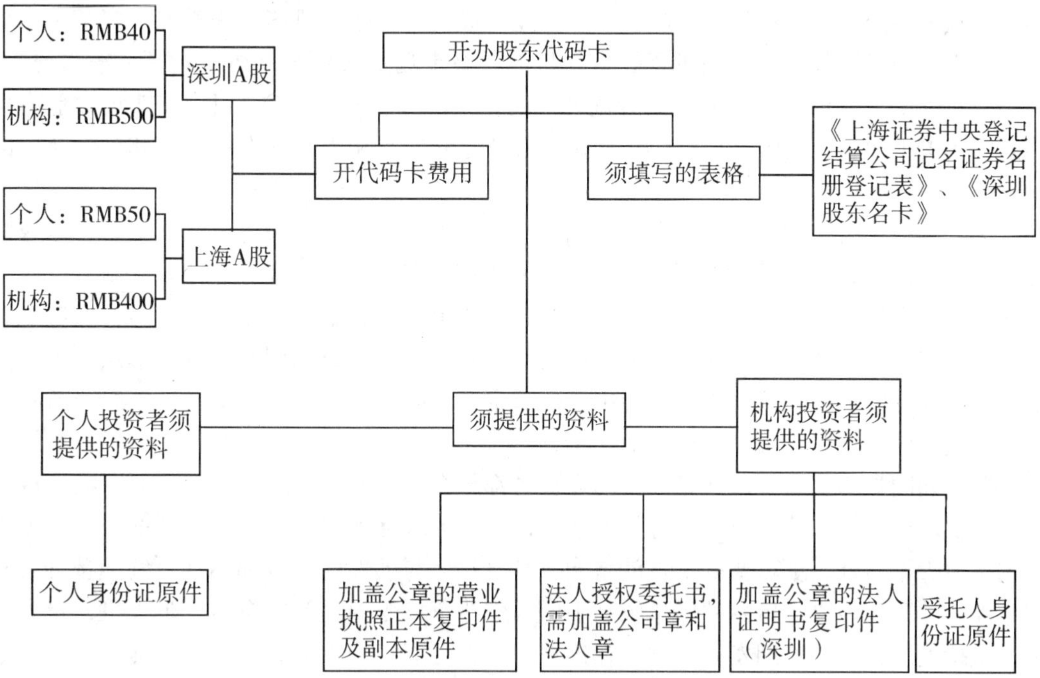

股东账户卡开户流程图

六、股票的投资策略

由于股市的变化是受政治、经济、股份公司的收益变动、股票的供求状况以及人们复杂的心理变化等诸多因素所影响的，股票价格往往波动较大，股票市场呈现高收益、高风险的显著特征，对于普通投资者而言，在入市前都应该制定可行的投资策略，防范和化解风险，争取盈利最大化。因此，股票投资要注意以下几点：

第一，切忌目标定得太高。初入股市的投资者，往往想一夜暴富，其实这是最不可取的。须知“股市有风险，投资需谨慎”，投资和投机仅一字之差，真正依靠投机炒股赚钱的人其实并不多，而“股神”巴菲特先生则用投资企业的眼光去投资股票，几十年如一日地坚持下来，最终才能问鼎全球首富。

第二，做好投资本钱的合理计划。投资股市的本钱，应根据自己的总体经济状况、风险承受能力等来制订计划。一般来说，应该是平时较为闲置的资金，不存银行而转为风险投资，以期待获得比银行利息高的收益，比例上不超过个人总资产的30%为宜，不属于应急的储备资金。特别提醒，切忌借钱炒股。

第三，主动学习，积累经验。如果希望进入股市后仍然能够笑口常开，首先当然应该掌握经济金融、操作分析等学术知识，学会对股市、公司进行基本面分析和技术分析，不为人言驱使，不为失利动容，坚持独立思考。做一个详细的操作过程记录，因为市场是不断变化的，要不断自我检查，控制情绪，让自己有一个思考的过程，便于总结经验教训。

第四，购买并长期持有策略。主要购买并持有某种股票组合较长时间，不频繁地进出。不做太多的调整。其思想基础是认为市场是有效的，组合的调整本身有风险和操作成本，而且长期而言总会得到平均收益水平。投资成功的企业将可能带来类似投资苹果、微软等数千倍的投资收益。长期投资收益是目前二级市场最大的盈利机会。在一般情况下，由于交易制度（如涨跌幅度限制的放宽等）的差异，短线投资数次成功所带来的收益有可能因一次失手而本利无归。当然，长期投资必须建立在有相当高的专业水平和判断能力的基础上。

第五，选择组合投资策略。组合投资是对长期投资的补充。通过分散投资，可以兼顾风险与收益，提高长期投资的成功率。组合投资具体有：股票与债券、储蓄的组合；股票与债券、基金的组合；上市公司中不同行业股票的组合等。在确定投资组合时，应考虑到不同行业的特点，就当前状况及未来发展空间等问题进行研究和判断，有侧重点地进行分配。按照国外的经验，只要投资组合中有一家企业最终获得成功，则整个投资组合就具有长期投资价值。

股市如同战场，每一位涉足股市的投资者都想在股市搏杀中取得胜利。可事实上取胜的只是少数投资者。大多数人都是失败者。这些少数取胜者，除了具有独到的眼光、准确的判断力等素质外，更重要的一点就是能战胜自我，与人性的弱点和不良习气如贪婪、懒惰、浮躁、犹豫不决、鼠目寸光、眼高手低等作斗争，提倡理智投资，减少投机，量力而为，坚持追求企业的长期发展价值，在这一点上，巴菲特先生无疑是成功的典范。

知识链接1

股票的历史

股票至今已有将近400年的历史，它伴随着股份公司的出现而出现。世界上最早的股份有限公司制度为1602年在荷兰成立的东印度公司，其在阿姆斯特丹的银行发行了世界上第一支股票。该公司经营航海事业，每次出海前，向人集资，航次终了，即将各人的出资以及该航次的利润交还给出资者。1613年起，该公司改为四航次，终了才派一次利润，这就是“股东”和“派息”的前身。

股份公司这种企业组织形态出现以后，很快为资本主义国家广泛利用，成为资本主义国家企业组织的重要形式之一。伴随着股份公司的诞生和发展，以股票形式集资入股的方式也得到发展，并且产生了买卖交易、转让股票的需求。这样就带动了股票市场的出现和形成，并促使股票市场进一步完善和发展。1611年东印度公司的股东们在阿姆斯特丹股票交易所就进行着股票交易，并且后来有了专门的经纪人撮合交易。阿姆斯特丹股票交易所成为世界上第一个股票市场。中国股票证券市场的发展起步较晚，但随着社会经济的飞速发展，人们投资理财的需求也更趋向多样化，参与股市投资的投资者日益增多，股票自然而然也成为大家关心的热门话题。

知识链接2

中国股市发展历程回顾

1984 年：提出建立资本市场的构想

1984 年 11 月：中国第一股飞乐音响发行 1 万股

1986 年：中国第一个证券交易柜台诞生

1990 年 12 月：上海证券交易所成立

1991 年 7 月：深圳证券交易所试开业

1991 年 8 月 28 日：中国证券业协会在北京成立

1992 年 5 月 21 日：上交所取消股票交易价格限制

1992 年 10 月 12 日：证监会正式成立

1992 年 8 月—1994 年 8 月：股市变冷

1994 年 7 月 30 日：三大利好救市政策引发大涨

1996 年 12 月：政策扼住股市涨势

1999 年 5 月 19 日：“5・19”行情爆发

1999 年 6 月：多重利好促股市大涨

1999 年 7 月 1 日：《证券法》实施打开潘多拉魔盒——从国有股减持到股权分置改革

2001 年 6 月：国有股减持拉开序幕

2001 年 7 月：国有股减持在新股发行中正式开始

2001 年 10 月 23 日：证监会宣布暂停首次发行和增发股票时出售国有股

2001 年 6 月：社保基金正式入市

2002 年 6 月：国务院决定停止减持国有股

2002 年 12 月：QFII 制度正式实施

2005 年 4 月 30 日：股权分置改革试点正式启动

2005 年 6 月：利好齐发，股改行情启动

2006 年 9 月：股权分置改革已近收官

2006 年下半年到 2007 年 10 月 16 日：上证指数高达 6 124.04 点，随后，随着国际金融局势急转直下，美国发生次贷危机，世界第三大投资银行雷曼兄弟倒闭，中国股市特有的大小非现象使得上证指数一路下滑，至 2008 年 10 月 28 日上证指数跌至 1 664.93 点，跌幅超过 70%。

2009 年上证综指年内上涨 62.19%，个股涨幅甚至接近 2007 年的水平，股价创新高的 A 股有 330 多只（不包括新股），占总数的 20%，而股价回升到 6 000 点水平的股票，

占总数的50%。

2010年年初开盘指数即告不利，上证指数在最初上涨了一段之后，又于1月27日跌破3 000点。

2011年，中国股市持续震荡，8月，大盘从年初的2 900点跌破新低至2 400点。

（资料来源：中国股市历史回顾．豆瓣，http：//www. douban. com/group/topic/17076 694/.）

知识链接3

新股申购流程与如何提高中签率

◆新股申购（又称“抽签”）流程

（1）投资者申购（申购当天）：投资者在申购时间内缴足申购款，进行申购委托。

（2）资金冻结（申购后第一天）：由中国结算公司将申购资金冻结。

（3）验资及配号（申购后第二天）：交易所将根据最终的有效申购总量，按每1 000股（深圳500股）配一个号的规则，由交易主机自动对有效申购进行统一连续配号。

（4）摇号抽签（申购后第三天）：公布中签率，并根据总配号量和中签率组织摇号抽签，于次日公布中签结果。

（5）公布中签号、资金解冻（申购后第四天）：对未中签部分的申购款予以解冻。

◆申购新股需注意的问题

（1）申购新股必须在发行日之前办好上海证交所或深圳证交所的证券账户。

（2）投资者可以使用其所持的账户在申购日（以下简称T日）申购发行的新股，申购时间为T日上午9：30~11：30，下午1：00~3：00。

（3）每个账户申购同一只新股只能申购一次（不包括基金、转债）。重复申购，只有第一次申购有效。

（4）沪市规定每一申购单位为1 000股，申购数量不少于1 000股，超过1 000股的必须是1 000股的整数倍，但最高不得超过当次社会公众股网上发行数量或者9 999.9万股。深市规定申购单位为500股，每一证券账户申购委托不少于500股，超过500股的必须是500股的整数倍，但不得超过本次网上定价发行数量，且不超过999 999 500股。

（5）申购新股的委托不能撤单，新股申购期间内不能撤销指定交易。

（6）申购新股每1 000（或500）股配一个申购配号，同一笔申购所配的号码是连续的。

（7）投资者发生透支申购（即申购总额超过结算备付金余额）的情况，则透支部分确认为无效申购，不予配号。

（8）每个中签号只能认购1 000股（或500股）。

（9）新股上市日期由证券交易所批准后在指定证券报上刊登。

（10）申购网上定价发行的新股须全额预缴申购股款。

新股在线是国内发布新股信息最快、最权威的新股专业网站，请进行新股申购时注意查阅上市公司在新股在线发布的招股说明书、上市公告书、中签公告等。

◆五招提高中签率

（1）选中间时间段申购

根据历史经验，刚开盘或收盘时下单申购中签的概率小，最好选择中间时间段申购，如选择10：30～11：30和13：00～14：00之间的时间段下单。不过也有经验表明在14：30的时候申购命中率高。

（2）集中申购一只新股

由于参与新股申购，资金将被锁定一段时间，如果未来出现一周同时发行几只新股，那么，就要选准一只，并全仓进行申购，以提高中签率。

（3）选择大盘或冷门股

盘子大的股票，发行量大，客观上中签的机会就越大。另外，由于大家都盯着好的公司申购，而一些基本面相对较差的股票，则可能被冷落，此时，中小资金主动申购这类较不受欢迎的、预计上市后涨幅较低的品种，中签率则会更高。

（4）几只新股接连发行，选择靠后者的机会大

选择申购时间相对较晚的品种，比如今天、明天、后天各有一只新股发行，此时，则应该申购最后一只新股，因为大家一般都会把钱用在申购第一和第二天的新股，而第三天时，很多资金已经用完，此时申购第三天的新股，中签率更高。

（5）“合伙”集中申购

从原理上讲，资金越多，中签率越高。因此，中小投资者不妨像买彩票一样“合伙”申购，把大家的资金集中在一个账号里，这样中签率要高些。不过，这种方法属于自发形成，投资者在合作打新股时，应签订好相关方面的协议，以免产生不必要的麻烦。

（资料来源：新股申购流程与如何提高中签率．中国网，http：//www.china.com.cn/economic/txt/2009－05/25/content_17829063.htm.）

知识链接4

巴菲特的投资理念：5＋12＋8＋2

巴菲特是当今世界具有传奇色彩的证券投资家，他以独特、简明的投资哲学和策略，投资可口可乐、吉列、所罗门兄弟投资银行、通用电气等著名公司的股票和可转换证券并大获成功。以下我们介绍巴菲特的投资理念——赢家暗语：5＋12＋8＋2。

巴式方法大致可概括为5项投资逻辑、12项投资要点、8项选股标准和2项投资方式。

◆5项投资逻辑

（1）因为我把自己当成是企业的经营者，所以我成为优秀的投资人；因为我把自己当成投资人，所以我成为优秀的企业经营者。

（2）好的企业比好的价格更重要。

（3）一生追求消费垄断企业。

（4）最终决定公司股价的是公司的实质价值。

（5）没有任何时间适合将最优秀的企业脱手。

◆12 项投资要点

（1）利用市场的愚蠢，进行有规律的投资。

（2）买价决定报酬率的高低，即使是长线投资也是如此。

（3）利润的复合增长与交易费用和税负的避免使投资人受益无穷。

（4）不在意一家公司来年可赚多少，仅在意其未来 5 年至 10 年能赚多少。

（5）只投资未来收益确定性高的企业。

（6）通货膨胀是投资者最大的敌人。

（7）价值型与成长型的投资理念是相通的。价值是一项投资未来现金流量的折现值，而成长只是用来决定价值的预测过程。

（8）投资人财务上的成功与他对投资企业的了解程度成正比。

（9）“安全边际”从两个方面协助你的投资：首先是缓冲可能的价格风险；其次是可获得相对高的权益报酬率。

（10）拥有一只股票，期待它下个星期就上涨，这是十分愚蠢的。

（11）就算美联储主席偷偷告诉我未来两年的货币政策，我也不会改变我的任何一个作为。

（12）不理会股市的涨跌，不担心经济情势的变化，不相信任何预测，不接受任何内幕消息，只注意两点：A. 买什么股票；B. 买入价格。

◆8 项投资标准

（1）必须是消费垄断企业。

（2）产品简单、易了解、前景被看好。

（3）有稳定的经营史。

（4）经营者理性、忠诚，始终以股东利益为先。

（5）财务稳健。

（6）经营效率高、收益好。

（7）资本支出少、自由现金流量充裕。

（8）价格合理。

◆2 项投资方式

（1）卡片打洞、终生持股，每年检查一次以下数字：A. 初始的权益报酬率；B. 营运毛利；C. 负债水准；D. 资本支出；E. 现金流量。

（2）当市场过于高估持有股票的价格时，也可考虑进行短期套利。

某种意义上说，卡片打洞与终生持股，构成了巴式方法最为独特的部分，也是最使人入迷的部分。

长期制胜的法宝：远离市场。

透彻研究巴式方法，会发觉影响其最终成功的投资决定，虽然确实与“市场尚未反映的信息”有关，但所有信息却都是公开的，是摆在那里供任何人利用的。

没有内幕消息，也没有花费大量的金钱，是运气好吗？就像学术界的比喻：当有1 000只猴子掷币时，总有一只始终掷出正面。但这解释不了有成千上万个投资人参加的投资竞赛中，只有巴菲特一人取得连续32年战胜市场的纪录。

其实，巴菲特的成功，靠的是一套与众不同的投资理念，不同的投资哲学与逻辑，不同的投资技巧。在看似简单的操作方法背后，你其实能悟出深刻的道理，又简单到任何人都可以利用。巴菲特曾经说过，他对华尔街那群受过高等教育的专业人士的种种非理性行为感到不解。也许是人在市场，身不由己。所以他最后离开了纽约，躲到美国中西部一个小镇里去了。他远离市场，也因此战胜了市场。

（资料来源：巴菲特的投资理念．豆瓣，http：//www. douban. com/group/topic/2761598/. ）

【技能实训】

1．登录“同花顺”官网，下载并安装同花顺股票行情分析软件，按步骤完成模拟账户的注册开户。

2．登录同花顺股票行情分析软件，利用个人模拟账户分别买入深、沪两市主板、中小板、创业板及“ST”股票各一只。

项目3 债 券

【案例导入】

欧元区成员国主权债务危机愈演愈烈，且有蔓延之势，已成为威胁全球经济复苏的主要因素之一，而“欧猪五国PIIGS”（Portugal—葡萄牙、Italy—意大利、Ireland—爱尔兰、Greece—希腊、Spain—西班牙）一词也随之成为近期国际金融市场上的最新热词。

由于市场信心受债务危机的严重冲击，投资者纷纷抛售欧元区风险资产。上周，雅典证券交易所指数跌至去年4月以来的最低点。而即将于今年4月和5月到期的200多亿欧元债务使希腊政府的处境更为艰难，在不断升级的债务违约担忧下，希腊国债发行难度加大，收益率一路飙升。上周，10年期希腊国债一度触及6.70%高位，与基准德国国债间的收益率差扩大到70个基点。仅在上周最后两个交易日里，西班牙、葡萄牙和希腊三国股市分别累计下挫7.2%、6.3%以及7%。

里昂证券分析师克里斯托弗称：“欧洲主权债务危机正在不断蔓延、扩大，‘欧猪五国’正处在危机的风口浪尖。”

欧洲委员会预测，“欧猪五国”今年经济仍然难有起色，甚至有出现恶化的可能。2011年，葡萄牙债务占国内生产总值（GDP）比重将从2009年的77%攀升至91%，2009年，希腊债务占GDP比重为113%，预计该数字将在2011年上升至135%。欧盟委员会的数据还显示，2009年西班牙债务占GDP比重为55.2%，预计

2012 年将激增至 74.3%。据西班牙央行估计，2009 年该国经济收缩了 3.6%，失业率约为 20%。国际评级机构标准普尔此前调低了对该国的债务展望。

随着“欧猪五国”在债券市场的发行成本不断攀升，希腊、爱尔兰等经济总量较小的国家，已被金融市场拒之门外，被迫向欧盟提出紧急援助，才能确保政府管理的正常运转。

【任务互动】

请同学们了解一下自己或亲朋好友的家庭中，是否有人曾购买过国债。如果有，他们为什么选择把这部分资金用来买国债而不是存入银行？

一、债券的定义

债券是指依照法定程序发行，约定在一定期限内还本付息的有价证券。债券是国家或地区政府、金融机构、企业等机构直接向社会借债筹措资金时，向投资者发行，并且承诺按特定利率支付利息并按约定条件偿还本金的债权债务凭证。由此，债券包含了以下四层含义：

（1）债券的发行人（政府、金融机构、企业等机构）是资金的借入者。

（2）购买债券的投资者是资金的借出者。

（3）发行人（借入者）需要在一定时期内还本付息。

（4）债券是债的证明书，具有法律效力。债券购买者与发行者之间是一种债权债务关系，债券发行人即债务人，投资者（或债券持有人）即债权人。

二、债券的票面要素

债券作为证明债权债务关系的凭证，一般用具有一定格式的票面形式来表现。债券票面上标明的基本内容要素通常有：

（1）票面价值：包括币种和票面金额。

（2）还本期限：指债券从发行之日起至偿清本息之日止的时间。

（3）债券利率：债券利息与债券票面价值的比率，通常年利率用百分比表示。

（4）发行人名称：指明债券的债务主体，为债权人到期追回本金和利息提供依据。

上述四个要素是债券票面的基本要素，但在发行时并不一定全部在票面上呈现出来，例如，在很多情况下，债券发行者是以公告或条例形式向社会公布债券的期限和利率。此外，一些债券还包含其他要素，如还本付息方式。

三、债券的特征

债券作为一种债权债务凭证，与其他有价证券一样，也是一种虚拟资本，而非真实资本，它是经济运行中实际运用的真实资本的证书。债券作为一种重要的融资手段和金融工具具有如下特征：

（1）偿还性。债券一般都规定有偿还期限，发行人必须按约定条件偿还本金并支付利息。

（2）流通性。债券一般都可以在流通市场上自由转让。

（3）安全性。与股票相比，债券通常规定有固定的利率。与企业绩效没有直接联系，收益比较稳定，风险较小。此外，在企业破产时，债券持有者享有优先于股票持有者对企业剩余资产的索取权。

（4）收益性。债券的收益性主要表现在两个方面：一是投资债券可以给投资者定期或不定期地带来利息收入；二是投资者可以利用债券价格的变动，买卖债券以赚取差额。

四、债券的种类

（一）按发行主体分类

1. 政府债券

政府债券是政府为筹集资金而发行的债券，主要包括国债、地方政府债券等，其中最主要的是国债。国债因其信誉好、利率优、风险小而又被称为“金边债券”。除了政府部门直接发行的债券外，有些国家把政府担保的债券也划归为政府债券体系，称为政府保证债券。这种债券由一些与政府有直接关系的公司或金融机构发行，并由政府提供担保。

2. 金融债券

金融债券是由银行和非银行金融机构发行的债券。在我国，目前金融债券主要由国家开发银行、进出口银行等政策性银行发行。金融机构一般有雄厚的资金实力，信用度较高，因此金融债券往往有良好的信誉。

3. 公司（企业）债券

在国外，没有企业债券和公司债券之分，统称为公司债券。在我国，企业债券是按照《企业债券管理条例》规定发行与交易、由国家发展与改革委员会监督管理的债券，在实际中，其发债主体为中央政府部门所属机构、国有独资企业或国有控股企业，因此，它在很大程度上体现了政府信用。公司债券管理机构为中国证券监督管理委员会，发债主体为按照《中华人民共和国公司法》设立的公司法人，在实践中，其发行主体为上市公司，其信用保障是发债公司的资产质量、经营状况、盈利水平和持续盈利能力等。公司债券在证券登记结算公司统一登记托管，可申请在证券交易所上市交易，其信用风险一般高于企业债券。2008 年 4 月 15 日起施行的《银行间债券市场非金融企业债务融资工具管理办法》进一步促进了企业债券在银行间债券市场的发行，企业债券和公司债券成为我国商业银行越来越重要的投资对象。

（二）按是否有财产担保分类

1. 抵押债券

抵押债券是以企业财产作为担保的债券，按抵押品的不同又可以分为一般抵押债券、不动产抵押债券、动产抵押债券和证券信托抵押债券。以不动产如房屋等作为担保品的，称为不动产抵押债券；以动产如适销商品等作为担保品的，称为动产抵押债券；以有价证券如股票及其他债券作为担保品的，称为证券信托债券。一旦债券发行人违约，信托人就可将担保品变卖处置，以保证债权人的优先求偿权。

2. 信用债券

信用债券是不以任何公司财产作为担保，完全凭信用发行的债券。政府债券属于此类债券。这种债券由于其发行人的绝对信用而具有坚实的可靠性。除此之外，一些公司也可发行这种债券，即信用公司债券。与抵押债券相比，信用债券的持有人承担的风险较大，因而往往要求较高的利率。为了保护投资人的利益，发行这种债券的公司往往受到种种限制，只有那些信誉卓著的大公司才有资格发行。除此以外，在债券契约中都要加入保护性条款，如不能将资产抵押其他债权人、不能兼并其他企业、未经债权人同意不能出售资产、不能发行其他长期债券等。

（三）按债券形态分类

1. 实物债券（无记名债券）

实物债券是一种具有标准格式的实物券面的债券。它与无实物券面的债券相对应，简单地说就是发给你的债券是纸质的而非电脑里的数字。在其券面上，一般印制了债券面额、债券利率、债券期限、债券发行人全称、还本付息方式等债券票面要素。其不记名，不挂失，可上市流通。实物债券是一般意义上的债券，很多国家通过法律或者法规对实物债券的格式予以明确规定。实物债券由于其发行成本较高，将会被逐步取消。

2. 凭证式债券

凭证式国债是指国家采取不印刷实物券，而用填制“国库券收款凭证”的方式发行的国债。我国从 1994 年开始发行凭证式国债。凭证式国债具有类似储蓄，又优于储蓄的特点，通常被称为“储蓄式国债”，是以储蓄为目的的个人投资者理想的投资方式。从购买之日起计息，可记名，可挂失，但不能上市流通。与储蓄类似，但利息比储蓄高。

3. 记账式债券

记账式债券指没有实物形态的票券，以电脑记账方式记录债权，通过证券交易所的交易系统发行和交易。我国近年来通过沪、深交易所的交易系统发行和交易的记账式国债就是这方面的实例。如果投资者进行记账式债券的买卖，就必须在证券交易所设立账户。所以，记账式国债又称无纸化国债。

记账式国债购买后可以随时在证券市场上转让，流动性较强，就像买卖股票一样，当然，中途转让除可获得应得的利息外（市场定价已经考虑到），还可以获得一定的价差收益（不排除损失的可能），这种国债有付息债券与零息债券两种。付息债券按票面发行，每年付息一次或多次，零息债券折价发行，到期按票面金额兑付，中间不再计息。

由于记账式国债的发行和交易均无纸化，所以交易效率高，成本低，是未来债券发展的趋势。

（四）按是否可以转换为公司股票分类

1. 可转换债券

可转换债券是指在特定时期内可以按某一固定的比例转换成普通股的债券，它具有债务与权益的双重属性，属于一种混合性的筹资方式。由于可转换债券赋予债券持有人将来成为公司股东的权利，因此其利率通常低于不可转换债券。若将来转换成功，在转换前发行企业达到了低成本筹资的目的，转换后又可节省股票的发行成本。根据《公司法》的规定，发行可转换债券应由国务院证券管理部门批准，发行公司应同时具备发行公司债券和发行股票的条件。

2. 不可转换债券

不可转换债券是指不能转换为普通股的债券，又称为普通债券。由于其没有赋予债券持有人将来成为公司股东的权利，所以其利率一般高于可转换债券。

（五）按付息的方式分类

1. 零息债券

零息债券，也叫贴现债券，是指债券券面上不附有息票，在票面上不规定利率，发行时按规定的折扣率，以低于债券面值的价格发行，到期按面值支付本息的债券。从利息支付方式来看，贴现国债以低于面额的价格发行，可以看作是利息预付，因而又可称为利息预付债券、贴水债券，是期限比较短的折现债券。

2. 定息债券

固定利率债券是将利率印在票面上并按其向债券持有人支付利息的债券。该利率不随市场利率的变化而调整，因而固定利率债券可以较好地抵制通货紧缩风险。

3. 浮息债券

浮动利率债券的息票率是随市场利率变动而调整的利率。因为浮动利率债券的利率同当前市场利率挂钩，而当前市场利率又考虑到了通货膨胀率的影响，所以浮动利率债券可以较好地抵制通货膨胀风险。其利率通常根据市场基准利率加上一定的利差来确定。浮动利率债券往往是中长期债券。

（六）按是否能够提前偿还分类

按是否能够提前偿还，债券可以分为可赎回债券和不可赎回债券。

1. 可赎回债券

可赎回债券是指在债券到期之前，发行人可以以事先约定的赎回价格收回的债券。公司发行可赎回债券主要是考虑到公司未来的投资机会和回避利率风险等问题，以增加公司资本结构调整的灵活性。发行可赎回债券最关键的问题是赎回期限和赎回价格的制定。

2. 不可赎回债券

不可赎回债券是指不能在债券到期前收回的债券。

（七）按偿还方式分类

1．一次到期债券

一次到期债券是发行公司于债券到期日一次偿还全部债券本金的债券。

2．分期到期债券

分期到期债券可以减轻发行公司集中还本的财务负担。

（八）按计息方式分类

1．单利债券

单利债券指在计息时，不论期限长短，仅按本金计息，所生利息不再加入本金计算下期利息的债券。

2．复利债券

复利债券与单利债券相对应，指计算利息时，按一定期限将所生利息加入本金再计算利息，逐期滚算的债券。

3．累进利率债券

累进利率债券指年利率以利率逐年累进方法计息的债券。累进利率债券的利率随着时间的推移，后期利率比前期利率更高，呈累进状态。

（九）按债券是否记名分类

按债券上是否记有持券人的姓名或名称，分为记名债券和无记名债券。这种分类类似于记名股票与无记名股票的划分。

在公司债券上记载持券人姓名或名称的为记名公司债券，反之为无记名公司债券。两种债券在转让上的差别也与记名股票、无记名股票相似。

（十）按是否参加公司盈余分配分类

按是否参加公司盈余分配，分为参加公司债券和不参加公司债券。

债权人除享有到期向公司请求还本付息的权利外，还有权按规定参加公司盈余分配的债券，为参加公司债券；反之为不参加公司债券。

（十一）按能否上市分类

按能否上市，分为上市债券和非上市债券。

可在证券交易所挂牌交易的债券为上市债券，反之为非上市债券。上市债券信用度高，价值高，且变现速度快，故而容易吸引投资者，但上市条件严格，并要承担上市费用。

五、债券发行

（一）债券的发行条件

根据《公司法》的规定，我国债券发行的主体，主要是公司制企业和国有企业。企业发行债券的条件是：

（1）股份有限公司的净资产额不低于人民币 3 000 万元，有限责任公司的净资产额不低于人民币 6 000 万元。

（2）累计债券总额不超过净资产的 40%。

（3）最近 3 年平均可分配利润足以支付公司债券 1 年的利息。

（4）筹资的资金投向符合国家的产业政策。

（5）债券利息率不得超过国务院限定的利率水平。

（6）其他条件。

（二）债券的发行价格

债券的发行价格，是指债券原始投资者购入债券时应支付的市场价格，它与债券的面值可能一致也可能不一致。理论上，债券发行价格是债券的面值和要支付的年利息按发行当时的市场利率折现所得到的现值。由此可见，票面利率和市场利率的关系影响到债券的发行价格。

当债券票面利率等于市场利率时，债券发行价格等于面值；当债券票面利率低于市场利率时，企业仍以面值发行就不能吸引投资者，故一般要折价发行；反之，当债券票面利率高于市场利率时，企业仍以面值发行就会增加发行成本，故一般要溢价发行。

六、债券收益率

人们投资债券时，最关心的就是债券的收益有多少。为了精确地衡量债券收益，一般使用债券收益率这个指标。债券收益率是债券收益与其投入本金的比率，通常用年率表示。债券收益不同于债券利息。债券利息仅指债券票面利率与债券面值的乘积。但由于人们在债券持有期内，还可以在债券市场进行买卖，赚取价差。因此，债券收益除利息收入外，还包括买卖盈亏差价。

决定债券收益率的主要因素有：债券的票面利率、期限、面值和购买价格。最基本的债券收益率计算公式为：

债券收益率 =（到期本息和 - 发行价格）/（发行价格 × 偿还期限）× 100%

由于债券持有人可能在债券偿还期内转让债券，因此，债券的收益率还可以分为债券出售者的收益率、债券购买者的收益率和债券持有期间的收益率。各自的计算公式如下：

债券出售者的收益率 =（卖出价格 - 发行价格 + 持有期间的利息）/（发行价格 × 持有年限）× 100%

债券购买者的收益率=(到期本息和-买入价格)/(买入价格×剩余期限) ×100%

债券持有期间的收益率 =（卖出价格-买入价格+持有期间的利息）/（买入价格×持有年限）×100%

例如：某投资者于2010年1月1日以102元的价格购买了一张面值为100元、利率为10%、每年1月1日支付一次利息的2006年发行的5年期国库券，并持有到2011年1月1日到期，则：

债券购买者的收益率=（100+100×10%-102）/（102×1） ×100%≈7.8%

债券出售者的收益率=（102-100+100×10%×4）/（100×4）×100%=10.5%

再如：某投资者于2000年1月1日以120元的价格购买了一张面值为100元、利率为10%、每年1月1日支付一次利息的1999年发行的10年期国库券，并持有到2005年1月1日以140元的价格卖出，则：

债券持有期间的收益率=（140-120+100×10%×5）/（120×5）×100%≈11.7%

以上计算公式没有考虑把获得的利息进行再投资的因素。把所获利息的再投资收益计入债券收益，据此计算出来的收益率，即为复利收益率。

七、债券评级

信用评级，又称资信评级，最初产生于20世纪初期的美国。1902年，穆迪公司的创始人约翰·穆迪将铁路公司的经营和财务信息收集起来，进行统计和分析，并用A、B、C等符号表示不同公司的信用状况，这就是最初的信用评级。随着投资者对评级服务需求的增长，市场上开始出现信用评级公司。目前，以穆迪投资者服务公司（Moody's Investors Service)、标准普尔（Standard&Poor's）和惠誉国际（Fitch Ratings）三大资信评级公司为代表的信用评级公司一直扮演着保护投资者利益的角色。据国际清算银行的报告显示，在世界上所有参加信用评级的银行和公司中，穆迪涵盖了80%的银行和78%的公司，标准普尔涵盖了37%的银行和66%的公司，惠誉公司涵盖了27%的银行和8%的公司。

公司公开发行债券通常需要由债券评信机构评定等级。债券的信用等级对于发行公司和购买人都有重要影响。这是因为：

（1）债券评级是度量违约风险的一个重要指标，债券的等级对于债务融资的利率以及公司债务成本有着直接的影响。一般说来，资信等级高的债券，能够以较低的利率发行；资信等级低的债券，风险较大，只能以较高的利率发行。另外，许多机构投资者将投资范围限制在特定等级的债券之内。

（2）债券评级方便投资者进行债券投资决策。对广大投资者尤其是中小投资者来说，由于受时间、知识和信息的限制，无法对众多债券进行分析和选择，因此需要专业机构对债券的还本付息的可靠程度进行客观、公正和权威的评定，为投资者决策提供参考。

国际上流行的债券等级是3等9级。AAA级为最高级，AA级为高级，A级为上中级，BBB级为中级，BB级为中下级，B级为投机级，CCC级为完全投机级，CC级为最大投机级，C级为最低级。我国债券信用等级的表示基本符合国际惯例，也按3等9级设置，如下表所示：

表1　我国债券信誉等级

级别分类名称	级别等次	级别次序代码	级别含义
投资级	一　等	AAA	债券有极高的还本付息能力，没有投资风险
		AA	很高的还本付息能力，投资基本没有风险
		A	有一定的还本付息能力，经采取保护措施后有可能按期还本付息，投资风险较低
	二　等	BBB	还本付息资金来源不足，有可能延期支付本息，有一定的投资风险
投机级	二　等	BB	还本付息能力脆弱，投资风险较大
		B	还本付息能力低，投资风险大
	三　等	CCC	还本付息能力很低，投资风险极大
		CC	还本付息能力极低，投资风险最大
		C	发行人濒临破产，没有能力还本付息，投资绝对有风险

知识链接

记账式国债与凭证式国债有何区别，应如何购买

两者的区别主要体现在：

（1）在发行方式上，记账式国债通过电脑记账，无纸化发行，而凭证式国债通过纸质记账凭证发行。

（2）在流通转让方面，记账式国债可自由买卖，流通转让也较方便、快捷。凭证式国债只能提前兑取，不可流通转让，提前兑取还要支付手续费。

（3）在还本付息方面，记账式国债每年付息，可当日通过电脑系统自动到账，凭证式国债是到期后一次性支付利息，客户需到银行办理。

（4）在收益性上，记账式国债要略好于凭证式国债，通常记账式国债的票面利率要略高于相同期限的凭证式国债。

购买国债，可以说是工薪阶层稳操胜券的投资策略。国债是中央政府的债券，由于国债的投资风险极低，收益有国家信誉作保障，收益率一般高于同期存款，且免征利率税，因此成为个人较为稳妥的理财选择。

凭证式国债主要面向个人投资者发行，其发售和兑付是通过各大银行的网点、邮政储蓄部门的网点以及财政部门的国债服务部办理。所以，购买凭证式国债可通过以下途径：

一是在发行期内到各网点持款填单购买。

二是电话银行的服务热线、网上银行可以让居民在第一时间购买国债，免去赶早到柜台排队之苦，而且购买程序如同定期存款一样简单。一般来说，如果还是该行的银行卡用户，往往还可以享受到银行免费托管国债的服务，用户不需支付额外的费用，避免了自行

保管国债收款凭证可能造成的遗失、损坏、被盗等不便。国债到期，自动兑付国债，帮客户将资金转入活期储蓄。

三是可以到当地财政局指定的专门国债服务部办理。

记账式国债是通过证券交易所交易系统以记账的方式办理发行，居民购买记账式国债必须在证券交易所开立证券账户或国债专用账户，并委托证券机构代理进行。

（资料来源：国债是什么　个人如何购买．百度知道——商业理财，http：//zhidao. baidu. com/question/3613182. html. ）

【技能实训】

1. 登陆中国工商银行官方网站，练习使用债券买卖计算器。

2. 到附近的银行营业网点，了解购买凭证式国债业务办理的流程、资料要求等，编写一份《居民购买国债业务指引》。

项目4　证券投资基金

【案例导入】

甜蜜蜜：一个女大学生的基金理财故事

◆初识基金

我是石家庄市河北师范大学的学生，我的基金生涯最早可以追溯到我高三的时候，也就是2002年。那时候自己手里有卖参考书赚到的第一笔钱，加上新年的压岁钱，怎么处理呢?

我准备到建设银行办理活期存款，但当年的利率非常低，所以不想存，正好赶上融通新蓝筹的基金正在认购期。基金是什么东西呢？不知道，但在我的小小心灵里，它和股票有点类似，应该和大盘沾点边，投资回报应该好过银行利息，就买它了！我当时就决定了。那个时候股市不像现在涨得这么疯狂，可以说2002年是股市的“寒冬”，但是一年后，也就是2003年卖出我的基金时，已经增长了10%左右，感觉真好，相比2%的利率实在是好很多，我很满足了！正是那个时候的小小成功，才开发了我的投资头脑。

◆短期基民

在我的带动下，妈妈也购买了博时基金公司的第一只基金。她是属于那种做短期的基民，我不断灌输给她基金得长期持有才能获得最大收益的思想，可惜收效甚微，这就直接导致妈妈错过大牛市的结果。当然，这是后话。博时基金的成长能力还是真的不错，妈妈1元认购，然后在净值1.2元左右卖了出去，收获颇丰。

2004—2005年，基金的表现就不是很好了，这跟大盘有直接关系。不过我还是认为基金的表现好过股市，它的抗压能力比较强，而且，基金经理人都是比较专业的投资专家，要比我们单打独斗强多了。“二八定律”我是绝对相信的。时代在进步，理财当然要找专业的团队。

到我读大三的时候，也就是2006年夏天。其实在2006年的上半年，股市就已经复苏。妈妈手里一直处于亏损状态的基金已经走出低迷，可惜妈妈沉不住气，在净值1.2元时就卖掉了，这之后基金就一路长红，妈妈真的是后悔不及。

◆投资心得

进入2007年，我投资的第一只基金就是宝盈的策略增长，除了认购期这个重要原因外，我最看重它的盈利能力，2006年牛市，宝盈基金的两只基金收益都超过100%，尤其是鸿利收益，我比较看重这家公司。我相信新的一年会有新的收获。

在我的带动下，同宿舍的姐妹们个个跃跃欲试，我上铺的女孩已经买了银华刚刚拆分的一只基金，有了不错的收益。现在想想真是独乐乐不如众乐乐。

我个人总结以下几点作为这几年买基金的小小心得：

(1) 投资基金，选择好的基金管理公司，保证投资效益。

(2) 基金选择长持，尽量不做短期，这样才不会错过大涨势。

(3) 分散投资，选择多只基金，分担风险。

(4) 不要像盯股票一样天天盯着基金，这样你会轻松很多。

【任务互动】

请同学们思考并讨论：

1. 班会费算不算一种基金？

2. 故事中的女大学生投资时为什么弃存款而选基金？

3. 基金跟股市有联系吗？

一、证券投资基金的基本含义

投资基金起源于1868年的英国，是在18世纪末19世纪初产业革命的推动下产生的，而后兴盛于美国，现在已风靡全世界。在不同的国家，投资基金的称谓有所区别，英国和我国香港称之为“单位信托投资基金”，美国称之为“共同基金”，日本则称之为“证券投资信托基金”。投资基金在西方国家早已成为一种重要的融资、投资手段，并在当代得到了进一步发展。在我国，随着改革中金融市场的发展，在20世纪80年代末也出现了投资基金形式，并从90年代以后得到了较快的发展，为广大投资者提供了一种新型的金融投资选择，活跃了金融市场，丰富了金融市场的内容，促进了金融市场的发展和完善。

证券投资基金是一种利益共存、风险共担的集合证券投资方式，即通过发行基金份额，集中投资者的资金，由基金托管人托管，基金管理人管理和运用资金，从事股票、债券等金融工具投资，并将投资收益按基金投资者的投资比例进行分配的一种间接投资方式。

二、证券投资基金的性质

1. 证券投资基金是一种集合投资制度

证券投资基金是一种积少成多的整体组合投资方式，它从广大的投资者那里聚集巨额资金，组建管理公司进行专业化管理和经营。

2. 证券投资基金是一种信托投资方式

投资者是委托人，基金管理公司是受托人。投资者通过申购（认购）基金份额，委托基金管理公司进行投资理财。从另一个角度，基金管理人并不对每个投资者的资金都分别加以运用，而是将其集合起来，形成一笔巨额资金再加以运作。这种信托方式还有一个特点，投资者和基金管理公司之间还有一个不可缺少的托管机构，它不能与受托人（基金管理公司）由同一机构担任，而且基金托管人一般是法人。

3. 证券投资基金是一种金融中介机构

它存在于投资者与投资对象之间，起着把投资者的资金转换成金融资产，通过专门机构在金融市场上再投资，从而使货币资产得到增值的作用。证券投资基金的管理者对投资者所投入的资金负有经营、管理的职责，而且必须按照合同（或契约）的要求确定资金投向，保证投资者的资金安全和收益最大化。

4. 证券投资基金是一种证券投资工具

证券投资基金与股票、债券一起构成有价证券的三大品种。投资者通过购买基金份额完成投资行为，并凭之分享证券投资基金的投资收益，承担证券投资基金的投资风险。

三、证券投资基金的特点

1. 集合投资

它将零散的资金巧妙地汇集起来，交给专业机构投资于各种金融工具，以谋取资产的增值。基金对投资的最低限额要求不高，投资者可以根据自己的经济能力决定购买数量。

2. 分散风险

以科学的投资组合降低风险、提高收益是基金的另一大特点。在投资活动中，风险和收益总是并存的，因此，“不能将所有的鸡蛋都放在一个篮子里”，这是证券投资的箴言。但是，要实现投资资产的多样化，需要一定的资金实力。对小额投资者而言，由于资金有限，很难做到这一点，而基金则可以帮助中小投资者解决这个困难。基金可以凭借其雄厚的资金，在法律规定的投资范围内进行科学的组合，分散投资于多种证券，借助于资金庞大和投资者众多的公有制使每个投资者面临的投资风险变小，另一方面又利用不同的投资对象之间的互补性，达到分散投资风险的目的。

3. 专业理财

基金的专业管理人员都经过专门训练，具有丰富的证券投资和其他项目投资经验。他们善于利用基金与金融市场的密切联系，运用先进的技术手段分析各种信息资料，能对金融市场上各个品种的价格变动趋势作出比较正确的预测，最大限度地避免投资决策的失误，提高投资成功率。对于那些没有时间，或者对市场不太熟悉，没有能力专门研究投资决策的中小投资者来说，投资于基金，实际上就可以获得专家们在市场信息、投资经验、金融知识和操作技术等方面所拥有的优势，从而尽可能地避免盲目投资带来的失败。

四、证券投资基金与股票、债券的区别

1. 反映的经济关系不同

股票反映的是所有权关系，债券反映的是债权债务关系，而基金反映的则是信托关系，但公司型基金除外。

2. 筹集资金的投向不同

股票和债券是直接投资工具，筹集的资金主要投向实业，而基金是间接投资工具，筹集的资金主要投向有价证券等金融工具。

3. 风险水平不同

股票的直接收益取决于发行公司的经营效益，不确定性强，投资于股票有较大的风险。债券的直接收益取决于债券利率，而债券利率一般是事先确定的，投资风险较小。基金主要投资于有价证券，投资选择灵活多样，从而使基金的收益有可能高于债券，投资风险又可能小于股票。因此，基金能满足那些不能或不宜直接参与股票、债券投资的个人或机构的需要。

五、证券投资基金的类型

（一）按基金的组织方式分类

1. 契约型基金

契约型基金又称为单位信托基金，是指把投资者、管理人、托管人三者作为基金的当事人，通过签订基金契约的形式，发行受益凭证而设立的一种基金。契约型基金起源于英国，后在中国香港、新加坡、印度尼西亚等国家和地区十分流行。契约型基金是基于契约原理而组织起来的代理投资行为，没有基金章程，也没有董事会，而是通过基金契约来规范三方当事人的行为。

2. 公司型基金

公司型基金是按照《公司法》，以公司形态组成的，该基金公司以发行股份的方式募集资金，一般投资者则为认购基金而购买该公司的股份，也就成为该公司的股东，凭其持有的股份依法享有投资收益。这种基金要设立董事会，重大事项由董事会讨论决定。

（二）按基金运作方式分类

1. 封闭式基金

封闭式基金是指基金的发起人在设立基金时，限定了基金单位的发行总额，筹集到这个总额后，基金即宣告成立，并进行封闭，在一定时期内不再接受新的投资。封闭式基金

又称为固定型投资基金。基金单位的流通采取在证券交易所上市的办法，投资者日后买卖基金单位都必须通过证券经纪商在二级市场上进行竞价交易。

封闭式基金的期限是指基金的存续期，即基金从成立起到终止之间的时间。决定基金期限长短的因素主要有两个：一是基金本身投资期限的长短，一般来讲，如果基金的目的是进行中长期投资（如创业基金）的，其存续期就可长一些；二是宏观经济形势，一般经济稳定增长，基金存续期可长一些，若经济波浪起伏，则应相对短一些。

基金期限届满即为基金终止，管理人应组织清算小组对基金资金进行清产核资，按出资比例进行公正、合理的分配。

2. 开放式基金

开放式基金是指基金管理公司在设立基金时，发行基金单位的总份额不固定，可视投资者的需求追加发行。投资者也可根据市场状况和各自的投资决策，用资金再买入，增持基金份额，或卖出赎回基金份额，回笼资金。

（三）按投资目标分类

1. 成长型基金

成长型基金是基金中最常见的一种，它追求的是基金资产的长期增值。为了达到这一目标，基金管理人通常将基金资产投资于信誉度较高、有长期成长前景或长期盈余的所谓的成长公司的股票。成长型基金又可分为稳健成长型基金和积极成长型基金。

2. 收入型基金

收入型基金主要投资于可带来现金收入的有价证券，以获取当期的最大收入为目的。收入型基金资产成长的潜力较小，损失本金的风险也相对较低。

3. 平衡型基金

平衡型基金将资产分别投资于两种不同特性的证券上，在取得收入和资本增值之间进行平衡。这种基金一般将25%～50%的资产投资于债券及优先股，其余的投资于普通股。平衡型基金通常是把资金分散投资于股票和债券。平衡型基金的特点是风险比较低，缺点是成长的潜力不大。

（四）按投资标的分类

1. 股票基金

股票基金是指以股票为主要投资对象的证券投资基金。股票基金的投资目标侧重于追求资本利得和长期资本增值。基金管理人拟定投资组合，将资金投放到一个或几个国家，甚至是全球的股票市场，以达到分散投资、降低风险的目的。

投资者之所以钟爱股票基金，原因在于可以有不同的风险类型供其选择，而且可以克服股票市场普遍存在的区域性投资限制的弱点。此外，还具有变现性强、流动性强等优点。由于聚集了巨额资金，几只甚至一只基金就可以引发股市动荡，所以各国政府对股票基金的监管都十分严格，不同程度地规定了基金购买某一家上市公司的股票总额不得超过基金资产净值的一定比例，防止基金过度投机和操纵股市。

2. 债券基金

债券基金是一种以债券为主要投资对象的证券投资基金。由于债券的年利率固定，因而这类基金的风险较低，适合于稳健型投资者。

通常债券基金收益会受货币市场利率的影响，当市场利率下调时，其收益就会上升；反之，若市场利率上调，则基金收益率下降。除此之外，汇率也会影响基金的收益，管理人在购买非本国货币的债券时，往往还在外汇市场上做套期保值。

3. 货币市场基金

货币市场基金是以货币市场为投资对象的一种基金，其投资工具期限在一年内，包括银行短期存款、国库券、公司债券、银行承兑票据及商业票据等。货币基金的收益通常会随着市场利率的下跌而降低，与债券基金正好相反。货币市场基金通常被认为是无风险或低风险的投资选择。

4. 指数基金

指数基金是20世纪70年代以来出现的新的基金品种。为了使投资者能获取与市场平均收益相接近的投资回报，产生了一种功能上近似或等于所编制的某种证券市场价格指数的基金。其特点是收益随着当期的价格指数上下波动，始终保持当期的市场平均收益水平，因而收益不会太高，也不会太低。

指数基金的优势是：第一，费用低廉，指数基金的管理费较低，尤其交易费用较低。第二，风险较小。由于指数基金的投资非常分散，可以完全消除投资组合的非系统风险，而且可以避免由于基金持股集中带来的流动性风险。第三，以机构投资者为主的市场中，指数基金可获得市场平均收益率，可以为股票投资者提供更好的投资回报。第四，指数基金可以作为避险套利的工具。对于投资者尤其是机构投资者来说，指数基金是他们避险套利的重要工具。指数基金由于其收益率的稳定性和投资的分散性，特别适用于社保基金等数额较大、风险承受能力较低的资金投资。

六、基金份额的销售

我国封闭式基金都是采用自办发行方式通过证券交易所交易系统进行基金券发行的，但开放式基金由于其交易（认购、申购、赎回）是在投资者与基金管理人或其代理人之间进行的，故开放式基金券除了由基金管理人自办发行外，一般还选择一些机构（如银行、证券公司等）代理销售。

投资者在认购基金的份额时，须开设证券交易账户或基金账户，在指定的发行时间内通过证券交易所的各个交易网点以公布的价格和符合规定的申购数量进行申购。如果有效申购总量超过封闭式基金的发行总量，则以抽签配号方式决定投资者的实际认购量。

七、基金交易方式

基金交易方式因基金性质不同而不同。封闭式基金因有封闭期规定，在封闭期内基金规模稳定不变，既不接受投资者的申购也不接受投资者的赎回，因此，为满足投资者的变现需要，封闭式基金成立后通常申请在证券交易所挂牌，交易方式类似股票，即在投资者之间转手交易。而开放式基金因其规模是开放的，在基金存续期内其规模是变动的，除了法规允许自基金成立日始至基金成立满3个月期间，依基金契约和招募说明书规定，可只接受申购不办理赎回外，其余时间如无特别原因，应在每个交易日接受投资者的申购与赎回。因此，开放式基金的交易方式为场外交易，在投资者与基金管理人或其代理人之间进行交易，投资者可到基金管理公司或其代理机构的营业网点进行基金券的买卖，办理基金单位的随时申购与赎回。

（一）开放式基金的认购、申购、赎回

1．认购

投资者在开放式基金募集期间，基金尚未成立时购买基金单位的过程称为认购。通常认购价为基金单位面值（1元）加上一定的销售费用。基金初次发行时一般会对投资者有费率上的优惠。投资者在认购基金时，应在基金销售点填写认购申请书，交付认购款项，由注册登记机构办理有关手续并确认认购。只有当开放式基金宣布成立后，经过规定的日期，基金才能进入日常的申购和赎回。

2．申购

在基金成立后，投资者通过基金管理公司或其销售代理机构申请购买基金单位的过程称为申购。投资者办理申购时，应填写申购申请书并交付申购款项。申购基金单位的金额是以申购日的基金单位资产净值为基础计算的。

3．赎回

投资者为变现其基金资产，将手持基金单位按一定价格卖给基金管理人，并收回现金的过程称为赎回。赎回金额是以当日的单位基金资产净值为基础计算的。

（二）开放式基金申购、赎回的限制

根据有关法规及基金契约的规定，开放式基金的申购与赎回主要有如下限制：

1．基金申购限制

基金在刊登招募说明书等法律文件后，开始向法定的投资者进行招募。依据国内基金管理公司已披露的开放式基金方案来看，首期募集规模一般都有一个上限。在首次募集期内，若最后一天的认购份额加上在此之前的认购份额超过规定的上限时，则投资者只能按比例进行公平分摊，无法足额认购。开放式基金除规定有认购价格外，通常还规定有最低认购额。

2．基金赎回限制

开放式基金在赎回方面的限制，主要是对巨额赎回的限制。根据《开放式证券投资基金试点办法》的规定，开放式基金单个开放日中，基金净赎回申请超过基金总份额的10%时，将被视为巨额赎回。巨额赎回申请发生时，基金管理人在当日接受赎回比例不低于基金总份额的10%的前提下，可以对其余赎回申请延期办理。

（三）开放式基金的申购、赎回价格

开放式基金的交易价格即为申购、赎回价格。开放式基金申购和赎回的价格是建立在每份基金净值基础上的，以基金净值再加上或减去必要的费用，就构成了开放式基金的申

购和赎回价格。

知识链接1

开放式基金与封闭式基金有哪些区别

1. 基金规模不固定

封闭式基金有固定的存续期，期间基金规模固定。开放式基金无固定的存续期，规模因投资者的申购、赎回可以随时变动。

2. 不上市交易

封闭式基金在证券交易场所上市交易，而开放式基金在销售机构的营业场所销售及赎回，不上市交易。

3. 价格由净值决定

开放式基金的申购、赎回价格以每日公布的基金单位资产净值加、减一定的手续费计算，能一目了然地反映其投资价值，而封闭式基金的交易价格主要受市场对该特定基金单位的供求关系影响。

4. 管理要求高

开放式基金随时面临赎回的压力，须更注重流动性等风险管理，要求基金管理人具有更高的投资管理水平。

世界投资基金的发展历程基本上遵循了由封闭式转向开放式的发展规律。目前，开放式基金已成为国际基金市场的主流品种，美国、英国、中国香港和台湾的基金市场均有90%以上是开放式基金。相对于封闭式基金，开放式基金在激励约束机制、流动性、透明度和投资便利程度等方面都具有较大的优势：

首先，市场选择性强。如果基金业绩优良，愿买它的人更多，规模也就更大。这种优胜劣汰的机制对基金管理人形成了直接的激励约束，充分体现了良好的市场选择。

其次，流动性好。基金管理人必须保持基金资产充分的流动性，以应付可能出现的赎回，而不会集中持有大量难以变现的资产，减少了基金的流动性风险。

再次，透明度高。除履行必备的信息披露外，开放式基金一般每日公布资产净值，随时准确地体现出基金管理人在市场上运作、驾驭资金的能力。

最后，便于投资。投资者可随时在各销售场所申购、赎回基金，十分便利。

作为一个金融创新品种，开放式基金的推出，能更好地调动投资者的投资热情，而且销售渠道包括银行网络，能够吸引部分新增储蓄资金进入证券市场，改善投资者结构。

（资料来源：开放式基金与封闭式基金有哪些区别．人民网，http：//www. people. com. cn/GB/ jinji/35/160/20010911/557739. html.）

知识链接 2

QDII 与 QFII

QFII 是 Qualified Foreign Institutional Investor（合格的境外机构投资者）的首字母缩写。它是一国在货币没有实现完全可自由兑换、资本项目尚未开放的情况下，有限度地引进外资、开放资本市场的一项过渡性的制度。这种制度要求外国投资者若要进入一国证券市场，必须符合一定的条件，得到该国有关部门的审批通过后，汇入一定额度的外汇资金，并转换为当地货币，通过严格监管的专门账户投资当地证券市场。

QDII 是 Qualified Domestic Institutional Investor（合格的境内机构投资者）的首字母缩写。它是在一国境内设立，经该国有关部门批准从事境外证券市场的股票、债券等有价证券业务的证券投资基金。和 QFII 一样，它也是在货币没有实现完全可自由兑换、资本项目尚未开放的情况下，有限度地允许境内投资者投资境外证券市场的一项过渡性的制度安排。

（资料来源：名词解释：QDII 与 QFII. 新华网，http：//news. xinhuanet. com/fortune/2004 - 10/26/content_ 2140825. htm. ）

知识链接 3

教教孩子基金定投是什么

“苦什么也不能苦孩子，穷什么也不能穷教育。”为了不让孩子输在起跑线上，现在许多年轻人从一结婚就开始未雨绸缪，将子女教育金列为家庭财务计划的一个重要组成部分。那大量的教育资金应该如何处理呢？不少家长都选择了基金定投。然而，基金定投是什么呢？不少家长对这个名词闻所未闻。

基金定投其实就是定期定额投资基金的简称，它是指在固定的时间（如每月 8 日）以固定的金额（如 500 元）投资到指定的开放式基金中，类似于银行的零存整取方式。这样投资可以平均成本、分散风险，比较适合进行长期投资。

知道了基金定投的含义，并没有对基金定投是什么有一个整体的了解。因为，除此之外，还应该熟悉其所具有的优点。基金定投之所以备受人们青睐，主要是因为其具有众多优点：

第一，省时省力，省事省心。在办理基金定投以后，代销机构会在每个固定的日期自动扣缴相应的资金用于申购基金，省去了去银行或者其他代销机构办理的时间和精力。

第二，定期投资，积少成多。

第三，不用考虑投资时点。

第四，平均投资，分散风险。

第五，复利效果，长期可观。

第六，办理手续便捷快速。

经过以上的介绍，相信大家已经对基金定投是什么有了初步的认识。而如果将基金定投与孩子的教育基金巧妙地结合到一块，其产生的放大效应将是难以想象的。为此，中金金通理财顾问杨飞鸣认为，虽然基金短期内净值会产生波动，但对长期投资而言，是最适合投资的产品，长期下来的收益相对稳定、丰厚，若干年后可以解决教育资金问题。

据了解，基金定投是以复利形式进行计算的，提及复利往往让人谈及色变，这主要是因为其“滚雪球”式的利息计算方式。例如，若每年拿5 000元用于基金定投，按年收益率5%计算，15年之后也至少能有12万元入账，孩子上大学的费用基本没问题了。

以上内容只能算做是对基金定投的入门介绍，用户还应该根据个人的家庭收入水平、市场风险以及个人的风险偏好等众多因素来选择不同的基金定投方案，从而让子女享受良好的教育，让他们步步为赢，胜人一筹。

（资料来源：教教孩子基金定投是什么．中国平安一账通，http：//one. pingan. com/yizhangtonglicai/touziguihua/touziguihuazhishi/113850. shtml. ）

【技能实训】

1. 登录同花顺行情分析系统，按股票型、债券型、货币市场型、指数型分别挑选2只基金，用表格形式列明这8只基金的所属基金公司、基金规模、基金经理、2011年收益率等信息。

2. 登录中国建设银行官网，学习并熟悉“基金业务流程指南”，然后通过角色扮演的方法，每两位同学为一组，分别扮演银行职员和客户，由银行职员向客户介绍基金业务流程及其他相关要求。

项目5 金融衍生产品

【案例导入】

套期保值——给棉农吃了“定心丸”

5月26日，华容棉花套期保值研讨会在华容县神禹宾馆会议室召开。华容县是全国产棉大县，棉花种植面积常年稳定在30万亩左右，今年更是扩种到50万亩，预计年产籽棉250万担。同时，该县也是湖南省纺织产业基地县，有纺织规模企业19家、纺织纱锭达50万锭。

棉花期货服务“三农”的主要对象包括涉棉企业、广大农民以及农村合作经济组织。大力发展棉花期货，有效发挥期货市场发现价格、回避风险的功能，对于保护棉农利益，解决棉花产销脱节问题，保持棉花产业持续健康发展具有重要的现实意义。棉花期货交易将为华容农业与农村经济发展提供新的契机，为促进棉农增收、规避企业风险提供有力保障。

自2008年全球金融危机爆发以来，中国棉花和纺织产业经历了危机的洗礼，切实体会到了“危机”和“风险”的真正含义。如何应对原材料价格上涨的风险，特别是运用现代金融工具回避价格剧烈波动风险，保持企业稳定、可持续经营，是值得研究的一个新课题，也是迫切需要解决的问题。

此次研讨会将对探索期货市场服务棉花产业发展，推动现货市场和期货市场的深度融合，搭建涉棉企业信息交流平台，分析宏观经济形势和产业发展趋势，把握棉花及纺织品市场走势，规避市场风险，促进华容县棉花产业持续健康发展有着深远的影响。

（资料来源：洞庭之声报，2011－05－30.）

【任务互动】

案例中提到的期货是一种“货”吗？这种“货”在哪里可以交易？请同学们思考并尝试自己找出简单的答案。

一、概述

金融衍生产品是指以货币、债券、股票等传统金融产品为基础，以杠杆性的信用交易为特征的金融产品，具体而言是指其价值依赖于基础资产（Underlyings）价值变动的合约（Contracts）。这种合约可以是标准化的，也可以是非标准化的。标准化合约是指其标的物（基础资产）的交易价格、交易时间、资产特征、交易方式等都是事先标准化的，因此此类合约大多在交易所上市交易，如期货。非标准化合约是指以上各项由交易的双方自行约定，因此具有很强的灵活性，比如远期协议。

金融衍生产品的高杠杆性是其显著特点，实行保证金交易制度，即只要支付一定比例的保证金就可进行全额交易，不需实际上的本金转移，合约的了结一般也采用现金差价结算的方式进行，只有在满期日以实物交割方式履约的合约才需要买方交足贷款。因此，金融衍生产品交易具有杠杆效应：保证金越低，杠杆效应越大，风险也就越大。一般而言，这些产品在交易所交易时采取盯市（Marking to Market）制度，如果交易过程中的保证金比例低于维持保证金比例，那么将收到追加保证金通知（Margin Call），如果投资者没有及时追加保证金，其将被强行平仓。可见，衍生产品交易具有高风险、高收益的特点。

二、金融衍生产品的种类

金融衍生产品在国际上是非常多的，而且随着金融创新又不断推出新品种，从目前的基本分类来看，则主要有以下三种：

（1）根据产品形态，可以分为远期、期货、期权和互换四大类。

（2）根据原生资产分类，即股票、利率、汇率和商品。如果再加以细分，股票类中又包括具体的股票（股票期货、股票期权合约）和由股票组合形成的股票指数期货和期权合约等；利率类中又可分为以短期存款利率为代表的短期利率（如利率期货、利率远期、利率期权、利率互换合约）和以长期债券利率为代表的长期利率（如债券期货、债券期权合约）；货币类中包括各种不同币种之间的比值；商品类中包括各类大宗实物商品。

（3）根据交易方法，可分为场内交易和场外交易。场内交易即是通常所指的交易所交易，指所有的供求方集中在交易所进行竞价交易的交易方式。场外交易即是柜台交易，指交易双方直接成为交易对手的交易方式，其参与者仅限于信用度高的客户。

三、金融衍生产品的功能

金融衍生产品的基本功能有两方面：规避风险和价格发现。但是，任何事情有好的一面，也有坏的一面。风险规避了，一定是有人去承担了。衍生产品的高杠杆性就是将巨大的风险转移到了愿意承担的人手中，这类交易者称为投机者（Speculator），而规避风险的一方称为套期保值者（Hedger），另外一类交易者被称为套利者（Arbitrageur），这三类交易者共同维护了金融衍生产品市场上述功能的发挥。

金融衍生产品交易不当将导致巨大的风险，有的甚至是灾难性的。国外的有巴林银行事件、宝洁事件、LTCM 事件、信孚银行，国内的有国储铜事件、中航油事件。2008 年席卷全球的金融风暴，很多研究表明，其中的主要原因之一正是许多国家、金融机构、投资者疯狂追逐高额利润，盲目参与超高杠杆率的金融衍生产品的投机交易，最终导致了虚拟泡沫的破灭，从而引发了数十年来最具破坏性的一场金融危机。

四、期货和期货市场

1. 期货

期货是金融衍生产品中最常见的一个品种。期货的英文为“futures”，是由“未来”一词演化而来，是指由期货交易所统一制定的，规定在将来某一特定的时间和地点交割一定数量和质量标的物的标准化合约。其主要特点有：

（1）期货合约的商品品种、数量、质量、等级、交货时间、交货地点等条款都是既定的，是标准化的，唯一的变量是价格。期货合约的标准通常由期货交易所设计，经国家监管机构审批上市。

（2）期货合约是在期货交易所组织下成交的，具有法律效力，而价格又是在交易所的交易厅里通过公开竞价方式产生的；国外大多采用公开叫价方式，而我国均采用电脑交易。

（3）期货合约可通过交收现货或进行对冲交易来履行或解除合约义务。

期货合约的内容一般都包括：交易品种、交易数量和单位、最小变动价位、每日价格最大波动限制、合约月份、交易时间、最后交易日、交割时间、交割标准和等级、交割地点、保证金、交易手续费等。

表 2 上海期货交易所白银期货标准化合约

交易品种	白 银
交易单位	15 千克/手
报价单位	元（人民币）/千克
最小变动价位	1 元/千克
每日价格最大波动限制	不超过上一交易日结算价 ±5%
合约交割月份	1—12 月
交易时间	上午 9：00～11：30 下午 1：30～3：00
最后交易日	合约交割月份的 15 日（遇法定假日顺延）
交割日期	最后交易日后连续五个工作日
交割品级	标准品：符合国标 GB/T 4135－2002 IC－Ag99.99 规定，其中银含量不低于 99.99%。
交割地点	交易所指定交割仓库
最低交易保证金	合约价值的 7%
交割方式	实物交割
交割单位	30 千克
交易代码	AG
上市交易所	上海期货交易所

期货一般可分为商品期货和金融期货。商品期货又分工业品［可细分为金属商品（贵金属与非贵金属商品）、能源商品］、农产品、其他商品等。金融期货主要是传统的金融商品（工具），如股指、利率、汇率等，各类期货交易包括期权交易等。

2. 期货市场

期货交易所是买卖期货合约的场所，是期货市场的核心。期货市场基本上由四个部分组成，即期货交易所、期货结算所、期货经纪公司、期货交易者（包括套期保值者和投机者）。全球主要期货交易大部分都集中在欧美发达资本主义国家，其中非常著名的有芝加哥期货交易所、纽约商品交易所、纽约期货交易所、伦敦金属交易所等。中国的期货市场虽然起步较晚，但发展迅速，规模不断扩大。目前，共有包括上海期货交易所、郑州商品交易所、大连商品交易所、中国金融期货交易所在内的四家期货交易所。

上海期货交易所上市交易的有黄金、铜、铝、锌、燃料油、天然橡胶六种期货合约。

郑州商品交易所成立于 1990 年 10 月 12 日，是经中国国务院批准的首家期货市场试点单位，上市交易的期货合约有小麦、棉花、白糖、精对苯二甲酸（PTA）、菜籽油、绿豆等，其中小麦包括优质强筋小麦和硬冬白（新国标普通）小麦。

大连商品交易所是中国最大的农产品期货交易所。交易品种有玉米、黄大豆 1 号、黄大豆 2 号、豆粕、豆油、棕榈油、线型低密度聚乙烯、啤酒大麦，正式挂牌交易的品种是玉米、黄大豆 1 号、黄大豆 2 号、豆粕、豆油、棕榈油和线型低密度聚乙烯。

中国金融期货交易所于 2006 年 9 月 8 日在上海成立，注册资本为 5 亿元人民币。中国金融期货交易所的成立，对于深化金融市场改革，完善金融市场体系，发挥金融市场功能，具有重要的战略意义。目前上市的期货品种为股指期货（沪深300股票指数期货）。

表3 全球主要期货交易所一览表

国别	交易所名称	代码	英文名称
中国	上海期货交易所	SHFE	Shanghai Futures Exchange
	大连商品交易所	DCE	Dalian Commodity Exchange
	郑州商品交易所	CZCE	Zhengzhou Commodity Exchange
	中国金融期货交易所	CFFE	China Financial Futures Exchange
美国	芝加哥期货交易所	CBOT	The Chicago Board of Trade
	芝加哥商品交易所	CME	Chicago Mercantile Exchange
	芝加哥商业交易所国际货币市场	IMM	International Monetary Market
	芝加哥期权交易所	CBOE	Chicago Board Options Exchange
	纽约商品交易所	NYMEX	New York Mercantile Exchange
	纽约期货交易所	NYBOT	New York Board of Trade
	美国（纽约）金属交易所	COMEX	New York Commodity Exchange
	堪萨斯商品交易所	KCBT	Kansas City Board of Trade
加拿大	加拿大蒙特利尔交易所	ME	Montreal Exchange Markets
英国	伦敦国际金融期货及选择权交易所	LIFFE	London International Financial Futures and Options Exchange
	伦敦商品交易所	LCE	London Commerce Exchange
	英国国际石油交易所	IPE	International Petroleum Exchange
	伦敦金属交易所	LME	London Metal Exchange
法国	法国期货交易所	MATIF	Euronext France（Monep/Matif）
德国	德国期货交易所	DTB	Deutsche Boerse
瑞士	瑞士选择权与金融期货交易所	SOFFEX	Swiss Options and Financial Futures Exchange
	欧洲期权与期货交易所	Eurex	The Eurex Deutschland
瑞典	瑞典斯德哥尔摩选择权交易所	OM	OM Stockholm
西班牙	西班牙固定利得金融期货交易所	MEFFRF	MEFF Renta Fija
	西班牙不定利得金融期货交易所	MEFFRV	MEFF Renta Variable
日本	日本东京国际金融期货交易所	TIFFE	The Tokyo International Financial Futures Exchange
	日本东京工业品交易所	TOCOM	The Tokyo CommodityExchange
	日本东京谷物交易所	TGE	The Tokyo Grain Exchange

（续上表）

国　别	交易所名称	代　码	英文名称
新加坡	新加坡国际金融交易所	SIMEX	Singapore International Monetary Exchange
	新加坡商品交易所	SICOM	Singapore Commodity Exchange
澳　洲	澳洲悉尼期货交易所	SFE	Sydney Futures Exchange
新西兰	新西兰期货与选择权交易所	NZFOE	New Zealand Futures & Options
中国香港	香港期货交易所	HKFE	Hong Kong Futures Exchange
中国台湾	台湾期货交易所	TAIFEX	Taiwan Futures Exchange
南　非	南非期货交易所	SAFEX	South African Futures Exchange

知识链接1

套期保值的基本原理及应用

一、套期保值的基本原理

1. 套期保值的概念

套期保值是指把期货市场当作转移价格风险的场所，利用期货合约作为将来在现货市场上买卖商品的临时替代物，对其现在买进准备以后售出商品或对将来需要买进商品的价格进行保险的交易活动。

2. 套期保值的基本特征

套期保值的基本做法是，在现货市场和期货市场对同一种类的商品同时进行数量相等但方向相反的买卖活动，即在买进或卖出实货的同时，在期货市场上卖出或买进同等数量的期货，经过一段时间，当价格变动使现货买卖上出现盈亏时，可由期货交易上的亏盈得到抵消或弥补。从而在“现货”与“期货”之间、近期和远期之间建立一种对冲机制，以使价格风险降到最低限度。

二、套期保值的方法

1. 生产者的卖期保值

不论是向市场提供农副产品的农民，还是向市场提供铜、锡、铅、石油等基础原材料的企业，作为社会商品的供应者，为了保证其已经生产出来准备提供给市场或尚在生产过程中将来要向市场出售商品的合理的经济利润，以防止正式出售时价格的可能下跌而遭受损失，可采用卖期保值的交易方式来减小价格风险，即在期货市场以卖主的身份售出数量相等的期货作为保值手段。

2. 经营者卖期保值

对于经营者来说，他所面临的市场风险是商品收购后尚未转售出去时，商品价格发生下跌，这将会使他的经营利润减少甚至发生亏损。为回避此类市场风险，经营者可采用卖期保值方式来进行价格保险。

3. 加工者的综合套期保值

对于加工者来说，市场风险来自买和卖两个方面。他既担心原材料价格上涨，又担心成品价格下跌，更怕原材料上升、成品价格下跌局面的出现。只要该加工者所需的材料及加工后的成品都可进入期货市场进行交易，那么他就可以利用期货市场进行综合套期保值，即对购进的原材料进行买期保值，对其产品进行卖期保值，就可解除他的后顾之忧，锁牢其加工利润，从而专门进行加工生产。

三、套期保值的策略

为了更好地实现套期保值的目的，企业在进行套期保值交易时，必须注意以下程序和策略：

（1）坚持“均等相对”的原则。“均等”，就是进行期货交易的商品必须和现货市场上将要交易的商品在种类上相同或相关，数量上相一致。“相对”，就是在两个市场上采取相反的买卖行为，如在现货市场上买，在期货市场上则要卖，或相反。

（2）应选择有一定风险的现货交易进行套期保值。如果市场价格较为稳定，那就不需进行套期保值，进行保值交易需支付一定费用。

（3）比较净冒险额与保值费用，最终确定是否要进行套期保值。

（4）根据价格短期走势预测，计算出基差（即现货价格和期货价格之间的差额）、预期变动额，据此作出进入和离开期货市场的时机规划，并予以执行。

（资料来源：套期保值的基本原理及应用. 中国网，http：//www. china. com. cn/zhuanti2005/txt/2001 －12/05/content_ 5083149. htm.）

知识链接2

期货交易术语简介

买空：相信价格会涨并买入期货合约称“买空”或称“多头”，亦即多头交易。

卖空：看跌价格并卖出期货合约称“卖空”或“空头”，亦即空头交易。

开仓：开始买入或卖出期货合约的交易行为称为“开仓”或“建立交易部位”。

持仓：交易者手中持有合约称为“持仓”。

平仓：交易者了结手中的合约进行反向交易的行为称“平仓”或“对冲”。

斩仓：在交易中，所持头寸与价格走势相反，为防止亏损过多而采取的平仓措施。

持仓量：是指期货交易者所持有的未平仓合约的数量。

头寸：是一种市场约定，即未进行对冲处理的买或卖期货合约数量。对买进者，称处于多头头寸；对卖出者，称处于空头头寸。

期货贴水与期货升水：在某一特定地点和特定时间内，某一特定商品的期货价格高于现货价格称为期货升水；期货价格低于现货价格称为期货贴水。

正向市场：在正常情况下，期货价格高于现货价格。

反向市场：在特殊情况下，期货价格低于现货价格。

牛市：处于价格上涨期间的市场。

熊市：处于价格下跌期间的市场。

持仓限额：是指期货交易所对期货交易者的持仓量规定的最高数额。

撮合成交：是指期货交易所的计算机交易系统对交易双方的交易指令进行配对的过程。

最小变动价位：是指期货合约的单位价格涨跌变动的最小值。

每日价格最大波动限制：是指期货合约在一个交易日中的交易价格不得高于或者低于规定的涨跌幅度，超过该涨跌幅度的报价将被视为无效，不能成交。

期货合约交割月份：是指期货合约规定进行实物交割的月份。

最后交易日：是指某一期货合约在合约交割月份中进行交易的最后一个交易日。

期货合约的交易价格：是指该期货合约的交割标准品在基准交割仓库交货的含增值税价格。

开盘价：是指某一期货合约开市前五分钟内经集合竞价产生的成交价格。集合竞价未产生成交价格的，以集合竞价后第一笔成交价为开盘价。

收盘价：是指某一期货合约当日交易的最后一笔成交价格。

当日结算价：是指某一期货合约当日成交价格按照成交量的加权平均价。当日无成交价格的，以上一交易日的结算价作为当日结算价。

涨跌停板：当某一期货合约在某一交易日收盘前 5 分钟内出现只有停板价位的买入（卖出）申报、没有停板价位的卖出（买入）申报，或者一有卖出（买入）申报就成交，但未打开停板价位的情况。

成交价格：交易所计算机自动撮合系统将买卖申报指令以价格优先、时间优先的原则进行排序，当买入价大于、等于卖出价则自动撮合成交。撮合成交价等于买入价（bp）、卖出价（sp）和前一成交价（cp）三者中居中的一个价格。即：

当 $bp \geq sp \geq cp$，则：最新成交价 $= sp$

当 $bp \geq cp \geq sp$，则：最新成交价 $= cp$

当 $cp \geq bp \geq sp$，则：最新成交价 $= bp$

最高价：是指一定时间内某一期货合约成交价中的最高成交价格。

最低价：是指一定时间内某一期货合约成交价中的最低成交价格。

最新价：是指某交易日某一期货合约交易期间的即时成交价格。

涨跌：是指某交易日某一期货合约交易期间的最新价与上一交易日结算价之差。

最高买价：是指某一期货合约当日买方申请买入的即时最高价格。

最低卖价：是指某一期货合约当日卖方申请卖出的即时最低价格。

申买量：是指某一期货合约当日交易所交易系统中未成交的最高价位申请买入的下单数量。

申卖量：是指某一期货合约当日交易所交易系统中未成交的最低价位申请卖出的下单数量。

成交量：是指某一合约在当日交易期间所有成交合约的双边数量。

持仓量：是指期货交易者所持有的未平仓合约的双边数量。

限价指令：指执行时必须按限定价格或更好价格成交的指令。

取消指令：指投资者要求将某一指定指令取消的指令。

开盘集合竞价：在某品种某月份合约每一交易日开市前5分钟内进行，其中前4分钟为期货合约买卖指令申报时间，后1分钟为集合竞价撮合时间。

交易编码：是指会员按照本细则编制的用于客户进行期货交易的专用代码。

强制减仓：是指交易所将当日以涨跌停板价申报的未成交平仓报单，以当日涨跌停板价与该合约净持仓盈利客户（或非经纪会员，下同）按持仓比例自动撮合成交。

风险警示制度：当交易所认为必要时，可以分别或同时采取要求报告情况、谈话提醒、发布风险提示函等措施中的一种或多种，以警示和化解风险。

强行平仓制度：对会员或投资者违规超仓的或者未按规定及时追加交易保证金的，以及其他违规行为的，交易所对违规会员采取强行平仓措施。

大户报告制度：当会员或者投资者某品种持仓合约的投机头寸达到交易所对其规定的投机头寸最大持仓限制标准80%时，会员或投资者应向交易所报告其资金情况、头寸情况，投资者须通过经纪会员报告。

保证金：是指交易者按照规定标准交纳的资金，用于结算和保证履约。

结算：是指根据交易结果和交易所有关规定对会员交易保证金、盈亏、手续费、交割货款及其他有关款项进行计算、划拨的业务活动。

追加保证金：当客户的必须保证金少于一定数量时，经纪公司要求客户补足的部分叫追加保证金。

浮动盈亏：未平仓头寸按当日结算价计算的未实现盈利或亏损。

每日无负债结算制度：又称逐日盯市，是指每日交易结束后，交易所按当日结算价结算所有合约的盈亏、交易保证金及手续费、税金等费用，对应收、应付的款项实行净额一次划转，相应增加或减少会员的结算准备金。

风险准备金：是指由交易所设立，用于为维护期货市场正常运转提供财务担保和弥补因交易所不可预见风险带来的亏损的资金。

当日盈亏：期货合约以当日结算价计算的盈利和亏损，当日盈利划入会员结算准备金，当日亏损从会员结算准备金中划扣。

实物交割：是指期货合约到期时，根据交易所的规则和程序，交易双方通过该期货合约所载商品所有权的转移，了结未平仓合约的过程。

（资料来源：期货交易术语简介. 中华会计网校,http：//www. chinaacc. com/new/207_211_ /2009_ 5_ 6_ cu0286012716590021930. shtml. ）

【技能实训】

1. 登录国泰君安期货公司官网，下载并安装期货模拟交易软件。

2. 接上一步，登录期货模拟交易系统，完成以下操作：查询并写出黄金期货的主力合约代码；输入委托指令，以市价“沽空”2手黄金期货主力合约；在当天交易时间内择机对这2手合约进行平仓。

【模块小结】

在本模块中，我们学习了不同的金融工具，正是由于各类金融工具在偿还期、流动性、安全性以及收益率等方面各不相同，因而可以满足人们现实生活中不同的理财需求，能够有更多选择的余地，以形成自己的理财投资组合，大大地增强了人们规避风险，投资盈利的机会和手段，进而吸引更多的投资者加入到金融市场中来，不断地扩大金融市场的规模。近二十年来，中国金融市场已获得了较大的发展，金融工具种类不断增加。但与国外发达国家，甚至一些新兴市场国家和地区相比还有很大差距。因此，加大金融工具创新的力度，逐步丰富金融商品的种类，对于扩大中国金融市场的规模、完善金融市场的类型，推动中国金融业对外开放，使中国国内金融市场融入国际金融市场之中，成为国际金融市场一个重要的组成部分，实现中国金融市场的国际化有着重大的意义。

【练习题】

一、单项选择题

1. 个人活期存款按（　　）结息，按结息日挂牌活期利率计息。

A. 月　　B. 季

C. 半年　　D. 年

2. 定期存款中，只有（　　）可办理一次部分提前支取，其他储种只能办理全部提前支取。

A. 存本取息　　B. 零存整取

C. 整存整取　　D. 通知存款

3. 我国第一家证券交易所——上海证券交易所成立于（　　）年。

A. 1989　　B. 1990

C. 1991　　D. 1992

4. 股票的二级市场是指（　　）市场。

A. 发行　　B. 交易

C. 场内　　D. 场外

5. H股是指国有企业在（　　）上市的股票。

A. 香港　　B. 美国

C. 新加坡　　D. 荷兰

6. 下列关于股票代码表述错误的是（　　）。

A. 沪市主板股票代码都是60××××　　B. 中小板股票为002×××

C. 创业板的股票代码都是30××××　　D. 深市股票都是000×××

7. 债券最能区别于股票的特征是（　　）。

A. 安全性　　B. 流通性

C. 偿还性　　D. 收益性

8．下列关于基金的描述不正确的是（　　）。

A．成长型基金可分为稳健成长型基金和积极成长型基金

B．投资者也可根据市场状况和各自的投资决策，用资金再买入开放式基金份额或卖出赎回基金份额，回笼资金

C．封闭式基金在存续期内基金规模是固定的，所以不能进行交易

D．债券基金是一种以债券为主要投资对象的证券投资基金

9．开放式基金单个开放日中，基金净赎回申请超过基金总份额的（　　）时，将被视为巨额赎回。

A．5%　　B．10%

C．15%　　D．20%

10．最能体现金融衍生产品高杠杆性的交易制度是（　　）。

A．双向交易　　B．持仓限制

C．保证金交易　　D．强行平仓

二、多项选择题

1．我国对公民的存款储蓄采取鼓励和保护的政策，实行（　　）的原则。

A．存款自愿　　B．取款自由

C．存款有息　　D．为储户保密

2．下列储蓄品种中属于定期储蓄的有（　　）。

A．整存整取　　B．零存整取

C．整存零取　　D．教育储蓄

3．个人存款账户实名制是我国金融监管的一项重要制度。下列属于个人有效身份证件的有（　　）。

A．身份证　　B．户口簿

C．护照　　D．驾驶证

4．下列属于股票的特征有（　　）。

A．风险性　　B．不可偿还性

C．参与性　　D．流通性

5．股票按股东权益和风险大小划分，可分为（　　）。

A．国家股　　B．法人股

C．普通股　　D．优先股

6．下列属于中国股市交易时间的有（　　）。

A．9：00～11：00　　B．9：30～11：30

C．13：00～15：00　　D．13：30～15：30

7．债券按发行主体划分，可分为（　　）。

A．政府债券　　B．金融债券

C．公司（企业）债券　　D．抵押债券

8. 基金按运作方式划分，可分为（　　）。

A. 公司型　　B. 契约型

C. 封闭式　　D. 开放式

9. 金融衍生产品的基本功能主要是指（　　）。

A. 方便融资　　B. 规避风险

C. 价格发现　　D. 投资获利

10. 中国现有的商品期货交易所分别分布在（　　）。

A. 上海　　B. 深圳

C. 大连　　D. 郑州

三、判断题

1. 我国储蓄分定期储蓄和不定期储蓄两大类。（　　）

2. 教育储蓄存款的存期与其他定期储蓄品种不太一样，分为一年、三年和六年三种。（　　）

3. B股是指以外币标明面值并以外币进行认购和交易的股票。（　　）

4. 竞价原则是价格优先、时间优先，同价位委托，则按时间顺序优先。（　　）

5. 股票的交易单位为“股”，100股=1手，委托买入和卖出时数量都必须为100股或其整数倍。（　　）

6. 记账式债券可记名、可挂失，但不能上市流通。（　　）

7. 一般而言，股票反映的是所有权关系，债券反映的是债权债务关系，而基金反映的则是信托关系。（　　）

8. 平衡型基金一般将25%～50%的资产投资于债券及普通股，其余的投资于优先股。（　　）

9. 期货其实是一种交易合约，可以是标准化的，也可以是非标准化的，决定权在于参与交易的客户。（　　）

10. 金融衍生产品交易具有杠杆效应：保证金越低，杠杆效应越大，风险也就越大。（　　）

四、案例分析题

收入不高前景不明，典型蚁族如何理财扎根城市？

目前，有很多大学毕业生不舍大城市的繁华，留在北京甘心做“蚁族”。这部分人收入不高，工作经验不足，未来前景不明，考虑最多的是如何进能在这个城市扎根，退能有一技之长，回家乡过安稳生活。

小明，2009年从中国海洋大学毕业，现在一家事业单位下属的公司上班，月收入2 500元，存款8 000元。他的女朋友在一家设计公司上班，月收入2 000元左右，他们现在租房每月支出700元，其他支出1 300元。

理财建议：

“等幸福敲门”是典型的蚁族家庭，收入较低，却面临买房、结婚的压力，有限财产最大限度地利用是关键。“等幸福敲门”需做好现金管理，比如平时尽量用信用卡消费，利用信用卡的免息期提高资金的利用率。同时，加强对银行账户内的资金管理，在考虑资金流动性的同时注重资金收益率。比如办理银行的“定存宝”或“活期宝”业务，这样可在保持资金流动性的前提下享受到远远高于活期利息的资金收益率。

基金定投对“蚁族”来说是一种非常好的投资方式。基金定投可以平均投资成本，避免长期投资风险。如果签约银行基金定投，还可养成强制储蓄的习惯，并且从历史数据看，基金定投年回报率在10%以上。对于几年后就将用钱的蚁族来说，到时会提供一定的资金支持。

尽管现在收入较低，但“等幸福敲门”还需提高保险意识。由于其目前比较年轻，可以暂不考虑重疾险，但可以每年花1 000元左右为两人购买意外险，为自己和家人提供一份保障。

认真阅读以上资料，请思考并分析以下问题：

1. 案例中提及了哪些金融工具？

2. 理财建议运用这些金融工具，主要考虑的因素有哪些？请结合我们学习过的各类金融工具的特点综合分析。

模块四　短期货币市场

【知识目标】

1. 同业拆借市场的定义
2. 同业拆借市场的特点
3. 同业拆借市场的类型
4. 同业拆借市场的作用
5. 中国的同业拆借市场

【技能目标】

1. 初步认识同业拆借市场的定义、特点、类型与作用
2. 了解中国的同业拆借市场

【案例导入】

A是一生产皮鞋的厂家，于今年5月生产了一批仿鳄鱼牌的皮鞋出售给B公司。B公司给A一张汇票，约定过1个月后付现款。因A是国内有名的厂家，产品质量优异，价格便宜，本月中又有一家公司下了大订单，A发现这是一个大生意，对A厂的发展至关重要，会产生质的飞跃。但是购买原材料的货款不足，这该如何是好？A厂长老张急得头发都白了，本来不多的头发又被他抓下了几缕，几乎变成了秃顶。多次催促B公司早些付款，但是B公司也没钱。该如何是好？不能眼看着发展的机遇从手中溜走。最后，老张想到了银行，能不能用这张未到期的汇票提出钱来呢？

【任务互动】

请大家思考并讨论如下问题：

1. 老张能否提出钱来？
2. 如果能提出钱来，这种业务规范的名称是什么？
3. 老张需要付出什么代价？

项目 1　同业拆借市场

一、同业拆借市场的定义

同业拆借市场，是指金融机构之间以货币借贷方式进行短期资金融通活动的市场。同业拆借的资金主要用于弥补银行短期资金的不足，票据清算的差额以及解决临时性资金短缺需要。同业拆借市场亦称“同行拆放市场”，是金融机构之间进行短期、临时性头寸调剂的市场。

二、同业拆借市场的特点

同业拆借市场具有以下特点：

（1）融通资金的期限一般比较短，因为同业拆借资金主要用于金融机构短期、临时性资金需要；我国同业拆借资金的最长期限为 4 个月。

（2）参与拆借的机构基本上是在中央银行开立存款账户，交易资金主要是该账户上的多余资金。

（3）同业拆借资金主要用于短期、临时性需要。

（4）同业拆借基本上是信用拆借。同业拆借可以使商业银行在不用保持大量超额准备金的前提下，就能满足存款支付的需要。1996 年 1 月 3 日，我国建立起了全国统一的同业拆借市场并开始正式运行。

（5）利率比较低。一般来说，同业拆借利率是以中央银行再贷款利率和再贴现率为基准，再根据社会资金的松紧程度和供求关系由拆借双方自由议定的。由于拆借双方都是商业银行或其他金融机构，其信誉比一般工商企业要高，拆借风险较小，加之拆借期限较短，因而利率水平较低。

三、同业拆借的原则

1. 自主性原则

同业拆借是一种信用行为，在进行拆借资金交易时，必须承认和尊重市场主体（交易双方）的权利和义务，严格遵循自愿协商、平等互利、自主成交的原则，维护市场经营者的合法权益，形成平等竞争的有序环境，保证资金的合理流动。

2. 偿还性原则

对拆出方来说，由于拆出的是本行暂时闲置不用的资金，有一定期限限制，因此必须按期收回。对拆入方来说，拆入资金只是拥有一定期限内的资金使用权，并不拥有长期使用的权利，也不改变资金的所有权，因而必须到期如数偿还。

3. 短期性原则

同业拆借的典型特征之一是期限短，属于一种短期融资。从拆出方来看，拆出的资金是银行的暂时闲置的资金，在数量和期限上都具有不确定性，因而其资金运用必须是短期的。就拆入方而言，向同业拆入资金主要是解决临时性储备不足的资金需要，如因清算联行汇差而出现的临时性头寸不足和头寸调度方面的突发性资金需求等。因此拆入方也应坚持拆入资金的短期性原则，一旦贷款收回或存款增加，就应立即归还这种借款。

四、同业拆借市场的类型

同业拆借市场可以分成银行同业拆借市场和短期拆借市场。

1. 银行同业拆借市场

银行同业拆借市场是指银行同业之间短期资金的拆借市场。各银行在日常经营活动中会经常发生头寸不足或盈余的情况，银行同业间为了互相支持对方业务的正常开展，并使多余资金产生短期收益，就会自然产生银行同业之间的资金拆借交易。这种交易活动一般没有固定的场所，主要通过电讯手段成交。期限按日计算，有 1 日、2 日、5 日不等，一般不超过 1 个月，最长期限为 120 天，最短期限甚至只有半日。拆借的利息叫“拆息”，其利率由交易双方自定，通常高于银行的筹资成本。拆息变动频繁，灵敏地反映资金供求状况。同业拆借每笔交易的数额较大，以适应银行经营活动的需要。日拆一般无抵押品，单凭银行间的信誉。期限较长的拆借常以信用度较高的金融工具为抵押品。

2. 短期拆借市场

短期拆借市场又叫“通知放款”，主要是商业银行与非银行金融机构（如证券商）之间的一种短期资金拆借形式。其特点是利率多变，拆借期限不固定，随时可以拆出，随时偿还。交易所经纪人大多采用这种方式向银行借款。具体做法是，银行与客户订立短期拆借协议，规定拆借幅度和担保方式，在幅度内随用随借，担保品多是股票、债券等有价证券。借款人在接到银行还款通知的次日即须偿还，如到期不能偿还，银行有权出售其担保品。

五、同业拆借市场的作用

同业拆借市场是各类金融机构之间进行短期资金拆借活动所形成的市场。同业拆借市场是货币市场的主要组成部分，备受金融机构及货币当局的重视。可以分以下两个方面来理解同业拆借市场的作用：

（一）以发展的观点来看待同业拆借市场的作用

同业拆借市场最初是指银行等金融机构之间相互调剂在中央银行存款账户上的准备金余额。由于商业银行资金的流出与流入每时每刻都在进行，影响流出与流入差额的不确定因素千差万别，这使得商业银行不可能时刻保持在中央银行准备金存款账户上的余额恰好等于法定准备金余额。

存款准备金余额不足须支付罚息，并且在出现有利的投资机会，而银行又无法筹集到所需资金时，银行就只有放弃投资机会，或出售资产，收回贷款等；而超额准备金又意味着银行有资金闲置，导致利息收入损失，为解决这一困难，头寸多余行和头寸不足行就要进行准备金交易。

因此，同业拆借市场的作用在于满足金融机构之间在日常经营活动中经常发生的头寸余缺调剂的需要。

随着市场的发展和市场容量的扩大，证券交易商和政府也加入到同业拆借市场当中来，交易对象也不再局限于商业银行的存款准备金，它还包括商业银行相互之间的存款以及证券交易商和政府所拥有的活期存款。拆借目的除了商业银行满足中央银行提出的准备金要求之外，还包括市场参与人轧平票据交换差额，解决临时性、季节性资金需求等目的。

（二）从直接作用和间接作用两个角度来理解同业拆借市场的作用

同业拆借市场的直接作用在于它有利于金融机构实现“三性”相统一的经营目标。持有较高比例的现金、同业存款、在中央银行的超额储备存款及短期高质量证券资产，虽然可以提高流动性水平，最大限度地满足客户提款及支付的要求，但同时也会丧失资金增值的机会，导致利润总额的减少。要在保持足够的流动性以满足支付需求的同时获得最大限度的利润，除了加强资产负债管理，实现最优的资产期限和种类组合外，还需要有包括同业拆借市场在内的可供进行短期资金融通的市场。一旦出现事先未预料到的临时流动性需求，金融机构可在不必出售那些高盈利性资产的情况下，很容易地通过同业拆借市场从其他金融机构借入短期资金来获得流动性。这样，既避免了因流动性不足而可能导致的危机，也不会减少预期的资产收益。

同业拆借市场的间接作用在于，同业拆借市场利率通常被当作基准利率，对整个经济活动和宏观调控具有特殊的意义。同业拆借市场的参与者主要是各金融机构，市场特性最活跃，交易量最大。这些特性决定了拆息率非同凡响的意义。同业拆借按日计息，拆息率每天甚至每时每刻都不相同，它的高低灵敏地反映着货币市场资金的供求状况。在整个利率体系中，基准利率是在多种利率并存的条件下起决定作用的利率。当它变动时，其他利率也相应发生变化。了解这种关键性利率水平的变动趋势，也就了解了全部利率体系的变化趋势。一般利率通常参照基准利率而定。比如，伦敦银行同业拆放利率，即 LIBOR（London Interbank Offered Rate）利率，是指伦敦银行同业之间的短期资金借贷利率，现在已经作为国际金融市场中大多数浮动利率的基准利率。这最有代表性的拆息率 LIBOR，已成为伦敦金融市场乃至于国际金融市场的关键性利率，许多浮动利率的融资工具在发行时都以该利率作为浮动的依据和参照。又比如，美国纽约的联邦基金市场是国际著名的同业拆借市场，它以调剂联邦储备银行的会员银行的准备头寸为主要内容，美国联邦基金市场利率是美联储货币政策的中间目标。

六、同业拆借市场的由来

1. 同业拆借市场的形成

同业拆借市场最早出现于美国，其形成的根本原因在于法定存款准备金制度的实施。按照美国1913年通过的《联邦储备法》的规定，加入联邦储备银行的会员银行，必须按存款数额的一定比率向联邦储备银行缴纳法定存款准备金。而由于清算业务活动和日常收付数额的变化，总会出现有的银行存款准备金多余，有的银行存款准备金不足的情况。存款准备金多余的银行需要把多余部分加以运用，以获得利息收入，而存款准备金不足的银行又必须设法借入资金以弥补准备金缺口，否则就会因延缴或少缴准备金而受到央行的经济处罚。在这种情况下，存款准备金多余和不足的银行，在客观上需要互相调剂。于是，1921年在美国纽约形成了以调剂联邦储备银行会员银行的准备金头寸为内容的联邦基金市场。

在经历了20世纪30年代资本主义经济危机之后，西方各国普遍强化了中央银行的作用，相继引入法定存款准备金制度作为控制商业银行信用规模的手段，与此同时，同业拆借市场也得到了较快发展。在经历了长时间的运行与发展过程之后，当今西方国家的同业拆借市场，较之形成之时，无论在交易内容开放程度方面，还是在融资规模等方面，都发生了深刻变化。拆借交易不仅仅发生在银行之间，还扩展到银行与其他金融机构之间。从拆借目的来看，已不仅仅限于补足存款准备金和轧平票据交换头寸差额，金融机构如在经营过程中出现暂时的、临时性的资金短缺，也可进行拆借。更重要的是同业拆借已成为银行实施资产负债管理的有效工具。由于同业拆借的期限较短，风险较小，许多银行都把短期闲置资金投放于该市场，以利于及时调整资产负债结构，保持资产的流动性。特别是那些市场份额有限，承受经营风险能力脆弱的中小银行，更是把同业拆借市场作为短期资金经常性运用的场所，力图通过这种做法提高资产质量，降低经营风险，增加利息收入。

2. 中国的同业拆借市场

我国的同业拆借始于1984年。1984年以前，我国实行的是高度集中统一的信贷资金管理体制。银行间的资金余缺只能通过行政手段纵向调剂，而不能自由地横向融通。1984年10月，我国针对中国人民银行专门行使中央银行职能，二级银行体制已经形成的新的金融组织格局，对信贷资金管理体制也实行了重大改革，推出了统一计划，划分资金，实贷实存，相互融通的新的信贷资金管理体制，允许各专业银行互相拆借资金。新的信贷资金管理体制实施后不久，各专业银行之间，同一专业银行各分支机构之间即开办了同业拆借业务。不过，由于当时实行严厉的紧缩性货币政策，同业拆借并没有真正广泛地开展起来。

1986年1月，国家经济体制改革委员会、中国人民银行在广州召开金融体制改革工作会议，会上正式提出开放和发展同业拆借市场。同年3月，国务院颁布的《中华人民共和国银行管理暂行条例》，也对专业银行之间的资金拆借做出了具体规定。此后，同业拆借在全国各地迅速开展起来。1986年5月，武汉市率先建立了只有城市信用社参加的资金拆借小市场，武汉市工商银行、农业银行和人民银行的拆借市场随之相继建立。不久，上海、沈阳、南昌、开封等大中城市都形成了辐射本地区或本经济区的同业拆借市场。到1987年6月底，除西藏外，全国各省、市、自治区都建立了不同形式的拆借市场，初步形成了一个以大中城市为依托的，多层次、纵横交错的同业拆借网络。

1988年9月，面对社会总供求关系严重失调，储蓄存款严重滑坡，物价涨幅过猛的严峻的宏观经济和金融形势，国家实行了严厉的“双紧”政策，同业拆借市场的融资规模大幅度下降，某些地区的拆借市场甚至关门歇业。到1992年，宏观经济、金融形势趋于好转，全国各地掀起一轮新的投资热潮。同业拆借市场的交易活动也随之活跃起来，交易数额节节攀升。1993年7月，针对拆借市场违章拆借行为频生，严重扰乱金融秩序的情况，国家开始对拆借市场进行清理，要求各地抓紧收回违章拆借资金，于是，市场交易数额再度萎缩。1995年，为了巩固整顿同业拆借市场的成果，中国人民银行进一步强化了对同业拆借市场的管理，要求跨地区、跨系统的同业拆借必须经过人民银行融资中心办理，不允许非金融机构和个人进入同业拆借市场，从而使同业拆借市场得到了进一步规范和发展。1995年11月，中国人民银行发出通知，要求商业银行在1996年4月1日前撤销其所办的拆借市场。这一措施为建立全国统一的同业拆借市场奠定了坚实的基础。1996年1月3日，经过中国人民银行长时间的筹备，全国统一的银行间同业拆借市场正式建立。

但从实际运行情况看，仍然存在一些问题。由于受多种因素的影响，金融领域存在较大的金融风险，国有企业不良资产比重高，非银行金融机构遗留的问题多；加上货币市场发育不完善，拆借风险比较容易转移到融资中心上，一些正常借贷资金到期难以回收，出现了逾期债权债务。因此，1998年，中国人民银行开始着手撤销融资中心机构，清理拖欠拆借资金。同年10月，保险公司进入同业拆借市场。1999年8月，证券公司进入该市场。2002年6月，中国外币交易中心开始为金融机构办理外币拆借业务，统一的国内外币同业拆借市场正式启动。

七、同业拆借市场的支付工具

1. 本票

本票即由出票人自己签发，约定自己在指定日期无条件支付一定金额给收款人或持票人的凭证。它是同业拆借市场最常用的支付工具之一。本票的计算方式是：由资金短缺银行开出本票，凭本票向资金盈余银行拆借。盈余银行接到本票后，将中央银行的资金支付凭证交换给资金拆入行，以抵补其当日所缺头寸。这种由拆出行交换给拆入行的中央银行支付凭证，通称为“今日货币”。

2. 支票

支票是同城结算的一种凭证，也是同业拆借市场最通用的支付工具之一。拆入行开出本银行的支票，到次日才能交换抵补所缺头寸，故支票也称为“明日货币”。

3. 承兑汇票

承兑汇票即经过办理承兑手续的汇票，由借入行按规定要求开具承兑汇票交拆出行，凭票办理拆借款项，到期后拆出行凭票收回款项。

4. 同业债券

这是拆入单位向拆出单位发行的一种债券，主要是用于拆借期限超过四个月和资金额较大的拆借。同业债券可在金融机构之间相互转让。

5. 转贴现

转贴现是银行同业之间融资的一种方式。在拆借市场上，银行贴现商业票据后，如头寸短缺，也可将贴现票据转给其他银行再贴现，以抵补其短缺头寸。

6. 资金拆借借据

资金拆借借据是横向资金融通通常使用的一种支付凭证。由拆入方同拆出方商妥后，拆出方出具加盖公章和行长章的“资金拆借借据”给资金拆出方，经拆出方核对无误后，将该借据的第三、四联加盖印章后给拆出方，同时划拨资金。

知识链接1

头寸

“头寸”一词来源于中国，民国时期银行里用于日常支付的“袁大头”，十个袁大头摞起来刚好是一寸，因此叫“头寸”。头寸就是资金，指的是银行当前所有可以运用的资金的总和，主要包括在央行的超额准备金、存放同业清算款项净额、银行存款以及现金等部分。头寸管理的目标就是在保证流动性的前提下尽可能地降低头寸占用，避免资金闲置浪费。

头寸（Position）也称为“头衬”，就是款项的意思，是金融界及商业界的流行用语，在金融、证券、股票、期货交易中经常用到。

比如在期货开户交易中建仓时，买入期货合约后所持有的头寸叫“多头头寸”，简称“多头”；卖出期货合约后所持有的头寸叫“空头头寸”，简称“空头”。商品未平仓多头合约与未平仓空头合约之间的差额就叫做“净头寸”。只是在期货交易中有这种做法，在现货交易中还没有这种做法。

如果银行在当日的全部收付款中收入大于支出款项，就称为“多头寸”，如果付出款项大于收入款项，就称为“缺头寸”。对预计这一类头寸的多与少的行为称为“轧（gá）头寸”。到处想方设法调进款项的行为称为“调头寸”。如果暂时未用的款项大于需用量时称为“头寸松”，如果资金需求量大于闲置量时就称为“头寸紧”。

在外币交易中，“建立头寸”是开盘的意思。开盘也叫敞口，就是买进一种货币，同时卖出另一种货币的行为。开盘之后，长了（多头）一种货币，短了（空头）另一种货币。选择适当的汇率水平以及时机建立头寸是盈利的前提。如果入市时机较好，获利的机会就大；相反，如果入市的时机不当，就容易发生亏损。净头寸就是指开盘后获取的一种货币与另一种货币之间的交易差额。

另外在金融同业中还有轧平头寸、头寸拆借等说法。

头寸日又分很多种，如第一头寸日（期货交割过程的第一日）等，多数就是指对款项动用的当日。

头寸还分为长头寸与短头寸，当金融机构购入某资产时，就拥有了长头寸；相反，如果金融机构向另一方售出某资产，并约定在未来某日交割，就获取了短头寸，金融机构同样会面临风险。风险的规避可以通过进行金融交易实现，这一交易可以是通过获取额外的短头寸来抵消长头寸，也可以是通过获取额外的长头寸来抵消短头寸。

知识链接2

我国同行拆借市场管理办法

中国人民银行令〔2007〕第3号

根据《中华人民共和国中国人民银行法》、《中华人民共和国商业银行法》等法律规定，中国人民银行制定了《同业拆借管理办法》，经2007年6月8日第13次行长办公会议通过，现予公布，自2007年8月6日起施行。

行长：周小川

二〇〇七年七月三日

同业拆借管理办法

第一章　总则

第一条　为进一步发展货币市场、规范同业拆借交易、防范同业拆借风险、维护同业拆借各方当事人的合法权益，根据《中华人民共和国中国人民银行法》、《中华人民共和国商业银行法》等有关法律、行政法规，制定本办法。

第二条　本办法适用于在中华人民共和国境内依法设立的金融机构之间进行的人民币同业拆借交易。

第三条　本办法所称同业拆借，是指经中国人民银行批准进入全国银行间同业拆借市场（以下简称同业拆借市场）的金融机构之间，通过全国统一的同业拆借网络进行的无担保资金融通行为。全国统一的同业拆借网络包括：

（一）全国银行间同业拆借中心的电子交易系统。

（二）中国人民银行分支机构的拆借备案系统。

（三）中国人民银行认可的其他交易系统。

第四条　中国人民银行依法对同业拆借市场进行监督管理。金融机构进入同业拆借市场必须经中国人民银行批准，从事同业拆借交易接受中国人民银行的监督和检查。

第五条　同业拆借交易应遵循公平自愿、诚信自律、风险自担的原则。

第二章　市场准入管理

第六条　下列金融机构可以向中国人民银行申请进入同业拆借市场：

（一）政策性银行。

（二）中资商业银行。

（三）外商独资银行、中外合资银行。

（四）城市信用合作社。

（五）农村信用合作社县级联合社。

（六）企业集团财务公司。

（七）信托公司。

（八）金融资产管理公司。

（九）金融租赁公司。

（十）汽车金融公司。

（十一）证券公司。

（十二）保险公司。

（十三）保险资产管理公司。

（十四）中资商业银行（不包括城市商业银行、农村商业银行和农村合作银行）授权的一级分支机构。

（十五）外国银行分行。

（十六）中国人民银行确定的其他机构。

第七条 申请进入同业拆借市场的金融机构应当具备以下条件：

（一）在中华人民共和国境内依法设立。

（二）有健全的同业拆借交易组织机构、风险管理制度和内部控制制度。

（三）有专门从事同业拆借交易的人员。

（四）主要监管指标符合中国人民银行和有关监管部门的规定。

（五）最近两年未因违法、违规行为受到中国人民银行和有关监管部门处罚。

（六）最近两年未出现资不抵债情况。

（七）中国人民银行规定的其他条件。

第八条 下列金融机构申请进入同业拆借市场，除具备本办法第七条所规定的条件外，还应具备以下条件：

（一）外商独资银行、中外合资银行、外国银行分行经国务院银行业监督管理机构批准获得经营人民币业务资格。

（二）企业集团财务公司、信托公司、金融资产管理公司、金融租赁公司、汽车金融公司、保险资产管理公司在申请进入同业拆借市场前最近两个年度连续盈利。

（三）证券公司应在申请进入同业拆借市场前最近两个年度连续盈利，同期未出现净资本低于2亿元的情况。

（四）保险公司应在申请进入同业拆借市场前最近四个季度连续的偿付能力充足率在120%以上。

第九条 金融机构申请进入同业拆借市场，应按照中国人民银行规定的程序向中国人民银行或其分支机构提交申请材料。

第十条 中国人民银行及其分支机构审核金融机构进入同业拆借市场申请的期限，适用《中国人民银行行政许可实施办法》第二十八条和第二十九条的规定。

第十一条 已进入同业拆借市场的金融机构决定退出同业拆借市场时，应至少提前30日报告中国人民银行或其分支机构，并说明退出同业拆借市场的原因，提交债权债务清理处置方案。

金融机构退出同业拆借市场必须采取有效措施保证债权债务关系顺利清理，并针对可能出现的问题制定有效的风险处置预案。

第十二条　中国人民银行及其分支机构批准金融机构进入同业拆借市场或者接到金融机构退出同业拆借市场的报告后，应以适当方式向同业拆借市场发布公告。在中国人民银行或其分支机构正式发布公告之前，任何机构不得擅自对市场发布相关信息。

第十三条　中国人民银行及其分支机构自发布金融机构退出同业拆借市场公告之日起两年之内不再受理该金融机构进入同业拆借市场的申请。

第三章　交易和清算

第十四条　同业拆借交易必须在全国统一的同业拆借网络中进行。

政策性银行、企业集团财务公司、信托公司、金融资产管理公司、金融租赁公司、汽车金融公司、证券公司、保险公司、保险资产管理公司以法人为单位，通过全国银行间同业拆借中心的电子交易系统进行同业拆借交易。

通过中国人民银行分支机构拆借备案系统进行同业拆借交易的金融机构应按照中国人民银行当地分支机构的规定办理相关手续。

第十五条　同业拆借交易以询价方式进行，自主谈判、逐笔成交。

第十六条　同业拆借利率由交易双方自行商定。

第十七条　金融机构进行同业拆借交易，应逐笔订立交易合同。交易合同的内容应当具体明确，详细约定同业拆借双方的权利和义务。合同应包括以下内容：

（一）同业拆借交易双方的名称、住所及法定代表人的姓名。

（二）同业拆借成交日期。

（三）同业拆借交易金额。

（四）同业拆借交易期限。

（五）同业拆借利率、利率计算规则和利息支付规则。

（六）违约责任。

（七）中国人民银行要求载明的其他事项。

第十八条　交易合同可采用全国银行间同业拆借中心电子交易系统生成的成交单，或者采取合同书、信件和数据电文等书面形式。

第十九条　同业拆借的资金清算涉及不同银行的，应直接或委托开户银行通过中国人民银行大额实时支付系统办理。同业拆借的资金清算可以在同一银行完成的，应以转账方式进行。任何同业拆借清算均不得使用现金支付。

第四章　风险控制

第二十条　金融机构应当将同业拆借风险管理纳入本机构风险管理的总体框架之中，并根据同业拆借业务的特点，建立健全同业拆借风险管理制度，设立专门的同业拆借风险管理机构，制定同业拆借风险管理内部操作规程和控制措施。

第二十一条　金融机构应当依法妥善保存其同业拆借交易的所有交易记录和与交易记

录有关的文件、账目、原始凭证、报表、电话录音等资料。

第二十二条 商业银行同业拆借的拆入资金用途应符合《中华人民共和国商业银行法》的有关规定。

第二十三条 同业拆借的期限在符合以下规定的前提下，由交易双方自行商定：

（一）政策性银行、中资商业银行、中资商业银行授权的一级分支机构、外商独资银行、中外合资银行、外国银行分行、城市信用合作社、农村信用合作社县级联合社拆入资金的最长期限为1年。

（二）金融资产管理公司、金融租赁公司、汽车金融公司、保险公司拆入资金的最长期限为3个月。

（三）企业集团财务公司、信托公司、证券公司、保险资产管理公司拆入资金的最长期限为7天。

（四）金融机构拆出资金的最长期限不得超过对手方由中国人民银行规定的拆入资金最长期限。

中国人民银行可以根据市场发展和管理的需要调整金融机构的拆借资金最长期限。

第二十四条 同业拆借到期后不得展期。

第二十五条 对金融机构同业拆借实行限额管理，拆借限额由中国人民银行及其分支机构按照以下原则核定：

（一）政策性银行的最高拆入限额和最高拆出限额均不超过该机构上年末待偿还金融债券余额的8%。

（二）中资商业银行、城市信用合作社、农村信用合作社县级联合社的最高拆入限额和最高拆出限额均不超过该机构各项存款余额的8%。

（三）外商独资银行、中外合资银行的最高拆入限额和最高拆出限额均不超过该机构实收资本的2倍。

（四）外国银行分行的最高拆入限额和最高拆出限额均不超过该机构人民币营运资金的2倍。

（五）企业集团财务公司、金融资产管理公司、金融租赁公司、汽车金融公司、保险公司的最高拆入限额和最高拆出限额均不超过该机构实收资本的100%。

（六）信托公司、保险资产管理公司的最高拆入限额和最高拆出限额均不超过该机构净资产的20%。

（七）证券公司的最高拆入限额和最高拆出限额均不超过该机构净资本的80%。

（八）中资商业银行（不包括城市商业银行、农村商业银行和农村合作银行）授权的一级分支机构的最高拆入限额和最高拆出限额由该机构的总行授权确定，纳入总行法人统一考核。

中国人民银行可以根据市场发展和管理的需要调整金融机构的同业拆借资金限额。

第二十六条 金融机构申请调整拆借资金限额，应比照申请进入同业拆借市场的程序向中国人民银行或其分支机构提交申请材料。

第二十七条 中国人民银行可以根据金融机构的申请临时调整拆借资金限额。

中国人民银行分支机构可在总行授权的范围内临时调整辖内金融机构的拆借资金

限额。

第五章　信息披露管理

第二十八条　进入同业拆借市场的金融机构承担向同业拆借市场披露信息的义务。金融机构的董事或法定代表人应当保证所披露的信息真实、准确、完整、及时。

第二十九条　中国人民银行负责制定同业拆借市场中各类金融机构的信息披露规范并监督实施。

第三十条　全国银行间同业拆借中心是同业拆借市场的中介服务机构，为金融机构在同业拆借市场的交易和信息披露提供服务。

全国银行间同业拆借中心应依据本办法制定同业拆借市场交易和信息披露操作规则，报中国人民银行批准后实施。

第三十一条　全国银行间同业拆借中心应及时向市场公布利率、交易量、重大异常交易等市场信息和统计数据。

第三十二条　全国银行间同业拆借中心负责同业拆借市场日常监测和市场统计，定期向中国人民银行上报同业拆借市场统计数据，向中国人民银行省一级分支机构提供备案系统统计信息，发现同业拆借市场异常情况及时向中国人民银行报告并通知中国人民银行相关省一级分支机构。

第三十三条　金融机构未按照中国人民银行的规定向同业拆借市场披露信息，或者所披露信息有虚假记载、误导性陈述或重大遗漏的，中国人民银行有权对该金融机构采取限期补充信息披露、核减同业拆借限额、缩短同业拆借最长期限、限制同业拆借交易范围、暂停或停止与全国银行间同业拆借中心交易联网等约束措施。

第六章　监督管理

第三十四条　中国人民银行依法对同业拆借交易实施非现场监管和现场检查，并对同业拆借市场的行业自律组织进行指导和监督。

第三十五条　中国人民银行省一级分支机构负责拟定辖区同业拆借备案管理实施办法，并对辖区内金融机构通过拆借备案系统进行的同业拆借交易进行监管。

第三十六条　中国人民银行或者其省一级分支机构根据履行同业拆借市场监管职责的需要，可以采取下列措施进行同业拆借现场检查：

（一）进入金融机构进行检查。

（二）询问金融机构的工作人员，要求其对有关检查事项作出说明。

（三）查阅、复制金融机构与检查事项有关的文件、资料，并对可能被转移、销毁、隐匿或者篡改的文件资料予以封存。

（四）检查金融机构运用电子计算机管理业务数据的系统。

第三十七条　中国人民银行地市中心支行发现同业拆借异常交易，认为有必要进行同业拆借现场检查的，应报告有管辖权的中国人民银行省一级分支机构批准后实施。

第三十八条　中国人民银行及其地市中心支行以上分支机构进行同业拆借现场检查的，应当遵守中国人民银行有关监督检查程序的规定。

第三十九条 中国人民银行及其地市中心支行以上分支机构根据履行同业拆借市场监管职责的需要，可以与金融机构董事、高级管理人员谈话，要求其就金融机构执行同业拆借市场管理规定的重大事项作出说明。

第四十条 中国人民银行及其地市中心支行以上分支机构对金融机构实施同业拆借现场检查，必要时将检查情况通报有关监管部门。

第七章 法律责任

第四十一条 金融机构有下列行为之一的，由中国人民银行或者其地市中心支行以上分支机构实施处罚：

（一）不具有同业拆借业务资格而从事同业拆借业务。

（二）与不具备同业拆借业务资格的机构进行同业拆借。

（三）在全国统一同业拆借市场网络之外从事同业拆借业务。

（四）拆入资金用途违反相关法律规定。

（五）同业拆借超过中国人民银行规定的拆借资金最长期限。

（六）同业拆借资金余额超过中国人民银行核定的限额。

（七）未按照中国人民银行的规定向同业拆借市场披露信息。

（八）违反同业拆借市场规定的其他行为。

第四十二条 商业银行有本办法第四十一条规定情形之一的，由中国人民银行或者其地市中心支行以上分支机构按照《中华人民共和国商业银行法》第七十六条的规定处罚。

第四十三条 政策性银行、信用合作社、企业集团财务公司、信托公司、金融租赁公司有本办法第四十一条规定情形之一的，由中国人民银行或者其地市中心支行以上分支机构按照《金融违法行为处罚办法》第十七条的规定处罚。

第四十四条 证券公司、保险公司、保险资产管理公司、金融资产管理公司、汽车金融公司有本办法第四十一条规定情形之一的，由中国人民银行或者其地市中心支行以上分支机构按照《中华人民共和国中国人民银行法》第四十六条的规定处罚。

第四十五条 对本办法第四十一条所列行为负有直接责任的金融机构董事、高级管理人员和其他直接责任人员，按照《中华人民共和国中国人民银行法》第四十六条的规定处罚。

第四十六条 全国银行间同业拆借中心有下列行为之一的，由中国人民银行按照《中华人民共和国中国人民银行法》第四十六条的规定处罚：

（一）不按照规定及时发布市场信息、发布虚假信息或泄露非公开信息。

（二）交易系统和信息系统发生严重安全事故，对市场造成重大影响。

（三）因不履行职责，给市场参与者造成严重损失或对市场造成重大影响。

（四）为金融机构同业拆借违规行为提供便利。

（五）不按照规定报送统计数据或未及时上报同业拆借市场异常情况。

（六）违反同业拆借市场规定的其他行为。

对前款所列行为负有直接责任的高级管理人员和其他直接责任人员，按照《中华人民共和国中国人民银行法》第四十六条的规定处罚。

第四十七条　为金融机构向同业拆借市场披露信息提供专业化服务的注册会计师、律师、信用评级机构等专业机构和人员出具的文件含有虚假记载、误导性陈述或重大遗漏的，不得再为同业拆借市场提供专业化服务。违反有关法律规定的，应当承担相应的法律责任。

第四十八条　中国人民银行或者其地市中心支行以上分支机构对违反本办法的金融机构进行处罚后，应当通报有关监管部门。中国人民银行县（市）支行发现金融机构违反本办法的，应报告上一级分支机构，由其按照本办法规定进行处罚。

第四十九条　中国人民银行及其地市中心支行以上分支机构对金融机构违反本办法的行为给予行政处罚的，应当遵守《中国人民银行行政处罚程序规定》的有关规定。

第五十条　中国人民银行及其分支机构从事同业拆借市场监督管理的行为依法接受监督并承担法律责任。

第八章　附　则

第五十一条　本办法所称中国人民银行省一级分支机构包括中国人民银行各分行、营业管理部、省会（首府）城市中心支行和副省级城市中心支行。

第五十二条　金融机构进行外汇同业拆借由中国人民银行另行规定。

第五十三条　本办法由中国人民银行负责解释，并由中国人民银行上海总部组织实施。

第五十四条　本办法自2007年8月6日起施行，1990年3月8日中国人民银行发布的《同业拆借管理试行办法》同时废止。其他有关同业拆借的规定与本办法相抵触的，适用本办法的规定。

【技能实训】

模拟同业拆借。每四人分为一组，每组为不同银行。步骤如下：

1. 发送意向，按规定金额、利率、期限范围，进行意向发送。
2. 交谈，与对方就金额、利率、期限进行洽商。
3. 成交，双方达成一致，确认成交，签订交易合同。
4. 根据合同调拨资金，依不同情况处理。
5. 拆入资金的归还或拆出资金的收回。
6. 进行总结，写出报告。

项目2 票据贴现市场

【案例导入】

商业承兑汇票贴现转回购案例

四十出头的高合安曾任河南省南阳市方城县农业银行行长。如今，他却只能面对高墙为自己的失足而悔恨。高合安从银行行长到身陷囹圄，还要从2003年四五月份说起。高合安因业务往来认识了原郑州工行经纬支行副行长杨红霞，经杨红霞介绍又结识了一个叫李金成的人。熟识之后，李金成提出要在珠海成立担保公司，在注册资金筹措上，以商业承兑汇票贴现转回购的方式取得。正为方城农行上存款发愁的高合安，不顾有关规定，同意以方城农行名义办理商业承兑汇票贴现转回购业务，并要求杨红霞先协助其办一笔回购业务给方城农行上存款。

2003年7月20日，高合安与杨红霞一起到广州光大银行找人磋商。返回后，由杨红霞提供空白商业汇票，虚构了付款人和收款人，使用虚假印鉴，填制了10份伪造的商业承兑汇票，共计1亿元。高合安在票据上加盖了方城农行票据专用章，并填制了回购协议。手续办齐后，广州光大银行将扣除利息后的贴现款转到方城农行，高合安指使工作人员虚设了一个叶县信用社账户，将贴现款转入该账户，出具了虚假存单。

巨额公款助人开公司

杨红霞帮助高合安实现了上存款的目的，高合安也积极投入到为李金成成立担保公司提供注册资金的活动中。2003年8月初，高合安与杨红霞商量，由杨协调，以方城农行名义在郑州工行经纬支行再办一笔贴现转回购业务，将此款用于在珠海成立担保公司注册。之后，高合安将盖有方城农行票据专用章的空白商业汇票交给杨红霞等人，用其伪造了10份商业承兑汇票，每份票额1 000万元。

2003年8月10日，高合安与其女友白丹来到郑州，同杨红霞及郑州工行经纬支行票据部客户中心经理约定：次日到经纬支行办理贴现1亿元业务。第二天，高合安在郑州工行经纬支行提供了填制好的商业承兑汇票，填写了回购协议和转贴现申请。8月12日，经纬支行按2.19‰的贴现利率，扣除半年利息130.67万元后，将剩余9 869.33万元汇入方城农行账户。杨红霞、李金成要求高合安将此款以私人名义汇往珠海，供李金成办理公司使用。李金成则向高合安许诺，公司注册后给其100万元及一定股份。

高合安随即将这笔款以李金成和白丹的私人名义，经多家银行分批汇入珠海工行营业部。最终，被李金成用于注册成立珠海东方融信担保有限公司，注册资金1亿元。其中，李金成名下出资额9 000万元，白丹名下出资额1 000万元。

按照高合安的说法，他根据事先与杨红霞、李金成的约定，这笔款将在2003年国庆长假后归还方城农行。但是，2003 年 10 月 5 日，杨红霞、李金成等人因票据诈骗被拘留，款项被公安机关冻结。高合安得知后，于 10 月 10 日下午潜逃，4 天后到方城县公安局投案。全部资金经河南省公安厅追回，汇入指定账户并于 12 月 8 日汇入方城农行，由方城农行归还郑州工行经纬支行。

罪与非罪争辩激烈

2004 年 6 月 30 日，方城县人民检察院提起公诉，指控高合安使用伪造的商业承兑汇票，以方城农行名义在郑州工行经纬支行办理了转贴现款 1 亿元，用于私人注册公司使用，构成挪用公款罪。

高合安则称，所谓 100 万元好处费没有听任何人说过。杨红霞虽然说过给一定股份，但他没有同意。辩护人说，高合安在其任职的银行从事办理该项承兑汇票贴现业务活动中，虽有违法违规的错误，但企业作为存款人时，依双方约定，存款人有权支配自己的存款；作为经纬支行贷款的贷款人，也有权从转贴现单位，即方城县农行获得贷款。由郑州工行经纬支行汇入方城农行的贴现款所有权并没有转移，因此这笔款不能作为方城农行的公款来对待。高合安在处理票据业务中存在的违法违纪行为，可以依金融制度来处罚。

行长被判挪用公款

一审方城县人民法院认为，高合安利用担任方城农行行长的便利，将已汇入方城农行储备金账户的商业承兑贴现款挪用给他人，用于个人成立担保公司的注册资金，已构成挪用公款罪，且数额巨大，情节严重，公诉机关指控罪名成立。高合安能主动投案，如实供述犯罪事实，应视为自首，且挪用款已全部追回，可以依法从轻处罚。辩护人称被告人既无挪用公款的主观故意，又没有挪用公款的客观表现，对其是违法违纪行为的意见，不予采信。

2004 年 10 月 13 日，方城县人民法院认定，高合安构成挪用公款罪，判处有期徒刑八年。

如何认定挪用公款罪

我国《刑法》第三百八十四条规定，挪用公款罪是指国家机关工作人员利用职务的便利，挪用公款归个人使用，进行非法活动的；或者挪用公款数额较大，进行营利活动的；或者挪用公款数额较大，超过三个月未还的行为。从挪用公款罪的构成要件上看：①侵犯了公共财产的使用、收益权。②行为人实施了利用职务上的便利，挪用公款归个人使用，进行非法活动，或者挪用数额较大的公款进行营利活动，或者挪用数额较大的公款超过三个月未还的行为。③构成这类犯罪的主体是国家工作人员。④行为人主观方面必须是直接故意，行为人明知是公款而故意挪作他用，其犯罪目的是非法取得公款的使用权。

本案有两个关键点：第一，行为人挪用的是否是公款；第二，挪用的款项是否进行了营利活动。

高合安不顾国家法律法规，使用伪造的商业承兑汇票，以方城县农行的名义在郑州工行经纬支行办理转贴现，该款项已归方城农行支配和使用，这笔款项属于公款。

高合安将这笔款项以私人名义转汇到珠海工行，作为私人成立融信担保有限公司的注册资金，属于挪用公款进行营利活动的情形。综观本案，行为人利用担任银行行长的职务便利，将已汇入方城农行储备金账户内的商业承兑贴现转回购款挪给他人进行营利活动，其行为特征符合挪用公款罪的构成要件。

（资料来源：金融一网，2009-04-02，http：//www.138jr.com/knowledge/2009-04/200904221607172.html.）

【任务互动】

根据上述案情，在老师的组织下讨论如下问题：

1. 对高合安所犯罪行的认定是否恰当？为什么？
2. 根据自己已经掌握的相关知识，描述一下商业承兑汇票的定义。
3. 结合本案，高合安手中的商业承兑汇票合法吗？
4. 对贴现的概念进行尝试性描述。
5. 从本案中，我们可以获得什么启发？

一、票据贴现市场的定义

票据贴现是指资金的需求者，将自己手中未到期的商业票据、银行承兑票据或短期债券向银行或贴现公司要求变成现款，银行或贴现公司（融资公司）收进这些未到期的票据或短期债券，按票面金额扣除贴现日至到期日的利息后付给现款，等票据到期时再向出票人收款。

票据贴现市场是指对未到期的票据进行贴现为客户提供短期资金融通的市场。在票据贴现市场上办理贴现业务的机构主要有商业银行、贴现公司、中央银行等，可用以贴现的票据主要是经过背书的本票和经过承兑的汇票。

二、票据贴现市场的交易种类

票据贴现市场的交易种类大致可分为两类：一是票据持有人向商业银行或贴现公司要求贴现换取现金的交易，这种交易占贴现市场业务的大部分；另一种是中央银行对商业银行或贴现公司已贴现过的票据再次进行贴现，为银行和贴现公司融通资金。再贴现是中央银行控制金融与信用规程的一个重要手段。票据贴现的种类还可以根据票据的不同分为银行票据贴现、商业票据贴现、债券及国库券贴现三种。

三、票据贴现的办理条件

商业汇票的收款人或被背书人需要资金时，可持未到期的商业承兑汇票或银行承兑汇票并填写贴现凭证，向其开户银行申请贴现。贴现银行需要资金时，可持未到期的承兑汇票向其他银行转贴现，也可以向人民银行申请再贴现。

商业汇票的持票人向银行办理贴现业务必须具备下列条件：

（1）在银行开立存款账户的企业法人以及其他组织。

（2）与出票人或者直接前手具有真实的商业交易关系。

（3）提供与其直接前手之前的增值税发票和商品发运单据复印件。

申请票据贴现的单位必须是具有法人资格或实行独立核算、在银行开立有基本账户并依法从事经营活动的经济单位。贴现申请人应具有良好的经营状况，具有到期还款能力，贴现申请人持有的票据必须真实，票式填写完整，盖印、压数无误，凭证在有效期内，背书连续完整。贴现申请人在提出票据贴现的同时，应出示贴现票据项下的商品交易合同原件并提供复印件或其他能够证明票据合法性的凭证，同时还应提供能够证明票据项下商品交易确已履行的凭证（如发货单、运输单、提单、增值税发票等复印件）。

四、票据贴现的办理程序

中央银行办理再贴现业务的对象是在当地中国人民银行开立存款账户的银行。银行在对商业汇票办理贴现后需要资金时，可以向中国人民银行申请再贴现。

符合条件的商业汇票的持票人可持未到期的商业汇票连同贴现凭证向银行申请贴现。贴现银行可持未到期的商业汇票向其他银行转贴现，也可以向中国人民银行申请再贴现。贴现、转贴现和再贴现时，应作成转让背书，并提供贴现申请人与其直接前手之前的增值税发票和商品发运单据复印件。

持票人持未到期的汇票向银行申请贴现时，应根据汇票填制贴现凭证，在第一联上按照规定签章后，连同汇票一并送交银行。银行信贷部门按照信贷办法和支付结算办法的有关规定审查，符合条件的，在贴现凭证“银行审批”栏签注“同意”字样，并由有关人员签章后送交会计部门。

贴现银行向人民银行申请再贴现时，必须持已办理贴现但尚未到期的、要式完整的商业承兑汇票或者银行承兑汇票，填制再贴现凭证，并在汇票上背书，一并送交中国人民银行。中国人民银行审查后，对符合条件的予以再贴现。

会计部门接到作成转让背书的汇票和贴现凭证，按照支付结算办法的有关规定审查无误，贴现凭证的填写与汇票核对相符后，按照支付结算办法有关贴现期限以及贴现利息计算的规定和规定的贴现率计算出贴现利息和实付贴现金额。其计算方法是：

贴现利息 = 汇票金额 × 贴现天数 ×（月贴现率 ÷ 30 天）

实付贴现金额 = 汇票金额 − 贴现利息

然后在贴现凭证有关栏目内填上贴现率、贴现利息和实付贴现金额。

第一联贴现凭证作贴现科目借方凭证，第二、三联分别作 × × 科目和利息收入科目的贷方凭证，第四联贴现凭证加盖转讫章作收账通知交给持票人，第五联贴现凭证和汇票按到期日顺序排列，专夹保管。

贴现、转贴现和再贴现的期限从其贴现之日起至汇票到期日止。实付贴现金额按票面金额扣除贴现日至汇票到期前一日的利息计算。承兑人在异地的，贴现、转贴现和再贴现的期限以及贴现利息的计算应另加3天的划款日期。

贴现、转贴现、再贴现到期，贴现、转贴现、再贴现银行应向付款人（承兑人）收取票款。不获付款的，贴现、转贴现、再贴现银行应向其前手追索票款。贴现、再贴现银行追索票款时可以从申请人的存款账户收取票款。

贴现到期，贴现银行作为持票人，在汇票背面背书栏加盖结算专用章并由授权的经办人员签名或盖章，注明“委托收款”字样，填制委托收款凭证，在“委托收款凭据名称”栏注明“商业承兑汇票”或“银行承兑汇票”及其汇票号码连同汇票向付款人办理收款。对于付款人在异地的，应在汇票到期前，匡算至付款人的邮程，提前办理委托收款。将第五联贴现凭证作第二联委托收款凭证的附件存放。如果贴现银行收到付款人开户银行或承兑银行退回的委托收款凭证、汇票和拒绝付款理由书或付款人未付票款通知书后，贴现银行在追索票据时，对申请贴现的持票人在本行开户的，可从其账户收取。贴现申请人账户余额不足时，应按照逾期贷款的规定处理。贴现申请人未在本行开立账户的，对已贴现的汇票金额的收取，应按《票据法》的规定向贴现申请人或其前手进行追索。

已办理再贴现的银行，应于再贴现到期日前在人民银行存款账户内留足资金。再贴现到期日，人民银行从申请再贴现银行存款账户内收取票款。再贴现申请人账户余额不足时，应按逾期贷款的规定处理。

五、票据贴现市场的历史

据资料显示，我国曾长期明令禁止商业信用，因此不存在商业票据，未形成相应的票据承兑和贴现业务，自然不存在票据贴现市场。改革开放后，商业信用活动逐渐得以恢复，票据市场逐步形成，但其发展却经历了颇为曲折的过程，主要分为三个发展阶段：

（1）1982—1994年是票据推广使用阶段。我国的票据业务起步于1981年，该年上海等地开始试行商业汇票承兑与贴现业务。1984年底，中国人民银行颁布了《商业银行承兑贴现暂行办法》，鼓励工商企业之间的商业信用实现票据化。1986年又颁布了《中国人民银行再贴现试行办法》。但在1994年以前，票据贴现市场发展基本处于停滞状态。1994年底，中央银行会同有关部门提出在部分行业和品种的购销环节推广使用商业汇票，开办票据承兑授信和贴现、再贴现，至此票据业务才真正开始。

（2）1995—1999年9月是票据市场的制度建设阶段。以1995年《中华人民共和国票据法》的颁布为标志，我国初步建立并逐步完善了有关票据业务的法规和制度，对再贴现政策作了比较大的调整。此间，大幅下调了再贴现利率，改进与完善了贴现利率的生成机制。

（3）1999年10月至今是票据市场快速发展阶段。在这一时期，票据业务一直发展迅速，业务总量成倍增长。1999—2002年，每年商业汇票的签发、承兑量不断刷新，2002年全国商业票据签发量达到16 139亿元；金融机构办理的票据贴现量达到23 073亿元（含部分转贴现）；同期，商业汇票未到期金额增加到7 347亿元。

2002年末，中国工商银行率先完成全国性票据营业部战略部署，建行、中行、农行也纷纷跟进成立总行级票据中心或票据贴现窗口。四大国有商业银行全面进入票据贴现市场。中小金融机构也开始把票据贴现业务作为提高竞争能力和盈利水平的重要工具，着手进入票据贴现市场，如招商银行、民生银行、广发银行等。

知识链接

票据贴现与票据承兑的区别

票据贴现是指持票人为了资金融通的需要而在票据到期前以贴付一定利息的方式向银行出售票据。对于贴现银行来说，就是收购没有到期的票据。其贴现期限短，一般不超过6个月，而且可以办理贴现的票据也仅限于已经承兑并且尚未到期的商业汇票。

票据承兑是指汇票的付款人承诺负担票据债务的行为。承兑为汇票所独有。汇票的发票人和付款人之间是一种委托关系，发票人签发汇票，并不等于付款人就一定付款，持票人为确定汇票到期时能得到付款，在汇票到期前向付款人进行承兑提示。如果付款人签字承兑，那么他就对汇票的到期付款承担责任，否则持票人有权对其提起诉讼。

【技能实训】

每四人分为一个小组，组成公司。老师指定四人成立银行。现各公司经营出现资金紧张的情况，有一批汇票尚未到期，请公司委托人员到银行办理贴现业务。由双方共同商讨贴现率以及贴现期。

项目3　国库券与国债回购市场

【案例导入】

近日，湖北省孝感市中级人民法院赔偿委员会审结了一起国家赔偿纠纷案件，依法保护了当事人的合法权益，收到了较好的社会效果。

赔偿请求人方合苟，男，现年57岁。方合苟于1995年1月上旬在武汉市购进一批1992年的国库券，准备到四川省成都市进行交易。于11日登机时，被湖北省管理局公安处查获，当场扣押了所携带的38.5万元国库券，并被拘留审查。之后，该案被移交给云梦县公安局处理。该局将方合苟继续拘留审查，并按投机倒把罪将38.5万元国库券收缴。

2002年10月，云梦县公安局以方合苟涉嫌变造国家有价证券罪为由将其刑事拘留，同年12月经云梦县人民检察院批准将方合苟逮捕。在提起公诉后的庭审中，云梦县人民检察院因证据不足提出撤诉。2003年12月云梦县人民检察院作出不起诉决定。

方合药于2004年6月提出国家赔偿申请，孝感市中级人民法院赔偿委员会受理后，因云梦县人民检察院又以方合药涉嫌非法经营罪将其逮捕，并再次向云梦县人民法院提起公诉，该赔偿案被中止审理。

该刑事案件经孝感市中级人民法院二审终审认定，方合药倒卖国库券的行为属于违法进行证券买卖的行为，不属于非法经营证券业务的行为。方合药的行为不符合刑法规定的非法经营罪的要件，不构成非法经营罪，方合药无罪。

2006年1月，方合药申请恢复对赔偿案的审理，并提出由云梦县公安局返还国库券本金及利息76万元；收取的取保候审保证金1 000元及看守所收取的生活费3 800元；因申诉的交通费、邮电费和打印费2万元；精神损害赔偿金等。云梦县人民检察院赔偿因错误批准逮捕致其人身被羁押321日的人身赔偿金；因申诉的交通费、邮电费及精神损害赔偿金；并要求消除影响、恢复名誉、赔礼道歉。

在审理中，赔偿委员会依据本案的事实，辨是非，讲道理，并组织方合药与云梦县公安局双方进行协商，最后由双方达成赔偿协议：由云梦县公安局返还方合药1992年国库券等值24万元人民币（不含1997年6月已退还的96 250元）；返还收取方合药取保候审保证金1 000元及看守所收取的生活费3 800元；补偿方合药因信访申诉所花费的交通费、打印费及误工费计2万元。三项合计264 800元。在该款项交由方合药后，方合药已书面提出撤回国家赔偿请求的申请，并表示就此息诉罢访。

因方合药与云梦县人民检察院之间的赔偿请求差距较大，经多次做协议赔偿工作无果。孝感市中级人民法院赔偿委员会认为，刑事二审裁定是对方合药取得国家赔偿一案的依法确认。该裁定对方合药倒卖国库券的行为定论为“违法进行证券买卖”的行为，即该行为在行为时是违反了《中华人民共和国国库券条例》的相关规定，而并非定论为属于违法犯罪行为。由于方合药在倒卖国库券案发后，办案机关既未移送由行政机关按照行政办案程序依法处理又未按司法办案程序及时依法处理。在刑法修订后，云梦县人民检察院仍以1997年修订刑法时已取消了的投机倒把罪进行抗辩，认为方合药在案发时构成投机倒把罪，既不符合现代的司法理念，也与已生效的人民法院的判决和裁定相违背。在本案中，亦不存在国家不应当承担赔偿责任的法定情形。故此，云梦县人民检察院应当承担错误逮捕方合药的赔偿责任，公安机关应当承担拘留审查方合药的人身被羁押的赔偿责任。

（资料来源：买卖国库券不犯罪　老汉获国家赔偿．法律百宝箱，2011－02－18，http：//www. lawbox. cn/2011/0218/99830. html.）

【任务互动】

在老师的组织下，讨论如下问题：

1. 为什么买卖国库券不被认定为犯罪？
2. 公安机关的不当作为主要有哪些表现？
3. 请同学们对国库券进行尝试性定义。
4. 从本案中我们可以获得什么启示？

一、国库券市场的概念

国库券市场即国库券发行与流通所形成的市场。国库券是为解决国库资金周转困难而发行的短期债务凭证，期限短，流动性强；国库券发行频率高，但存量可观；国库券发行一般采用间接发行方式由金融机构承销；国库券安全性好，收益率合理且可以免税。因此，国库券市场交易活跃，既是投资者的理想场所，也是商业银行调节流动性和中央银行公开市场操作的场所。

二、国库券的特点

1. 其利率是市场利率变动情况的集中反映

国库券利率与商业票据、存款证等有密切的关系，国库券期货可为其他凭证在收益波动时提供套期保值。

2. 流动性强

国库券有广大的二级市场，易手方便，随时可以变现。

3. 信誉高

国库券是政府的直接债务，对投资者来讲是风险最低的投资，众多投资者都把它作为最好的投资对象。

4. 收益高

国库券的利率一般虽低于银行存款或其他债券，但由于国库券的利息可免交所得税，故投资国库券可获得较高收益。

三、国债种类及其特点

国债分为凭证式国债和记账式国债。

1. 凭证式国债

凭证式国债是一种国家储蓄债，可从记名、挂失，以“凭证式国债收款凭证”记录债权，不能上市流通，从购买之日起计息。在持有期内，持券人如遇特殊情况需要提取现金，可以到购买网点提前兑取。提前兑取时，除偿还本金外，利息按实际持有天数及相应的利率档次计算，经办机构按兑付本金的2‰收取手续费。凭证式国债分为纸质凭证式国债和电子记账凭证式国债两种。凭证式国债具有类似储蓄，又优于储蓄的特点，通常被称为储蓄式国债，是以储蓄为目的的个人投资者理想的投资方式。与储蓄相比，凭证式国债的主要特点是安全、方便、收益适中。具体说来是：凭证式国债虽不能上市交易，但可提前兑取，变现灵活，地点就近，投资者如遇特殊需要，可以随时到原购买点兑取现金（有一定的手续费）。凭证式国债通过各银行储蓄网点和财政部门国债服务部面向社会发行，主要面向老百姓，从投资者购买之日起开始计息，可以记名、挂失，但不能上市流通。

2. 记账式国债

记账式国债是指没有实物形态的票券，投资者持有的国债登记于证券账户中，投资者仅取得收据或对账单以证实其所有权的一种国债。在我国，上海证券交易所和深圳证券交易所已为证券投资者建立电脑证券账户，因此，可以利用证券交易所的系统来发行债券。我国近年来通过沪、深交易所的交易系统发行和交易的记账式国债就是这方面的实例。如果投资者进行记账式债券的买卖，就必须在证券交易所设立账户。所以，记账式国债又称无纸化国债。记账式国债可以记名、挂失，以无券形式发行可以防止证券的遗失、被窃与伪造，安全性好，可上市转让，流通性好；期限有长有短，上市后价格随行就市，有获取较大收益的可能，一般其收益高于凭证式国债，但同时也伴随有一定的风险。

3. 凭证式国债和记账式国债的主要区别

买凭证式国债就跟存银行定期一样，它的收益率就是国债的利率，如果某期国债票面利率是4%，3年期的；那么3年里每年你的收益率就是4%，用本金×4%就可以计算出每年你得的收益。凭证式国债跟银行定期一样，提前赎回利息会是惩罚性的低利息，还要支付手续费。

买记账式国债跟买卖股票一样，它的价格是上下浮动的，收益率计算公式是：（卖出国债收益－买入国债成本）/买入国债成本×100%。简单地说，就是卖出赚的减去你买进花费的，如果得数是正就是你赚的，为负数就是你亏损的。但记账式国债也可以一直持有到期，国家按面值100元/张赎回。

四、中国发行国库券的历史

中国发行国库券的历史不长，只有50多年的历史。1950年国家发行了最早的国家债券“人民胜利折实公债”，人民胜利折实公债的单位定名为“分”，第一期公债总额为1亿分，于1月5日开始发行，公债年息5厘。第二期因国家财政经济状况好转，停止发行。公债票面分为：一分、十分、一百分、五百分四种。1950年公债的发行拉开了中国发行国库券的序幕。早期公债的发行，是新中国成立初期为了支援解放战争，迅速统一全国，以利于安定民生，恢复和发展经济，中央人民政府采取的重要金融措施。此后中央财政部于1954年至1958年之间又发行了“国家经济建设公债”。到了1958年这个特殊的年代，国家的经济秩序由于“大跃进”、“浮夸风”被打乱，国债被迫暂停。直到1981年国家才恢复国债的发行。

1981年至1996年的十多年内，发行的国库券都是实物券，面值有1元、5元、10元、50元、100元、1 000元、1万元、10万元、100万元等。

1992年国家开始发行少量的凭证式国库券，1997年开始就全部采用凭证式和证券市场网上无纸化发行。但在国库券恢复发行之初的20世纪80年代，很多人对国库券和当初发行的股票一样认识不清，那时发行采用摊派的形式。进入20世纪90年代，人们逐渐对国库券有了认识，国库券采用承销包销方式发行。国库券的发行也走了一条曲折的道路。自1998年开始，我国停止了票面式国库券的发行。

五、国债回购市场的概念

国债回购市场是国债持有者可以方便地进行低成本融资的场所，是短期资金进行投资的安全场所，也是央行进行公开市场操作和执行货币政策的场所，国债回购也增加了国债的流动性。

国债回购最早是作为短期融资的金融创新工具，于20世纪60年代出现于美国。经过40年的发展，国债回购市场规模不断扩大，市场体系日趋完善，目前已具有短期融资、形成市场基准利率以及传导货币政策三大功能，成为美国最具代表性的货币市场。

六、国债回购市场的意义

中国国债回购市场是随着国债发行规模的扩大而逐步建立起来的。目前的市场类型主要包括：上海证券交易所和深圳证券交易所中形成的国债回购市场；天津、武汉、大连等各地证券交易中心形成的市场；银行间国债回购市场以及市场参与人直接联系形成的场外市场。

对中国来说，国债回购市场的建立有其特殊意义。由于中国国库券市场尚未建立，公开市场业务的操作工具匮乏，从而导致国库券市场传导中央银行货币政策、体现货币当局政策意图的作用难以发挥，国债回购市场有效地弥补了这一不足，可以有效地调节市场上的货币供应量，实现货币政策目标。

七、我国国债回购市场发展历史

中国的国债回购业务始于1991年。时值上海证券交易所和全国证券交易自动报价系统（STAQ系统）成立不久，跨地区、有组织、规范化的国债交易刚刚起步。在此之前，“国债发行难”的问题已十分突出。为提高国债的流动性，经过一段时期的准备，STAQ系统于1991年7月宣布试办国债回购交易。当年9月14日，在两家STAQ系统的会员公司之间，完成了第一笔回购交易。在STAQ系统的回购交易的带动下，国债交易在有组织的市场中低迷徘徊的局面逐步得到扭转。

继STAQ系统之后，1992年，武汉证券交易中心也推出了国债回购业务。其后，随着国债发行规模的扩大、国债期货试点的推出以及国债现货市场的日趋活跃，国债回购业务有了长足的发展。当年，中国其他的主要证券交易场所，包括上海证券交易所、深圳证券交易所、天津证券交易中心等，都先后开办了国债回购业务。在发展过程中，用于回购的标的物也扩展了范围，它不仅包括国债，还包括金融机构债券以及在各证券交易中心上市的基金凭证。简而言之，中国国债回购市场虽然只有短短十几年的历史，但发展却十分迅速。

知识链接

1. 国库券的样本

2. 国债期货

国债期货是指通过有组织的交易场所预先确定买卖价格并于未来特定时间内进行钱券交割的国债派生交易方式。国债期货属于金融期货的一种，是一种高级的金融衍生工具。它是在20世纪70年代美国金融市场不稳定的背景下，为满足投资者规避利率风险的需求而产生的。

期货交易是一种复杂的交易方式，它具有以下不同于现货交易的主要特点：①国债期货交易不牵涉到国债券所有权的转移，只是转移与这种所有权有关的价格变化的风险。②国债期货交易必须在指定的交易场所进行。期货交易市场以公开化和自由化为宗旨，禁止场外交易和私下对冲。③所有的国债期货合同都是标准化合同。国债期货交易实行保证金制度，是一种杠杆交易。④国债期货交易实行无负债的每日结算制度。⑤国债期货交易一般较少发生实物交割现象。

【技能实训】

券商违规操作自曝家丑　谁为9 000万元国债失踪埋单

这是数年前承办的一起巨额国债回购纠纷案。因此案暴露出来的证券公司以各种方式挪用客户保证金、交易缺乏书面指令、违规国债回购、庄家操盘操纵股市、金融机构资金监管虚置等诸多问题，至今仍让人心有余悸。近来本人所承办的宏源证券原总裁李某贪污、受贿案亦由中纪委调查建“老鼠仓”所引发。证券市场存在的诸多问题，确实需要花大精力整治。

2010年3月17日，一桩围绕9 000余万元国债“失踪”的谜案在北京市第一人民中级法院开庭审理。原告××农信社起诉被告××证券太平桥大街营业部擅自出卖其市值9 000余万元的国债，而××证券太平桥大街营业部却反诉××农信社涉嫌违规国债回购炒股票。由于双方证据有待核实，法院并没有立下结论。但该案疑点很多，到底是谁为9 000万元国债“失踪”埋下了祸根似乎迷雾重重。

疑点一：

9 000余万元国债“偷偷”被卖，证券营业部国债交易居然没有记录。

祸根一：券商违规操作自曝家丑

原告农信社表示，其与被告签订的协议只是普通的委托交易关系，被告在没有经原告授权许可的情况下不得擅自买卖国债。但据原告叙述，2006年6月28日至2006年7月2日，被告××证券太平桥大街营业部却在未接到原告任何交易指令的情况下把原告委托其经营的国债全部低价卖出。原告提供的证据是《证券法》第一百四十五条规定，国债交易必须有客户的委托书。奇怪的是，被告××证券太平桥大街营业部不仅没有原告的委托证据，连这笔交易的记录也没有。

××证券太平桥大街营业部在国债交易环节上的疏漏是显而易见的。目前各证券公司营业部国债交易的委托方式有电话委托、网上委托和书面委托等多种形式，甚至双方打个招呼都可以，但每笔交易不管是否成交都必须有记录，这是代理客户交易的买卖凭证。业内人士认为，目前券商的声誉如此之差，与其违规操作有很大关系。

疑点二：

一系列中间人牵扯其中，农信社涉嫌违规国债回购炒股。

祸根二：违规国债回购歪风难刹

被告××证券有限公司代理人吕某称，有证据表明，农信社和几家单位签订了投资国债协议书，运用国债回购手段将资金运用于股市上，以期赚取高额回报。但由于在股市上将这笔钱全部赔进，农信社则运用转嫁风险的手段将证券公司告上法庭。××证券有限责任公司董事会办公室法律事务部韩某向记者透露：“我们已经向公安机关报案，有关经侦人员已经介入调查。”而××农信社则认为被告提到的证据与本案无关。

国债回购的黑洞吞噬了不止一家证券公司，富友证券倒下了，新华证券倒下了，南方证券倒下了，爱建证券倒下了……都与违规国债回购有关。而农信社参与国债回购更是监管层明令禁止的。早在2003年9月底，对于农信社资金参与国债回购的现象，银监会单独以“急件”的形式向各地银监办下发了加强监管的“通知”，“严禁农信社在证券交易所进行回购和现券交易”；“严禁以协议国债、融券、虚假债券回购、虚假代保管和购买股票等形式进行投资”。

在老师的组织下，讨论并回答如下问题：

1. 重温国债回购的概念。
2. 进一步熟悉我国国债回购的发展历史。
3. 从本案中我们可以获得什么启示？

（资料来源：吕良彪博客，http：//blog. china. com. cn/lvliangbiao/art/3308892. html.）

【模块小结】

在本模块中，我们围绕短期货币市场的三个主要市场：同业拆借市场、票据贴现市场和国库券与国债回购市场的特点、类别、功能与作用进行了初步的探讨与学习。通过学习，同学们应该形成对前述三个市场的清晰认识，并着重了解在实际经济生活中广泛存在的贴现行为，掌握相关的计算方法；应能运用本模块的理论知识对有关金融案例进行分析，提高自己判断金融现象、找出其中规律和特点的能力。

【练习题】

一、单项选择题

1. 同业拆借的首要原则是（　　）。

A. 协商性原则　　B. 公平自愿原则

C. 强制性原则　　D. 自主性原则

2. 各银行在日常经营活动中会经常发生头寸不足或盈余的情况，为此产生的资金折借交易通常被称为（　　）。

A. 银行同业拆借

B. 银行与其他金融机构之间的资金拆借

C. 银行与企业及其他金融机构之间的资金拆借

D. 中央银行与地方银行之间的资金拆借

3. 同业拆借市场的间接作用在于（　　）。

A. 同业拆借市场利率通常被当作同期贷款利率

B. 同业拆借市场利率通常被当作基准利率

C. 同业拆借市场利率被当作存款利率

D. 同业拆借市场利率被当作存款准备金率

4. 同业拆借市场最早出现于上世纪20年代的（　　）。

A. 美国　　B. 德国

C. 英国　　D. 法国

5. 商业汇票的持票人向银行办理贴现业务，必须具备的首要条件是（　　）。

A. 提供有效身份证明

B. 有资金担保

C. 企业法人以及其他组织在银行开立存款账户

D. 提供抵押品

6. 某企业2011年4月5日获得不带息期限为九个月的商业汇票一张。当月25日持票向银行办理贴现手续。假定月贴现率为3%，该企业的贴现利息是（　　）。

A. 1 000元　　B. 2 000元

C. 3 000元　　D. 4 000元

7. 以下各项中哪一项不是国库券的特点（　　）。

A. 其利率集中反映市场利率变动情况　　B. 流动性强

C. 收益高　　D. 稳定性差

8. 可以记名、挂失的国家储蓄债，被称为（　　）。

A. 凭证式国债　　B. 债券式国债

C. 可转换性国债　　D. 不可转换性国债

9. 目前的国债回购市场类型不包括（　　）。
   A. 上海证券交易所和深圳证券交易所中形成的国债回购市场
   B. 银行间国债回购市场以及市场参与人直接联系形成的场外市场
   C. 港澳地区国债回购市场
   D. 天津、武汉、大连等各地证券交易中心形成的市场

10. 不能上市交易的国债称为（　　）。
   A. 记账式国债　　B. 凭证式国债
   C. 无纸化国债　　D. 电子式国债

二、多项选择题

1. 同业拆借市场具有以下特点（　　）。
   A. 融通资金的期限一般比较短
   B. 参与拆借的机构基本上是在中央银行开立存款账户，交易资金主要是该账户上的多余资金
   C. 同业拆借资金主要用于短期、临时性需要
   D. 利率比较低

2. 同业拆借的基本原则是指（　　）。
   A. 自主性原则　　B. 偿还性原则
   C. 短期性原则　　D. 协商性原则

3. 短期拆借市场的特点是（　　）。
   A. 利率多变　　B. 拆借期限不固定
   C. 随时可以拆出　　D. 随时偿还

4. 同行拆借市场的支付工具主要有（　　）。
   A. 本票　　B. 股票
   C. 支票　　D. 承兑汇票

5. 头寸可以划分为（　　）。
   A. 多头头寸　　B. 空头头寸
   C. 净头寸　　D. 可转让头寸

6. 按照中国人民银行的规定，下列金融机构可以向中国人民银行申请进入同业拆借市场的有（　　）。
   A. 政策性银行　　B. 中资商业银行
   C. 外商独资银行、中外合资银行　　D. 应收账款回收公司

7. 根据票据的不同，票据贴现可分为（　　）。
   A. 银行票据贴现　　B. 股票贴现
   C. 债券及国库券贴现　　D. 商业票据贴现

8. 商业汇票的持票人向银行办理贴现业务必须具备下列条件（　　）。
   A. 在银行开立存款账户的企业法人以及其他组织
   B. 与出票人或者直接前手具有真实的商业交易关系

C. 所持有关单据必须真实可信

D. 提供与其直接前手之前的增值税发票和商品发运单据复印件

9. 国库券的特点可概括为（　　）。

A. 其利率集中反映市场利率变动情况　B. 流动性强

C. 信誉高　D. 收益高

10. 与储蓄相比，凭证式国债的主要特点是（　　）。

A. 安全　B. 方便

C. 易于在国外市场交易　D. 收益适中

三、判断题

1. 同业拆借市场，是指金融机构之间以货币借贷方式进行短期资金融通活动的市场。（　　）

2. 银行同业拆借市场的交易活动一般没有固定的场所，主要通过电讯手段成交。期限按日计算，有3日、5日、7日不等，一般不超过1个月，最长期限为120天。（　　）

3. 本票是同行拆借市场的支付工具之一。（　　）

4. 如果暂时未用的款项大于需用量时称为“头寸松”，如果资金需求量大于闲置量时就称为“头寸紧”。（　　）

5. 同业拆借交易应遵循公平自愿、诚信自律、风险自担的原则。（　　）

6. 可用以贴现的票据主要是经过背书的汇票和经过承兑的本票。（　　）

7. 在办理贴现业务的过程中，承兑人在异地的，贴现、转贴现和再贴现的期限以及贴现利息的计算应另加3天的划款日期。（　　）

8. 我国的票据业务起步于1981年，该年上海等地开始试行商业汇票承兑与贴现业务。（　　）

9. 国库券市场交易通常不够活跃，所以并非投资者的理想场所，但却是商业银行调节流动性和中央银行公开市场操作的场所。（　　）

10. 国库券的利率一般低于银行存款或其他债券，所以收益较低是国库券的基本特点之一。（　　）

四、案例分析题

杭州900亿元非法票据贴现案波及上海

杭州的一家特大不法票据窝点落网，业内认为这很可能是地下“票据经纪”行业的一次洗牌，甚至会牵出更多货币市场违规后续。而眼下，杭州的“地震”，两天之内已经火速波及上海市场。

“我打了整整两天电话，所有原来做‘光贴’的公司都突然不接单子了。”从事机械贸易的赵姓总经理昨日告诉《第一财经（微博）日报》的记者。

记者随即自称有1 000万元“光票”业务，以该贸易公司财务总监身份致电几家民间地下“票据经纪”公司，所得到的答复佐证了赵总所述。其中一家“票据经纪”公司负责人向本报记者坦言，“光贴”现在在风口浪尖上，没有谁会愿意为了蝇头小利冒险坐牢。

地下利率跳涨

“光贴”，是业内对“光票贴现”的习惯性称法，即企业在银行承兑汇票贴现过程中没有在贴现银行开户，而是将票据背书给了一个“有名无实”的企业，再从该“企业”账上周转获得贴现款。

因信贷紧缩，在过去一年间，很多贸易类企业以从银行开承兑汇票的形式来补充实际“流贷”需求，已是业内公开的秘密。开票企业其实并无与银票金额相当的真实贸易需求，于是“制造”贸易背景的地下“光贴”市场发展蓬勃。

有票据行业权威人士此前向本报记者透露，在2011年全国约25万亿元的银票贴现总量中，至少有30%是通过“包装户”进行的非法“光贴”。

据本报记者了解，“光贴”模式为：A企业有银票套现需求，就将“光票”（空白票据）交由B企业买入。B企业实际操控着C企业，B、C企业在同一实际控制人之下，以虚假发票、贸易合同等手段伪造出相互间上下手的贸易，由此迎合银行合规审查，获得贴现资金。业内往往将B、C企业称为“包装户”，这也是地下“票据经纪”的业务之一，从中牟取贴现差价。

上述赵姓总经理告诉本报记者，地下银票贴现一直存在着两种贴现价，能够提供贸易发票的，价格便宜；什么都提供不了，只“卖”一张“光票”的，价格贵。

在记者反复向上述地下“票据经纪”负责人表示急缺流动资金之后，该负责人建议记者把“1 000万元”打散成几个“几百万元”去贴现，因为“大面额查得很紧”。

在贴现价格方面，他让记者有心理准备。据悉，因为缺少承接“光贴”业务的地下公司，上海的民间贴现利率已经跳涨。即使还有公司愿意铤而走险收票，“光贴”的半年期银票报价已经涨超5%。一个月前，这个价格还在4%至4.5%之间。

润银“失火”

沪上“包装户”的集体关门谢客，导火线是百里外的杭州破获涉案金额900亿的非法票据贴现案，案件中落网的窝点“大头”是一家名为“润银”的“投资管理”公司。

本报从杭州市公安局警察公共关系处获得的消息称，杭州公安7月10日对31个票据贴现窝点统一行动，共抓获涉案人员254人，冻结涉案账户4个，资金1.6亿余元，查扣用于贴现的承兑汇票107份、票面金额9.4亿余元以及大量用于开展非法票据贴现业务的账册资料等凭证，初步核查涉案非法经营额达900余亿元。

坊间有消息称，此次的打击重点正是润银，因警方在数月前侦办一起金融诈骗案的过程中就已经发现互联网上招揽非法银票贴现的信息，从而盯上了润银。

本报另从当地某接触过润银的人士处获悉，杭州警方整个行动中冻结的资金绝大部分都是润银的，此外还有一批作案用银票复印件、公章的。他透露，润银老板林岗“欧洲杯”期间人在欧洲，刚回杭州召集公司高管开会当日就被逮个正着，一起被抓的高管有45名。

而让上海整个地下票据行业皆人心惶惶的是，润银的总部并非设在杭州，而是上海。润银在杭州只有财务部、业务部和同业部，上海才是中心，北京、南京、深圳均有分公司。

据浙江媒体披露，当地经侦在6月已查清，润银在萧山的独立部门从2007年就开始经营银票贴现业务，最近该公司每天非法贴现金额在3亿元至5亿元之间。

该媒体并称，单是润银一家的非法票据业务涉案金额就有800多亿元。“一旦对这批涉案票据追究起来，会有更多窝点、各家银行蹚进浑水，上海肯定有不少。”上述人士称。

规范？洗牌？

对于地下票据交易市场的危害，杭州警方表示，部分人反复循环开票、倒买倒卖、贴现赚取息差，导致银行存贷规模被无限放大，使政府和监管部门对金融形势造成误判，不利于政府的宏观调控手段的运用，严重扰乱了国家的金融秩序，对经济和社会安全稳定构成严重威胁。

然而，上述接近润银的人士却表示，落网的林岗实际已经有逐步向规范操作靠拢的意图。事实上，在民间金融的很多领域，出现了不少公司从灰色地带起家，做大后逐渐规范“洗白”的现象。

另据某银行一名不愿透露姓名的票据营业部研究人士向本报表示，监管打击灰色票据的方式有待商榷。他认为，那些“伪造”（票据本身是假的）、“变造”（票据内容涂改）票据者应以严打，但仅是帮助中小企业虚构贸易背景者，惩治力度可酌情减轻。

在他看来，监管不宜以管理信贷的思路来管理货币市场。既然票据在实际签发中已经被默认为信贷，那未经承兑的变现实际是进入二级市场，而浙江的中小企业也已经适应了“光贴”融资方式。

不过，金融法治铁面无私。杭州警方表示，《刑法修正案（七）》对此类“非法从事资金支付结算业务”的已作了规定，因此可依法对非法从事承兑汇票贴现的行为予以严打。

顺此思路，一旦地下票据大鳄润银倒下，票据市场将如何发展？上述研究人士称，第一种可能是“杀鸡儆猴”，至少对长三角一带的票据市场起到净化清理作用；但更可能的结果是地下票据行业洗牌，只要上游源自银行的“以票代贷”仍存，“光贴”市场需求将不会减少，那些眼下中等规模的地下作坊将趁势壮大。

（资料来源：中国危机公关网，2012-07-13，http：//www.fbi8341.com/index.hph/zuixin/zx_ show/id/10118/pages/2.）

请根据上述案情，在老师的引导下，思考和回答如下问题：

1. 什么是“光贴”？有何危害？

2. 票据贴现的正常程序是什么？

3. 从本案中我们可以获得什么启示？

模块五　外汇市场

【知识目标】

1. 外汇的基本含义
2. 汇率的基本含义
3. 汇率标价方式及分类
4. 外汇市场的基本含义
5. 外汇市场的主要参与者和特点
6. 外汇交易的基本含义
7. 外汇交易的时间表和交易种类
8. 外汇交易未来发展趋势
9. 汇率风险的基本含义
10. 汇率风险的种类
11. 影响汇率变动的因素
12. 汇率风险的管理方式及未来的发展趋势
13. 企业汇率风险管理方式

【技能目标】

1. 初步认识外汇与汇率的基本概念，会辨别汇率标价方式
2. 懂得外汇交易的基本概念及方式，学会汇率风险管理方式

项目1　外汇与汇率

【案例导入】

备受关注的欧盟峰会终于向市场传来利好消息，周五（6月29日）亚市早盘，因范龙佩称欧盟领导人同意创设欧元区银行业单一监管机构，并允许银行直接通过欧元区援助基金进行资本重组，令市场憧憬欧盟领导人将在解决危机方面采取更多举措。受此影响，欧元带动主要非美货币全面上涨，涨势惊人。在范龙佩讲话后，欧元兑美元自1.245 0附近强势跳涨至1.262 0一线，目前徘徊在1.260 0附近。英镑兑美元也自1.552 0附近上涨100个点左右。澳元兑美元自1.005 0下方附近上涨触及1.015 0上方。

【任务互动】

请大家思考并讨论如下问题：

1. 世界上主要非美货币有哪些？

2. 世界上主要非美货币有哪些标价方式？

一、外汇的概念

外汇，就是外国货币或以外国货币表示的能用于国际结算的支付手段。我国 1996 年颁布的《外汇管理条例》第三条对外汇的具体内容作出了规定，指出外汇是：①外国货币，包括纸币、铸币；②外币支付凭证，包括票据、银行的付款凭证、邮政储蓄凭证等；③外币有价证券，包括政府债券、公司债券、股票等；④特别提款权、欧洲货币单位；⑤其他外币计值的资产。以下以美元为例加以简要说明：

美元货币特征：

货币名称：美元（United States Dollar）

发行机构：美国联邦储备银行（U. S. Federal Reserve Bank）

货币符号：USD

辅币进位：1 美元 = 100 美分（Cents）

钞票面额：1 元、2 元、5 元、10 元、20 元、50 元、100 元七种。以前曾发行过 500 元和 1 000 元面额的大面额钞票，现在已不再流通。辅币有 1 分、5 分、10 分、25 分、50 分等。

二、汇率的概念

（一）汇率的定义

汇率又称汇价，指一国货币以另一国货币表示的价格，或者说是两国货币间的比价。

在外汇市场上，汇率是以五位数字来显示的，如：

欧元 EUR 1. 249 0

英镑 GBP 1. 553 7

瑞士法郎 CHF 0. 961 0

汇率的最小变化单位为一点，即最后一位数的一个数字变化，如：

欧元 EUR 0. 000 1

英镑 GBP 0. 000 1

瑞士法郎 CHF 0. 000 1

按国际惯例，通常用三个英文字母来表示货币的名称，以上中文名称后的英文即为该货币的英文代码。

（二）汇率的标价方式

1．直接标价法

直接标价法，又叫应付标价法，是以一定单位（1、100、1 000、10 000）的外国货币为标准来计算应付出多少单位的本国货币，相当于计算购买一定单位外币所应付多少本币，所以叫应付标价法。包括中国在内的世界上绝大多数国家目前都采用直接标价法。在国际外汇市场上，日元、瑞士法郎、加元等均为直接标价法，如日元 79. 950 即 1 美元兑 79. 950 日元。

在直接标价法下，若一定单位的外币折合的本币数额多于前期，则说明外币币值上升或本币币值下跌，叫做外汇汇率上升；反之，如果要用比原来较少的本币即能兑换到同一数额的外币，这说明外币币值下跌或本币币值上升，叫做外汇汇率下跌，即外币的价值与汇率的涨跌成正比。

2．间接标价法

间接标价法又称应收标价法。它是以一定单位（1、100、1 000、10 000）的本国货币为标准，来计算应收若干单位的外国货币。在国际外汇市场上，欧元、英镑、澳元等均为间接标价法，如欧元 0. 970 5，即 1 欧元兑 0. 970 5 美元。

在间接标价法中，本国货币的数额保持不变，外国货币的数额随着本国货币币值的对比变化而变动。如果一定数额的本币能兑换的外币数额比前期少，这表明外币币值上升，本币币值下降，即外汇汇率下降；反之，如果一定数额的本币能兑换的外币数额比前期多，则说明外币币值下降，本币币值上升，即外汇汇率上升，即外币的价值和汇率的升跌成反比。

外汇市场上的报价一般为双向报价，即由报价方同时报出自己的买入价和卖出价，由客户自行决定买卖方向。买入价和卖出价的价差越小，对于投资者来说意味着成本越低。银行间交易的报价点差正常为 2 ~3 点，银行（或交易商）向客户的报价点差依各家情况差别较大，目前国外保证金交易的报价点差基本在 3 ~5 点，香港在 6 ~8 点，国内银行实盘交易在 10 ~40 点不等。

三、外汇市场的概念

外汇市场是指由银行等金融机构、自营交易商、大型跨国企业参与的，通过中介机构或电讯系统联结的，以各种货币为买卖对象的交易市场。它可以是有形的，如外汇交易所；也可以是无形的，如通过电讯系统交易的银行间外汇交易。据国际清算银行最新统计显示，国际外汇市场每日平均交易额约为 1. 5 万亿美元。

每个市场都有其固有的特点，但所有市场都有共性。各市场被距离和时间所隔，它们敏感地相互影响又各自独立。一个中心每天营业结束后，就把订单传递到别的中心，有时就为下一市场的开盘定下了基调。这些外汇市场以其所在的城市为中心，辐射周边的其他国家和地区。由于所处的时区不同，各外汇市场在营业时间上此开彼关，相跟着挂牌营业，它们相互之间通过先进的通讯设备和计算机网络连成一体，市场的参与者可以在世界各地进行交易，外汇资金流动顺畅，市场间的汇率差异极小，形成了全球一体化运作、全天候运行的统一的国际外汇市场。

其简单情况可见下表：

表 1　国际外汇市场时间表

地　区	城　市	开市时间（GMT）	收市时间（GMT）
亚　洲	悉　尼	11：00	19：00
	东　京	12：00	20：00
	香　港	13：00	21：00
欧　洲	法兰克福	08：00	16：00
	巴　黎	08：00	16：00
	伦　敦	09：00	17：00
北美洲	纽　约	12：00	20：00

（一）外汇市场的主要参与者

外汇市场的参与者主要包括各国的中央银行、商业银行、非银行金融机构、经纪人公司、自营商及大型跨国企业等。它们交易频繁，交易金额巨大，每笔交易均在几百万美元，甚至千万美元以上。外汇交易的参与者，按其交易的目的，可以划分为投资者和投机者两类。

（二）外汇市场的特点

近年来，外汇市场之所以能为越来越多的人所青睐，成为国际上投资者的新宠儿，这与外汇市场本身的特点密切相关。外汇市场的主要特点是：

1. 有市无场

西方工业国家的金融业基本上有两套系统，即集中买卖的中央操作和没有统一固定场所的行商网络。股票买卖是通过交易所买卖的。像纽约证券交易所、伦敦证券交易所、东京证券交易所，分别是美国、英国、日本股票的主要交易场所。集中买卖的金融商品，其报价、交易时间和交收程序都有统一的规定，并成立了同业协会，制定了同业守则。投资者则通过经纪公司买卖所需的商品，这就是“有市有场”。而外汇买卖则是通过没有统一操作市场的行商网络进行的，它不像股票交易有集中统一的地点。但是，外汇交易的网络却是全球性的，并且形成了没有组织的组织，市场是由大家认同的方式和先进的信息系统所联系的，交易商也不具有任何组织的会员资格，但必须获得同行业的信任和认可。这种没有统一场地的外汇交易市场被称之为“有市无场”。全球外汇市场平均每天有上万亿美元的交易，如此庞大的巨额资金，就是在这种既无集中的场所又无中央清算系统的管制，以及没有政府的监督下完成清算和转移的。

2. 循环作业

由于全球各金融中心的地理位置不同，亚洲市场、欧洲市场、美洲市场因时间差的关系，连成了一个全天 24 小时连续作业的全球外汇市场。早上 8 点半（以纽约时间为准）纽约市场开市，9 点半芝加哥市场开市，10 点半旧金山开市，18 点半悉尼开市，19 点半东京开市，20 点半香港、新加坡开市，凌晨 2 点半法兰克福开市，3 点半伦敦市场开市。如此 24 小时不间断运行，外汇市场成为一个不分昼夜的市场，只有星期六、星期日以及各国的重大节日，外汇市场才会关闭。这种连续作业，为投资者提供了没有时间和空间障碍的理想投资场所，投资者可以寻找最佳时机进行交易。比如，投资者若在上午纽约市场上买进日元，晚间香港市场开市后日元上扬，投资者在香港市场卖出，不管投资者本人在哪里，他都可以参与任何市场、任何时间的买卖。因此，外汇市场可以说是一个没有时间和空间障碍的市场。

3. 零和游戏

在股票市场上，某种股票或者整个股市上升或者下降，那么，某种股票的价值或者整个股票市场的股票价值也会上升或下降，例如日本新日铁的股票价格从 800 日元下跌到 400 日元，这样新日铁全部股票的价值也随之减少了一半。然而，在外汇市场上，汇价的波动所表示的价值量的变化和股票价值量的变化完全不一样，这是由于汇率是指两国货币的交换比率，汇率的变化也就是一种货币价值的减少与另一种货币价值的增加。比如在 22 年前，1 美元兑换 360 日元，若 1 美元兑换 120 日元，这说明日元币值上升，而美元币值下降，从总的价值量来说，变来变去，不会增加价值，也不会减少价值。因此，有人形容外汇交易是“零和游戏”，更确切地说是财富的转移。近年来，投入外汇市场的资金越来越多，汇价波幅日益扩大，促使财富转移的规模也愈来愈大，速度也愈来愈快，以全球外汇每天 1.5 万亿美元的交易额来计算，上升或下跌 1%，就是 150 亿美元的资金要换新的主人。尽管外汇汇价变化很大，但是，任何一种货币都不会变为废纸，即使某种货币不断下跌，然而，它总会代表一定的价值，除非宣布废除该种货币。

知识链接 1

从 1913 年起美国建立联邦储备制度，发行联邦储备券。现行流通的钞票中 99% 以上为联邦储备券。美元的发行权属于美国财政部，主管部门是国库，具体发行业务由联邦储备银行负责办理。美元是外汇交换中的基础货币，也是国际支付和外汇交易中的主要货币，在国际外汇市场中占有非常重要的地位。

知识链接 2

目前，世界上大约有 30 多个主要的外汇市场，它们遍布于世界各大洲的不同国家和地区。根据传统的地域划分，可分为亚洲、欧洲、北美洲等三大部分，其中，最重要的有欧洲的伦敦、法兰克福、苏黎世和巴黎，美洲的纽约和洛杉矶，澳洲的悉尼，亚洲的东京、新加坡和中国香港等。

知识链接3

投资者和投机者的比较

投资者的获利预期是公司的价值创造，投机者的获利预期是股票的价格波动。举个例子，你经营一家便利店，为的是获得稳定的现金流。只要便利店还能为你提供合理的现金流，并且你没有其他更好的投资途径时，你不会考虑将它转让——虽然在经济景气的时候，你可能会转让一个高一些的价格。你卖掉它的情况可能是，周围的经济环境发生了变化，便利店已经不能提供让你满意的现金流。

你有一部汽车，它能为你的出行提供方便。由于你善于维护，它没什么大毛病。你会不会考虑在二手车价格上涨的时候卖掉它，然后在新车价格回落的时候买一部同样的车呢？一般来说不会。你会在汽车严重损坏，不能再为你的出行提供便利时卖掉它。

所以，除非公司的价值已经不值得继续投资，或者同样的钱可以投到更有价值的公司，投资者不会因为股票价格的变动而卖出公司。而投机者更像是二手货商人，他们也会考虑物品的质量，但他们对物品质量的考虑，不是为了使用这个物品，而是质量好的物品，可以卖个更好的价格。有的投机者也会考虑公司的价值，但他们对价值的考虑不是为了获得稳定的现金流，是因为看起来有价值的公司或许价钱能够卖得更高。由此可以看出，投资和投机的根本区别在于，他们对获利方式的期望不同。投资者期望通过价值创造获得利润，投机者期望通过价格波动获得利润。

沃伦·巴菲特和菲利普·A. 费舍是真正的投资者，虽然他们偶尔也进行一些投机交易，但他们的主要活动是投资行为。本杰明·格雷厄姆和彼得·林奇是投机者，因为他们在著作中明确表示，低买高卖，只是他们使用的是基本面分析方法，所以看起来有些像投资者。大多数的创业投资和基金也是投机者，因为他们的行为也是低买高卖。

【技能实训1】

每四人分为一组，找出世界主要通行货币有哪些？模仿美元货币特征，写出他们的货币特征。

【技能实训2】

每个学生运用直接标价法和间接标价法列出各国货币最新报价。

【技能实训3】

四个同学为一组，以“价值投资与价格投机”为题，讨论自己愿意做投资者还是投机者。每人写出自己的看法，并在全班交流。

项目 2　外汇交易

【案例导入】

自从 1970 年以后，各种货币的汇率波动性显著提高，到 2011 年市场每日全球交易额已达 4 兆美元，成为全球规模最大，流动性最强的金融市场。它无处不在，顺着地球转动，先后于不同时区的市场展开交易，形成一个全天候 24 小时不歇息的交易市场。鉴于这种全球化的性质，外汇投资最大的特点便是不受时空限制，投资人可于平常工作日的任何时间，在任何地点进行交易。

【任务互动】

请大家思考并讨论如下问题：

1. “市场”指的是什么金融市场？

2. 世界上有哪些这样的全球化金融市场？

一、外汇交易的概念

外汇是伴随着国际贸易而产生的，外汇交易是国际间结算债权债务关系的工具。但是，近十几年来，外汇交易不仅在数量上成倍增长，而且在实质上也发生了重大的变化。外汇交易不仅是国际贸易的一种工具，而且已经成为国际上最重要的金融商品。外汇交易的种类也随着外汇交易性质的变化而日趋多样化。

外汇交易主要可分为现钞、现货、合约现货、期货、期权、远期交易等。具体来说，现钞交易是旅游者以及由于其他各种目的需要与外汇现钞者之间进行的买卖，包括现金、外汇旅行支票等；现货交易是大银行之间，以及大银行代理大客户的交易，买卖约定成交后，最迟在两个营业日之内完成资金收付交割；合约现货交易是投资人与金融公司签订合同来买卖外汇的方式，适合于大众的投资；期货交易是按约定的时间，并按已确定汇率进行交易，每个合同的金额是固定的；期权交易是为将来是否购买或者出售某种货币的选择权而预先进行的交易；远期交易是根据合同规定在约定日期办理交割，合同可大可小，交割期也较灵活。

从外汇交易的数量来看，由国际贸易而产生的外汇交易占整个外汇交易的比重不断减少。据统计，目前这一比重只占 1% 左右。那么可以说，现在外汇交易的主流是投资性的，是以在外汇汇价波动中营利为目的的。因此，现货、合约现货以及期货交易在外汇交易中所占的比重较大。

二、外汇交易时间表

外汇市场区别于其他交易市场最明显的一点就是时间上的连续性和空间上的无约束性。换句话说，外汇市场是一个24小时不停止的市场，主要的波动和交易时间在周一新西兰开始上班到周五美国芝加哥下班期间。周末在中东也有少量的外汇交易存在，但基本上可以忽略不计，属于正常的银行间兑换，并非平时的投机行为。所以，综上所述，外汇市场是一个连续不断的交易市场。

在全天24小时中外汇市场每个交易时段都有其自身的规律和特性，所以我们只需要了解它的规律，并在适当的时段采取相应的策略，就可大大提高交易成功率，同时也可避免交易风险。

表2　世界主要外汇交易市场开、收盘时间表

北京时间	各主要外汇市场开市时间分布	根据行情波动细分时段	一般波动点位	详细描述	运动方向	风险与收益
05：00	惠灵顿	行情调整时段	主流货币20~40点；二流货币25点以下	此时段主要是亚洲和澳洲市场活动的时间，由于整体经济实力相对较弱，再加之主要炒作的是欧洲和美洲的货币，所以造成对整个市场的推动力量较小。一般震荡幅度在30点以内，且没有明显的方向。这段行情多为调整和回调行情。一般与当天的方向走势相反，如：若当天走势上涨则这段时间多为小幅震荡的下跌	没有方向小幅振荡居多，多位对前一交易日最后一波行情的回调，所以与当天大势方向一般相悖	风险低、收益低，不适合交易
06：00	惠灵顿、悉尼					
07：00	惠灵顿、悉尼					
08：00	惠灵顿、悉尼、东京					
09：00	惠灵顿、悉尼、东京					
10：00	惠灵顿、悉尼、东京、北京香港					
11：00	惠灵顿、悉尼、东京、北京香港					
12：00	惠灵顿、悉尼、东京、北京香港					
13：00	惠灵顿、悉尼、东京、北京香港	行情酝酿时段	主流货币30~50点；二流货币30点以下	欧洲开市前夕，交易及资金量都会逐渐增加，且此时段也会伴随着一些对欧洲货币有影响力的数据公布。所以此时段也可说是黎明前的黑夜，市场和图形都开始酝酿，这一时段基本上是每天最好的也是第一次的进场时段。波动不会太大，主要是从图形或是从技术上给投资者以暗示	方向一般与当天大势相反，或是作出有效的技术信号支持大家交易	风险中、收益低，适合建仓
14：00	悉尼、东京、北京香港					
15：00	悉尼、东京、北京香港					
15：30	北京香港					

（续上表）

北京时间	各主要外汇市场开市时间分布	根据行情波动细分时段	一般波动点位	详细描述	运动方向	风险与收益
16：00 16：30 17：00 18：00	法兰克福；伦敦　夏令时4月的最后一个星期一开始执行；伦敦　冬令时10月的最后一个星期一开始执行；纽约　夏令时4月的最后一个星期一开始执行；纽约　冬令时10月的最后一个星期一开始执行	行情波动时段	主流货币30～80点；二流货币25～40点	欧洲开始交易，资金量和关注程度增加。这一时段才是每天外汇市场行情的真正开始。在上时段建仓的投资者此时段则可尽获收益了，没有及时交易的，则最好在其已经开始部分行情后不要追势，最好等到回调时再进入	在整体有趋势时顺大方向，在整体为盘整时一般与上一交易日走势方向相反	风险中、收益高，不适合临时建仓
19：00 20：00 20：30		第一次行情波动的调整	20～40点	为欧洲的中午休息和美洲市场的清晨，交易平淡，多为回调上一波行情，是入场的第二次机会	与上时段方向相反，一般与大势无关	风险低、收益低，适合建仓
21：00 22：00 23：00 23：30 24：00		行情主要波动时段	主流货币40～100点；二流货币30～60点	这段时间是美洲市场和欧洲市场同时交易的时段，按照资金和关注性来说是最大的时候，行情波动自然也是最大。一般是大势震荡的真正时刻	符合大势方向	风险高、收益高，不适合临时建仓
00：30 01：00 02：00 03：00 04：00		行情调整或消息时段	有重大消息时100点以上；其余时间50点以内	为美国的下午盘，一般在此时已经走出了较大的行情，这段时间多为对前面行情的技术调整。不过有些很重要的美国数据会在这个时段公布，所以偶尔会出现瞬间大幅波动的情形，建议有重要数据时应及时在此刻平仓出来，来避免风险	方向不确定，多为与前一时段方向相反	风险低或高、收益低，不适合交易

各主要市场交易时间（北京时间）：

悉尼：06：00～15：00

东京：08：00～15：30

香港：09：00～16：00

法兰克福：15：00～23：00

伦敦：15：30～23：30（冬令时间16：30～00：30）

纽约：20：20～03：00（冬令时间21：20～04：00）

每年四月的第一个周一为夏令时时间的开始，每年十月的最后一个周一为冬令时时间的开始。

在中国炒汇的优势：

在中国的外汇交易者拥有别的时区不能比拟的时间优势，就是能够抓住15点到24点的这个波动最大的时间段，其对于一般的投资者而言都是从事非外汇专业的工作，下午5点下班到24点这段时间是自由时间，正好可以用来做外汇投资，不必为工作的事情分心。

三、外汇交易种类

1. 个人外汇交易（实盘交易）

个人外汇交易，又称外汇宝，是指个人委托银行，参照国际外汇市场实时汇率，把一种外币买卖成另一种外币的交易行为。由于投资者必须持有足额要卖出的外币，才能进行交易，国际上较流行的外汇保证金交易缺少保证金交易的卖空机制和融资杠杆机制，因此也被视为实盘交易。

自从1993年12月上海工商银行开始代理个人外汇买卖业务以来，随着我国居民个人外汇存款的大幅增长，新交易方式的引进和投资环境的变化，使得个人外汇买卖业务迅速发展，目前已成为我国除股票以外最大的投资市场。

截至到目前，工、农、中、建、交通、招商、光大等多家银行都开展了个人外汇买卖业务。预计银行关于个人外汇买卖业务的竞争会更加激烈，服务也会更加完善，外汇投资者将享受到更优质的服务。

国内的投资者，凭手中的外汇，到上述任何一家银行办理开户手续，存入资金，即可透过互联网、电话或柜台方式进行外汇买卖。

2. 合约现货外汇交易（按金交易）

合约现货外汇交易，又称外汇保证金交易、按金交易、虚盘交易，指投资者和专业从事外汇买卖的金融公司（银行、交易商或经纪商），签订委托买卖外汇的合同，缴付一定比率（一般不超过10%）的交易保证金，便可按一定融资倍数买卖10万、几十万甚至上百万美元的外汇。因此，这种合约形式的买卖只是对某种外汇的某个价格作出书面或口头的承诺，然后等待价格出现上升或下跌时，再作买卖的结算，从变化的价差中获取利润，当然也承担了亏损的风险。由于这种投资所需的资金可多可少，所以，近年来吸引了许多投资者的参与。

外汇投资以合约形式出现，主要的优点在于节省投资金额。以合约形式买卖外汇，投资额一般不高于合约金额的5%，而得到的利润或付出的亏损却是按整个合约的金额计算的。外汇合约的金额是根据外币的种类来确定的，具体来说，每一个合约的金额分别是

12 500 000日元、62 500 英镑、125 000 欧元、125 000 瑞士法郎，每张合约的价值约为 10 万美元。每种货币的每个合约的金额是不能根据投资者的要求改变的。投资者可以根据自己定金或保证金的多少，买卖几个或几十个合约。一般情况下，投资者利用 1 000 美元的保证金就可以买卖一个合约，当外币上升或下降，投资者的盈利与亏损是按合约的金额即 10 万美元来计算的。有人认为以合约形式买卖外汇比实买实卖的风险要大，但我们仔细地把两者加以比较就不难看出差别所在，请详见以下内容：

假设：在 1 美元兑换 135. 00 日元时买日元

	实买实卖	保证金形式
购入 12 500 00 日元需要	US $ 92 592. 59	US $ 1 000. 00
若日元汇率上升 100 点		
盈利	US $ 680. 00	US $ 680. 00
盈利率	680/92 592. 59 = 7. 34‰	680/1000 = 68%
若日元汇率下跌 100 点		
亏损	US $ 680. 00	US $ 680. 00
亏损率	680/92 592. 59 = 7. 34‰	680/1 000 = 68%

由上可知，实买实卖的与保证金形式的买卖在盈利和亏损的金额上是完全相同的，所不同的是投资者投入的资金在数量上的差距，实买实卖的要投入 9 万多美元，才能买卖 12 500 000日元，而采用保证金的形式只需 1 000 美元，两者投入的金额相差 90 多倍。因此，采取合约形式对投资者来说投入小、产出多，比较适合大众的投资，可以用较小的资金赢得较多的利润。

但是，采取保证金形式买卖外汇特别要注意的问题是，由于保证金的金额虽小，但实际撬动的资金却十分庞大，而外汇汇价每日的波幅又很大，如果投资者在判断外汇走势方面失误，就很容易造成保证金的全军覆没。从上述例子看，同样是 100 点的亏损幅度，投资者的 1 000 美元就亏掉了 680 美元，如果日元继续贬值，投资者又没有及时采取措施，就要造成不仅保证金全部赔掉，而且还可能要追加投资的后果。因此，高收益和高风险是对等的，但如果投资者方法得当，风险是可以管理和控制的。

在合约现货外汇交易中，投资者还可能获得可观的利息收入。合约现货外汇的计息方法，不是以投资者实际的投资金额计算，而是以合约的金额计算。例如，投资者投入 1 万美元作保证金，共买了 5 个合约的英镑，那么，利息的计算不是按投资人投入的 1 万美元计算，而是按 5 个合约的英镑的总值计算，即英镑的合约价值乘以合约数量（62 500 英镑 ×5），这样一来，利息的收入就很可观了。当然，如果汇价不升反跌，那么，投资者虽然拿了利息，也抵不了亏掉的价格变化的损失。

财息兼收也不意味着买卖任何一种外币都有利息可收，只有买高息外币才有利息的收入，卖高息外币不仅没有利息收入，投资者还必须支付利息。由于各国的利息会经常调整，因此，不同时期不同货币的利息的支付或收取是不一样的，投资者要以从事外币交易的交易商公布的利息收取标准为依据。

利息的计算公式有两种：一种是用于直接标价的外币，像日元、瑞士法郎等；另一种用于间接标价的外币，如欧元、英镑、澳元等。

日元、瑞士法郎的利息计算公式为：

合约金额 × 入市价 × 利率 × 天数/360 × 合约数

欧元、英镑的利息计算公式为：

合约金额 × 入市价 × 利率 × 天数/360 × 合约数

合约现货外汇买卖的方法，既可以在低价先买，待价格升高后再卖出，也可以在高价先卖，等价格跌落后再买入。外汇的价格总是在波浪中攀升或下跌的。这种既可先买又可先卖的方法，不仅可以在上升的行情中获利，也可以在下跌的形势下赚钱。投资者若能灵活运用这一方法，无论升市还是跌市都可以左右逢源。那么，投资者如何来计算合约现货外汇买卖的盈亏呢？主要有三个因素要考虑。

首先，要考虑外汇汇率的变化。投资者从汇率的波动赚钱可以说是合约现货外汇投资获取利润的主要途径。盈利或亏损的多少是按点数来计算的，所谓点数实际上就是汇率。比如说 1 美元兑换 130. 25 日元，130. 25 日元可以说成 13 025 点，当日元跌到 131. 25 时，即下跌 100 点，日元在这个价位上，每一点代表了 6. 8 美元。日元、英镑、瑞士法郎等每种货币的每一点所代表的价值也不一样。在合约现货外汇买卖中，赚的点数越多盈利也就越多，赔的点数越少亏损也就越少。例如，投资者在 1. 600 0 价位时买入 1 个合约的英镑，当英镑上升到 1. 700 0 时，投资者把这个合约卖掉，即赚得 1 000 点的英镑，盈利高达 6 250美元；而另一个投资者在 1. 700 0 时买英镑，英镑下滑至 1. 690 0 时，他马上抛掉手中的合约，那么，他只赔了 100 点，即赔掉 625 美元。当然，赚和赔的点数与盈利和亏损的多少是成正比的。

其次，要考虑利息的支出与收益。前面曾叙述过先买高息外币会得到一定的利息，但先卖高息外币就要支付一定的利息。如果是短线的投资，例如当天买卖结束，或者在一两天内结束，就不必考虑利息的支出与收益，因为一两天的利息支出与收益很少，对盈利或者亏损影响很小。对中、长线投资者来说，利息问题却是一个不可忽视的重要环节。例如，投资者在 1. 700 0 价位时先卖英镑，一个月以后，英镑的价格还在这一位置，如果按卖英镑要支付 8% 的利息计算，每月的利息支付高达 750 美元。这也是一个不小的支出。从目前一般居民投资的情况来看，很多投资者对利息的收入看得比较多，而忽视了外币的走势，因而喜欢买高息外币，造成了以少失多的结果。例如，当英镑下跌时，投资者买了英镑，即使一个合约每月收息 450 美元，但一个月英镑下跌了 500 点，在点数上赔掉3 125 美元，利息的收入弥补不了英镑下跌带来的损失。所以，投资者要把外汇汇率的走势放在第一位，而把利息的收入或支出放在第二位。

最后，要考虑手续费的支出。投资者买卖合约外汇要通过金融公司进行，需要支付金融公司一定的手续费，因此，投资者要把这一部分支出计算到成本中去。金融公司收取的手续费是按投资者买卖合约的数量，而不是按盈利或亏损的多少，因此，这是一个固定的量。

以上的三个方面，构成了计算合约现货外汇盈利及亏损的计算方法。

日元、瑞士法郎的损益计算公式为：

合约金额 ×（卖出价 - 买入价）× 合约数 - 手续费 ± 利息

欧元、英镑的损益计算公式为：

合约金额×（卖出价－买入价）×合约数－手续费±利息

外汇保证金交易，作为一种投资工具，在欧美、日本、中国香港、中国台湾等国家和地区是合法的，交易商和交易行为受到政府的监管。

3. 期货外汇交易

期货外汇交易是指在约定的日期，按照已经确定的汇率，用美元买卖一定数量的另一种货币。期货外汇买卖与合约现货买卖有共同点亦有不同点。合约现货外汇的买卖是通过银行或外汇交易公司来进行的，期货外汇的买卖是在专门的期货市场进行的。目前，全世界的期货市场主要有：芝加哥期货市场、纽约商品交易所、悉尼期货市场、新加坡期货市场、伦敦期货市场。期货市场至少要包括两个部分：一个是交易市场，另一个是清算中心。期货的买方或卖方在交易所成交后，清算中心就成为其交易对方，直至期货合同实际交割为止。期货外汇和合约外汇交易既有一定的联系，也有一定的区别，以下从两者对比的角度，介绍一下期货外汇的具体运作方式。

期货外汇的交易数量和合约现货外汇交易是完全一样的。期货外汇买卖最少是一个合同，每一个合同的金额，不同的货币有不同的规定，如一个英镑的合同也为62 500英镑、日元为12 500 000日元，欧元为125 000欧元。

期货外汇合同的交割日期有严格的规定，这一点合约现货外汇的交易是没有的。期货合同的交割日期规定为一年中的3月份、6月份、9月份、12月份的第3个星期的星期三。这样，一年之中只有4个合同交割日，但其他时间可以进行买卖，不能交割，如果交割日银行不营业则顺延一天。

期货外汇合同的价格全是用一个外币等于多少美元来表示的，因此，除英镑之外，期货外汇价格和合约外汇汇价正好互为倒数。例如，12月份瑞士法郎期货价格为0.620 0，倒数正好为1.612 6。

期货外汇的买卖并没有利息的支出与收入的问题，无论买还是卖任何一种外币，投资者都得不到利息，当然也不必支付利息。

期货外汇的买卖方法和合约现货外汇完全一样，既可以先买后卖，也可以先卖后买，即可双向选择。

四、外汇交易的未来发展趋势

1997年以来，随着互联网的发展，在线外汇保证金交易已经风靡世界，成为外汇交易的流行方式，不仅银行间交易已开始采用在线方式，个人也越来越多地通过互联网参与外汇交易市场。

在线外汇交易的发展，打破了地域的局限，使得原来必须依赖本地经纪商才能参与外汇交易的个人和小型机构投资者，可以更加方便地进行外汇投资。

2000年12月，美国通过了《期货现代化法案》，这一法案要求所有外汇交易商必须在美国期货协会（NFA）和美国商品期货交易委员会（CFTC）注册为期货佣金商（FCM），并接受上述机构的日常监管，在期限内不符合资格或没有被核准的外汇业者将被勒令停止营业。这一法案的出台，使得在线外汇保证金交易走上了规范发展的轨道。

目前，已经通过美国 CFTC（商品期货交易委员会）注册的外汇交易商有（按通过时间先后）FXCM、MGFG、GAINCAPITAL、CMS—FOREX 等。

知识链接

中国外汇交易市场的历史与现状

在 1992—1993 年期货市场盲目发展的过程中，多家香港外汇经纪商未经批准即到大陆开展外汇期货交易业务，并吸引了大量国内企业、个人的参与。

由于国内绝大多数参与者并不了解外汇市场和外汇交易，盲目的参与导致了大面积和大量的亏损，其中包括大量国有企业。

1994 年 8 月，中国证监会等四部委联合发文，全面取缔外汇期货交易（保证金）。此后，管理部门对境内外汇保证金交易一直持否定和严厉打击态度。

1993 年底，中国人民银行开始允许国内银行开展面向个人的实盘外汇买卖业务。至 1999 年，随着股票市场的规范，买卖股票的盈利空间大幅缩小，部分投资者开始进入外汇市场，国内外汇实盘买卖逐渐成为一种新兴的投资方式，进入快速发展阶段。据中央电视台报道，外汇买卖已经成为除股票之外最大的投资市场。

与国内股票市场相比，外汇市场要规范和成熟得多，外汇市场每天的交易量大约是国内股票市场交易量的 1 000 倍，所以尽管在交易规则上不完全符合国际惯例，国内银行开办的个人实盘外汇买卖业务还是吸引了越来越多的参与者。

总体来看，国内绝大多数的外汇投资者参与的是国内银行的实盘交易，而保证金交易，由于国内尚未开放，以及国家的外汇管制政策，国内投资者尚需待以时日。

【技能实训】

每个同学选择到中国银行营业网点或到该银行网站了解该银行进行的外汇宝业务，包括办理流程、交易货币、交易时间以及交易方式。

项目 3　汇率风险及其管理

【案例导入】

调查显示，2005 年运用金融衍生产品企业的占比比 2004 年同期增长了 1 个百分点左右。目前，企业使用金融衍生产品以主要使用远期结售汇工具较多。汇改后，远期结售汇业务范围和交易主体扩大，银行间人民币汇率远期交易推出，商业银行扩大对企业汇率避险服务，在较大程度上方便了企业远期结售汇交易，进一步满足了企业的避险需求。调查显示，远期结售汇工具的使用在金融衍生产品中占比高达 91%。

【任务互动】

请大家思考并讨论如下问题：

1. 什么是远期结售汇工具？

2. 如何进行远期结售汇？

一、汇率风险的概念

（一）定义

汇率风险（Exchange Risk），又称外汇风险，指经济主体持有或运用外汇的经济活动中，因汇率变动而蒙受损失的可能性。各国的中央银行均负责控制汇率的波幅，确保金融体系的稳定。汇率风险可分为交易风险、折算风险、经济风险。

（二）汇率风险的种类

1. 交易汇率风险

运用外币进行计价收付的交易中，经济主体因外汇汇率的变动而蒙受损失的可能性。交易风险主要发生在以下几种场合：

（1）商品、劳务进口和出口交易中的风险。

（2）资本输入和输出的风险。

（3）外汇银行所持有的外汇头寸的风险。

2. 折算汇率风险

折算汇率风险又称会计风险，指经济主体对资产负债表的会计处理中，将功能货币转换成记账货币时，因汇率变动而导致账面损失的可能性。

3. 经济汇率风险

经济汇率风险又称经营风险，指意料之外的汇率变动通过影响企业的生产销售数量、价格、成本，引起企业未来一定期间收益或现金流量减少的一种潜在损失。

二、影响汇率波动的因素

影响汇率波动的最基本因素主要有以下四种：

1. 国际收支及外汇储备

所谓国际收支就是一个国家的货币收入总额与付给其他国家的货币支出总额的对比。如果货币收入总额大于支出总额，便会出现国际收支顺差；反之，则是国际收支逆差。国际收支状况对一国汇率的变动能产生直接的影响。发生国际收支顺差，会使该国货币对外汇率上升；反之，该国货币对外汇率下跌。

2. 利率

利率作为一国借贷状况的基本反映，对汇率波动起决定性作用。利率水平直接对国际间的资本流动产生影响，高利率国家发生资本流入，低利率国家则发生资本外流，资本流动会造成外汇市场供求关系的变化，从而对外汇汇率的波动产生影响。一般而言，一国利率提高，将导致该国货币升值；反之，该国货币贬值。

3．通货膨胀

一般而言，通货膨胀会导致本国货币汇率下跌，通货膨胀的缓解会使汇率上浮。通货膨胀影响本币的价值和购买力，会引起出口商品竞争力减弱、进口商品增加；还会导致外汇市场产生心理压力，削弱本币在国际市场上的信用地位。这三方面的影响都会导致本币贬值。

4．政治局势

一国及国际间政治局势的变化，都会对外汇市场产生影响。政治局势的变化一般包括政治冲突、军事冲突、选举和政权更迭等，这些政治因素对汇率的影响有时很大，但影响时限一般都很短。

三、汇率风险管理方式

所谓汇率风险管理指的是规避汇率风险，下面介绍几种汇率风险管理的方式：

第一种是不利用金融衍生工具的自然避险法。比如采取对己方更有利的币种和结算方式；通过压低采购价格、提高出口报价向供货商或客户转嫁或共同分担汇兑损失风险；在合同中加列汇率条款。当然这种方式会大大降低企业的竞争度，是不可取的。

第二种是利用银行或金融机构提供的金融工具，为自身提高控制汇率风险能力。主要的金融工具有远期结售汇，远期合同套期保值、货币期货套期保值、货币期权套期保值、货币掉期、出口宝（汇率锁定）等。

四、汇率风险管理的发展趋势

（一）出口避险

1．出口报价

（1）出口业务风险始于报价。一般来讲，为规避汇率风险，可用人民币报价所需的外币结算，或在外币报价中加列汇率条款，由卖方或买卖双方共同负担汇率风险。但以人民币非国际流通货币来看，由于买方无法排除汇率风险，必定在价格上求取补偿，所以这种排除汇率风险的方法不一定真正有利。

（2）以外币报价。不论汇率风险是否规避，原则上成本的计算以远期汇率为准，不能使用即期汇率。在长期策略上，应拓展强势货币地区市场，并以强势货币报价。对非强势货币市场必须以第三国货币计价时，可使用美元或欧元，因人民币对美元、欧元汇率与其他通货相比较为稳定。如果外汇收支均采用同一强势货币，可收到汇率风险相抵的效果。

（3）采取分散市场的策略排除汇率风险。即企业可以选择不同的货币报价。例如在出口报价中，可采用部分以美元报价，部分以日元报价，如美元上升，日元下降，或美元下降，日元上升，可以使汇总各货币对人民币的平均价格维持一定水平。如果在出口货物时采用一半以美元报价，一半以日元报价，则不论外汇市场变化如何，对出口货款人民币总收入影响不大。理论上讲，因报价带来的外汇风险在成交前与成交后不同，成交后出口厂商即承担外币贬值风险，可以卖出远期外汇或借入报价外币，并在即期市场卖出。在报价成交前，卖出远期外汇并不适当，因为卖出后报价并未成交，又适逢外币汇率上升，出口商必须以高价从即期市场买入办理交割，会蒙受很大损失。在实际操作中，由于汇率变化的成因受多种因素影响，企业很难把握时机，因此，建议以防范汇率风险为主，而不是投机获利。

2. 付款方式

出口企业可视国际市场状况与对方信用而决定取舍。付款方式除关系着信用风险外，还涉及资金的融通。出口企业以预付款方式出口，于收取外汇后即办理结汇，可避免外汇贬值风险。信用证方式出口于装船后，即期信用证办理贴息，其他方式可商洽外汇银行办理外币垫款，在人民币升值期间应立即结售，在人民币贬值期间，可用外汇存款方式暂存或投资。

（二）进口避险

1. 进口计价

我国厂家进口商品一般采用外币计价，由进口企业承担汇率风险。也有采用人民币计价外币结算的方式。以外币计价，就长期策略而言，应采用弱势货币，以强势货币进口原材料不利于我国厂家的出口及在制成品市场的竞争。外币计价的风险始于以外币签约或接受卖方以外币报价。为规避外币升值的风险，进口企业可购买远期外汇或在外汇市场预购外汇存款或投资。在外币有明显升值倾向时，可提前偿付货款或购买外汇存放。在外币有明显贬值倾向时，可延期付货款或商洽外汇银行垫付外币，等汇率稳定后结汇偿还，可获外汇贬值的利益。

2. 付汇方式

在人民币升值期间，可采用延期付款的方式，如采用远期信用证方式。但弱势货币的利率常比本币利率高，是否真正有利应该仔细计算，在人民币贬值期间，应尽早结汇以避免损失。

五、企业汇率风险管理方式

1. 约定互相能接受的风险比例

据了解，一些出口企业为应对汇率的不稳定性所带来的风险，已经采取了各种积极的应对措施。一些企业在与外商签订合同时，会将汇率因素考虑在内。双方会规定一个互相都能接受的风险比例作为合同的附加条款。通常双方各自承担50%的风险，如果碰到较强势的国外客商，国内企业所承担的风险会更大一些。例如，通常情况下，中国灯饰企业都处于弱势。虽然，部分灯饰企业负责人甚至提出以人民币作为结算单位的想法，但能够采取这一方式的企业少之又少。目前企业使用较为普遍的汇率避险方式包括：贸易融资、运用金融衍生产品、改变贸易结算方式、提高出口产品价格、改用非美元货币结算、增加内销比重和使用外汇理财产品等。

2. 贸易融资工具的使用较为普遍

贸易融资是目前企业采用最多的避险方式。在被调查的样本企业中，约有31%的企业使用该类方式，主要原因包括：一是贸易融资可以较好地解决外贸企业资金周转问题。随着近年来我国外贸出口的快速增长，出口企业竞争日益激烈，收汇期延长，企业急需解决出口发货与收汇期之间的现金流通问题。通过出口押汇等短期贸易融资方式，出口企业可事先从银行获得资金，有效解决资金周转问题。同时，企业也可以提前锁定收汇金额，规避人民币汇率变动风险。二是贸易融资成本相对较低。在贸易融资方式构成中，进出口押汇使用比重较高（约为80%），原因主要是出口押汇期限较短（一般在1年以内），可以较好地缓解外贸企业的流动资金短缺问题。另外，一些企业还使用福费廷等期限较长的贸易融资方式。

3. 金融衍生产品的增加与使用

汇改后，我国外汇市场发展加快，完善和扩大了人民币远期交易的主体和范围，推出了外汇掉期等金融衍生产品。同时在外汇管理等方面采取一系列配套措施，为企业拓宽了汇率的金融避险渠道。

目前，企业使用金融衍生产品的主要特点如下：一是使用远期结售汇工具较多。汇改后，远期结售汇业务范围和交易主体扩大。银行间人民币汇率远期交易推出，商业银行扩大对企业汇率避险服务，在较大程度上方便了企业远期结售汇交易，进一步满足了企业的避险需求。调查显示，远期结售汇工具的使用在金融衍生产品中占比高达91%。二是部分企业运用外汇掉期和境外人民币无本金交割远期（NDF）工具。自汇改后推出外汇掉期业务以来，福建、广东、江苏、山东和天津等省市的部分企业已开始尝试使用这一新的金融衍生工具。尽管目前业务量占比相对较小，但发展势头良好。一些外资企业和在国外有分支机构或合作伙伴的中资企业还通过境外人民币NDF工具进行汇率避险。所谓汇率锁定就是与汇率锁定公司（出口宝）签订合同，汇率锁定是指出口企业与出口宝签订远期汇率锁定合同，约定将来办理结汇的人民币兑外汇币种、金额、汇率以及交割期限。在交割日当天，如出现人民币升值造成企业利润损失，出口企业可按照远期汇率锁定合同所确定的币种、金额、汇率，向中利保办理结汇亏损金额的赔付业务。其模板犹如银行的远期结售汇，但是在金额锁定、确认条件、手续上都有一定的化繁为简，同时，出口宝只收取相应手续费，汇率锁定交割期，汇价上升，额外部分也同时归企业自身所有。该方式适合大多数企业，并且操作简单。

知识链接1

功能货币和记账货币

功能货币指经济主体与经营活动中流转使用的各种货币。

记账货币指在编制综合财务报表时使用的报告货币，通常是本国货币。

知识链接2

如何有效利用汇率

近年来，由于人民币汇率单一盯住美元，对于采用美元结算的我国大部分进出口企业来讲，很少绷紧汇率这根“弦”。2005 年 7 月 21 日，人民币兑美元的汇价一次性调整到 8.11，人民币升值 2%。对进口商来说，尽管支出美元数量不变，但用人民币购汇后再支出，相当于节约了 2% 的人民币成本；对出口商来说，收到的美元数量没有减少，但结汇后的人民币却减少了 2%。从 2005 年 7 月 21 日后的情况来看，人民币兑美元汇率只是微调，对进出口企业尚未形成剧烈的冲击，但是我们应该看到，7 月 21 日实施的人民币兑美元汇率的调整并不是简单的一次性调整，它很可能揭示了中国在引入一个新的、渐进性的汇率形成机制。也就是说，今后人民币汇率浮动的范围存在逐步扩大的可能性，而且汇率变化的频率将由市场决定，形成市场驱动型汇率制度，而不会由央行使用行政手段来直接调整人民币汇率。

进出口企业必须绷紧汇率这根“弦”，学习、熟悉并与新汇率制度共存才能有效地规避汇率风险，也才能为在商战中立于不败之地做好准备。

【技能实训】

请每个同学查找资料，了解我国人民币汇率自 2005 年进行改革以来，人民币兑美元变动情况。并分析对我国经济和社会生活的影响。

【模块小结】

在本模块中，我们围绕外汇与汇率、外汇交易和汇率风险及其管理三个项目进行了学习。通过学习，同学们应该对外汇、汇率、外汇市场、外汇交易和汇率风险的基本含义有准确的理解，熟知汇率标价方式及分类与外汇交易的时间表和交易种类，初步了解外汇交易未来发展趋势及汇率风险的管理方式及未来的发展趋势，学会用动态的眼光看待问题，提高自己对外汇市场变化情况的判断和分析能力。

【练习题】

一、单项选择题

1. 我国目前采用的汇率标价法是（　　）。

A. 直接标价法　　B. 间接标价法

C. 随机标注法　　D. 随行就市法

2. 汇率是以（　　）位数字来显示的。

A. 一　　B. 三

C. 五　　D. 七

3. (　　) 外汇市场不属于亚洲地区。
   A. 香港　　B. 东京
   C. 巴黎　　D. 悉尼
4. 在国际外汇市场上，(　　) 为直接标价法。
   A. 美元　　B. 欧元
   C. 英镑　　D. 澳元
5. (　　) 属于实盘交易。
   A. 个人外汇交易　　B. 合约现货外汇交易
   C. 期货外汇交易　　D. 实盘交易
6. 资本输入和输出的风险属于 (　　)。
   A. 交易汇率风险　　B. 折算汇率风险
   C. 经济汇率风险　　D. 财务风险
7. 货币收入总额大于支出总额，便会出现 (　　)。
   A. 国际收支顺差　　B. 国际收支逆差
   C. 国际收支平衡　　D. 国际收支危机
8. 发生国际收支顺差，会使该国货币对外汇率 (　　)。
   A. 不变　　B. 下跌
   C. 上升　　D. 难以判断
9. 世界上大约有30个主要的外汇市场，它们遍布于世界各大洲的不同国家和地区。根据传统的地域划分，可分为亚洲、欧洲、(　　) 等三大部分。
   A. 南美洲　　B. 非洲
   C. 南极洲　　D. 北美洲
10. 在约定的日期，按照已经确定的汇率，用美元买卖一定数量的另一种货币，这种外汇交易叫 (　　)。
   A. 个人外汇交易　　B. 合约现货外汇交易
   C. 期货外汇交易　　D. 普通外汇交易

二、多项选择题

1. 外汇是指 (　　)。
   A. 外国货币　　B. 外币支付凭证
   C. 外币有价证券　　D. 特别提款权
2. 外汇交易的参与者，按其交易的目的，可以划分为 (　　)。
   A. 投资者　　B. 投机者
   C. 观望者　　D. 待购者
3. 影响汇率波动的最基本因素主要有 (　　)。
   A. 国际收支及外汇储备　　B. 利率
   C. 通货膨胀　　D. 政治局势

4. 外汇市场的主要特点是（　　）。
A. 有市无场　　B. 循环作业
C. 零和游戏　　D. 双赢游戏
5. 外汇交易主要可分为（　　）。
A. 现钞　　B. 现货
C. 合约现货　　D. 期货
6. 汇率风险的种类可分为（　　）。
A. 交易风险　　B. 折算风险
C. 经济风险　　D. 财务风险
7. （　　）属于外国货币。
A. 美元　　B. 欧元
C. 澳元　　D. 日元
8. （　　）外汇市场属于亚洲地区。
A. 香港　　B. 东京
C. 巴黎　　D. 悉尼
9. 外汇市场的参与者主要包括（　　）。
A. 各国的中央银行　　B. 商业银行
C. 非银行金融机构　　D. 经纪人公司等
10. 目前，全世界的期货市场主要有（　　）。
A. 芝加哥期货市场　　B. 纽约商品交易所
C. 悉尼期货市场　　D. 新加坡期货市场

三、判断题

1. 外汇，就是外国货币或以外国货币表示的能用于国际结算的支付手段。（　　）
2. 汇率是指一国货币以另一国货币表示的价格，或者说是两国货币间的比价。（　　）
3. 投资者和投机者是一样的。（　　）
4. 1 英镑 =1.560 0，这种标价方法是直接标价法。（　　）
5. 汇率风险（Exchange Risk），又称外汇风险，指经济主体持有或运用外汇的经济活动中，因汇率变动而蒙受损失可能性。（　　）
6. 国际收支状况对一国汇率的变动能产生直接的影响。发生国际收支顺差，会使该国货币对外汇率下跌；反之，该国货币对外汇率上升。（　　）
7. 一般而言，一国利率提高，将导致该国货币升值；反之，该国货币贬值。（　　）
8. 约定互相能接受的风险比例属于企业汇率风险管理方式之一。（　　）
9. 经济汇率风险指经济主体对资产负债表的会计处理中，将功能货币转换成记账货币时，因汇率变动而导致账面损失的可能性。（　　）
10. 期货外汇交易又称外汇保证金交易、按金交易、虚盘交易。（　　）

四、案例分析题

欧元兑美元长期汇率走势分析

作为史上第一个区域共同货币，欧元自诞生之日起就受到多方关注。由于人们普遍认为欧元启动之后必然直接挑战美元的主要国际货币地位，以及美国在国际政治、经济和金融舞台的历史核心地位，所以欧元兑美元汇率也始终是国际金融学界和实务界的热门话题。更富戏剧性的是，自投入使用以来，欧元兑美元长期汇率走出了一个明显的“V”形。请看下图：

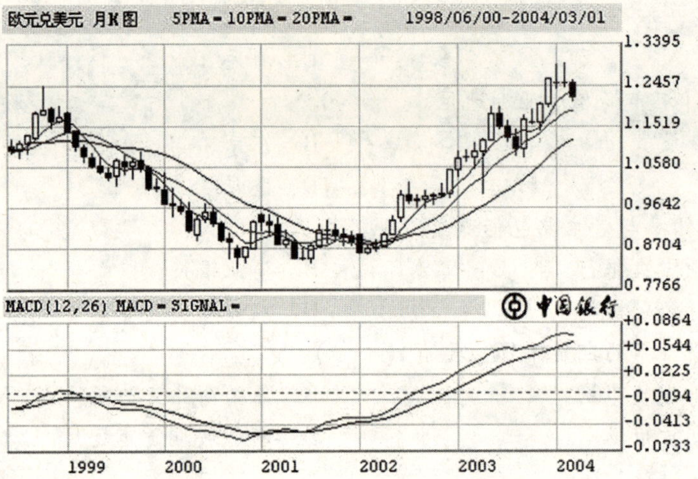

由上图可以确认，欧元兑美元汇率大体经历了三个阶段：

第Ⅰ阶段（1999.1—2000.10）欧元持续走低。从1€ = $1.2跌至1€ = $0.82，最大跌幅达32%。

第Ⅱ阶段（2000.10—2002.2）盘整期。始终在1€ = $0.9到1€ = $0.8之间做箱体整理。

第Ⅲ阶段（2002.2至今）欧元兑美元长期持续升值。2004年底（图中未显示）曾突破1€ = $1.36，最大升幅在50%以上。

分析判断欧元兑美元的汇率波动受着哪些主要因素的影响？判断两种主要国际货币的未来趋势会怎样？搜索实际事例来印证。

模块六　金融市场的管理

【知识目标】

1. 了解金融市场的概念和范围
2. 了解金融市场监管的意义和内容
3. 初步认识物价和利率的经济意义
4. 对三大货币工具形成初步认知
5. 掌握汇率的概念、种类和汇率管制的作用

【技能目标】

1. 具备初步的分析金融市场基本走向的能力
2. 能运用物价和利率方面的知识对投资行为进行可行性分析
3. 能形成初步的企业和个人理财能力
4. 能运用利率方面的知识分析金融市场行情

项目 1　金融市场概述

【案例导入】

退休职工王先生闲居在家，三个子女均已成家立业，闲来无事，又有些余钱，打算进行一些投资打发闲暇时间，并多赚些养老费。经咨询投资专家，王先生的 30 万元存款被分为三个部分进行投资，10 万元用于炒股，7 万元购买国债，剩下的 14 万元用于购买黄金。

【任务互动】

在老师的组织下，请同学们讨论如下问题：

1. 王先生的投资组合你认为合理吗？
2. 王先生的三种投资在金融市场上，分别属于什么类型的投资？
3. 如果这笔钱交给你，你将如何进行投资？

一、金融市场的概念

金融市场，通常是指以金融资产为交易对象而形成的供求关系及其机制的总和。它是金融资产交易有形或无形的场所，反映了金融资产的供求关系和价格机制。

金融市场包括有形市场与无形市场两部分。实际上它除了证券交易所等固定场所外，基本上是无形市场，所谓交易大都是通过现代化电讯工具或计算机网络在各金融机构、证券商及投资者之间进行的。所以，金融市场从动态上看，是交易主体在自主自愿基础上，根据等价交换原则和供求规律将金融资产作为商品进行买卖的活动。

金融市场从其范围看，有广义、狭义之分。广义的市场包括资本借贷及证券、外汇、黄金的买卖；狭义的市场包括资本借贷及有价证券买卖这两个主要部分。

金融市场的组成机构包括一个国家的中央银行、商业银行、专业银行及其他非银行金融机构。市场参加者包括政府部门、金融机构、企业和事业单位及广大居民个人。市场管理者一般是中央银行或专设的市场监管机构。

二、金融市场的分类

金融市场可以根据不同标准分类。目前，主要根据以下标准进行分类。

根据资本借贷及有价证券期限分为以下两类：

（1）货币市场，属于短期资金市场，一般指一年以下期限的资金借贷及有价证券的交易市场。如银行短期贷款（包括同业拆借）市场及国库券、商业票据、银行可转让存单市场等。

（2）资本市场，属于中长期资金市场，一般指一年以上期限的资金借贷及有价证券的交易市场。如银行中长期贷款市场及国家公债、公司债券、股票、抵押契约等交易市场。

根据交易对象分为以下九类：

（1）商业票据市场，包括商业票据的贴现、抵押与承兑等。具体指银行以现款买进企业未到期的商业票据，或以商业票据作抵押对持票人融通资金，或银行等金融机构专门提供承兑服务的市场。

（2）大额存单市场，指银行大面额可转让存款单的发行、转让所形成的市场。

（3）国库券市场，指一年以下国家债券的发行、转让、贴现等所形成的市场。

（4）同业拆放市场，指银行等金融机构之间的短期借贷活动。

（5）债券市场，指一年以上期限的国家债券及公司债券的发行、抵押、转让、贴现所形成的市场。

（6）股票市场，指股票的发行及转让市场。

（7）基金市场，指各类基金的发行、赎回及转让所形成的市场。

（8）银行存款贷款市场，指以银行为中心的存贷款活动。

（9）外汇黄金市场，指专门买卖外汇、黄金的市场。

根据交易交割方式分为以下三类：

（1）现货市场，指金融资产现货的交易市场。虽然不同的市场对现货交易成交至交割的期限不一而定，但一般都较短，通常情况下是即时成交即时交割。

（2）回购市场，指通过回购协议（Repurchase Agreement）进行短期资金交易的市场。具体指卖方在出售证券的同时，与证券买方签订协议，约定在一定期限后按原定或约定价格购回所卖证券，从而获得及时可用资金的交易行为。实质上，这是一个证券抵押贷款市场。

（3）期货市场，指专门的、有组织的买卖金融资产期货的市场。它是在期货交易方式的基础上形成的，投资者利用期货市场能够有效地避免或减少风险。如通过现货市场和期货市场同时做成两笔相反的交易，使其在现货市场上因价格涨跌遭受的损失，由期货市场上的盈利予以弥补；或是期货市场上的损失，由现货市场上的盈利来抵消，这种做法也就是通常所谓的“套期保值”。显然，这种交易对稳定市场是有积极意义的。当然，由于期货交易成交与交割的时间间隔较长，而在这中间行情或有涨跌，买方、卖方或获利或损失，所以这种交易的投机性很强。

与期货市场相类似的还有目前西方国家流行的期权市场。它的基础是期权交易方式。与期货交易不同的是，它不是直接以金融资产为买卖对象，而是一种期货选择权利的买卖，正所谓“权钱交易”，所以这种市场又称为选择权交易市场。

根据金融交易的地理范围分为以下两类：

（1）国内金融市场，指处于一国范围内的金融资产交易市场及其交易体系。包括全国性的市场及众多的地方性、区域性的金融市场。在国内金融市场上，交易主体限于本国居民；交易活动受本国法规约束；金融交易的直接后果仅改变本国国民收入的分配状况，引起国内资源的重新配置，而不涉及国与国之间的资金移动。因而一般不会对本国的国际收支产生影响。

（2）国际金融市场，指国际性的资金借贷、证券交易、黄金和外汇买卖等活动所形成的市场。其金融交易所涉及的不是一个国家，而是多个国家。当然，可能只涉及几个国家及地区，也可能涉及世界各国。

三、金融市场有效运作的条件

第一，金融市场赖以生存和发展的基础是发达的商品货币经济，亦即发达的市场化条件下的法治经济。市场体系的充分发展，要素的自由流动，价格（利率）的自由竞争与市场决定，是金融市场正常、有效运作的前提。

第二，发达与完善的金融体系、银行制度及相当规模的专门人才，是金融市场高效运作的组织者和中介体。

第三，相当数量和种类的金融工具，是金融市场交易的基本载体，通过这种载体，金融交易得以进行，资本流动得以实现。

第四，完备的经济、金融法规以及富有效率的监管体系是金融市场正常运作的重要保障。

第五，完备发达的交通、通讯设施，是金融市场有效运作的重要基础条件；优惠的市场条件是金融市场迅速发展的重要因素。

四、金融市场的功能

1. 调剂资本余缺，便利筹资与投资

金融市场的存在为资本盈余部门和资本短缺部门提供了重要的融资渠道，使得企业（以及政府部门）所缺乏的发展、经营资金可直接从市场筹集。一方面，企业根据资金的使用性质、使用数额和使用期限，既可采取银行信贷这一间接融资形式，又可采取票据、债券、股票等直接融资形式筹集资金，保证了资金运用的稳定性和灵活性。另一方面，投资者和储蓄者的盈余资金有了较多的出路，金融市场中多样化的金融工具，可满足各种类型的投资者和储蓄者的需要。

2. 提高资本效率

金融市场的存在，使资本在期限上、性质上的转化成为可能，有利于提高资本运用效率。一方面，由于金融市场中各种工具如股票、债券、票据等可以自由流通转让，因此，在一定程度上，长短期资金的界限模糊化，拥有短期资金者，可以投资于股票及长期债券，握有长期证券者又可随时变现，这就大大提高了资本效率。另一方面，在金融市场上，大量的消费基金通过购买股票、国家债券、企业债券以及银行储蓄等方式向生产经营资本转化，扩大了社会资本总量，而且不会对社会消费造成不良影响。

3. 促进资本流动，调节国民经济

金融市场的存在，促进了资本流动，在提高资本效益的同时，调节了国民经济活动。市场融资活动不仅促进了国内资本流动，调节了国内资本的不均衡，而且通过相互投资形式，促进了国际间资本流动，改善了国际资本的不均衡状态。

在金融市场大量的直接融资活动中，投资者为了自身的利益，一定会谨慎、科学地选择投资的国度、地区、行业、企业、项目及产品。毫无疑问，只有符合市场需要、效益高的投资对象，才能获得发展资本。不仅如此，投资对象获得资本后，还必须科学地管理运营，保持较高的经济效益和较好的发展势头，才能继续生存并进一步扩大。否则，它的证券就会跌价，继续筹资就很困难，发展就会受到资金等相关方面的抑制。这实际上是市场对国民经济活动的一种有效的自发调节。

4. 有利于金融机构资产经营

在金融市场上，银行等金融机构之间资金头寸的余缺得以调剂，多样化的资产负债形式，既使银行等机构资产规模扩大，又使得其安全性加强。由于证券的流动性较强，银行资产构成中保持一定比例的有价证券，就使得银行资产具备了较大的流动性和安全性：一方面，不到期的证券可随时变现；另一方面，银行也可以根据投资对象的发展经营状况，及时抛出证券，避免或减少现实的损失，而单一的银行贷款则往往做不到这一点。

同时，由于在金融市场上，资本盈余的投资者必然进行银行存款利率和证券收益率的比较，资本短缺的筹资者必然进行向银行借款筹资成本和发行证券筹资成本的比较，进而做出投资或筹资抉择，这就迫使银行等金融部门不断改善管理，改进服务，提高效率，增强市场竞争能力。

5. *有利于以市场化方式实施货币政策*

金融市场的存在，为货币政策的实施提供了传导途径。

货币政策属于国家重要的宏观经济政策，其中许多政策手段都要以金融市场的存在、金融部门及企业成为金融市场的主体为前提，这样，货币政策措施出台后，商业银行才会根据风险与收益的变化，调整其资产结构比例，并进而影响到实际经济部门。而货币政策的最重要手段——公开市场业务，则更要以金融市场的存在和高度发展为基本前提，中央银行通过在金融市场上买卖有价证券，改变商业银行的资产负债状况，最终引起货币供给的变化，达到调节经济生活的目的。

知识链接

国际金融市场与国内金融市场的主要区别

市场主体包括居民和非居民。市场活动少受或不受市场所在国金融当局的控制。交易的直接后果一般会引起国际间的资本流动，影响相关国家的国际收支。从市场运行机制来看，典型的国际金融市场是欧洲货币市场及其延伸——石油美元市场、亚洲货币市场，这些都属于境外市场（离岸市场）。交易的对象包括以境外美元、境外欧元、境外英镑、境外日元、境外马克与境外瑞士法郎（后被欧元取代）等计价的票据、存贷款及证券等。从具体的交易场所看，纽约、伦敦、东京、苏黎世、法兰克福、香港、卢森堡、新加坡以及开罗、巴林等都是目前主要的国际金融中心。

【技能实训】

在老师的组织下，将学生分为四个大组，每组利用课余时间，在各组长的带领下，分赴证券交易机构、黄金珠宝饰品店、文物市场和外汇管理部门进行实地参观考察，围绕以下问题进行思考、记录并写出汇报：

1. 出现在不同金融市场中的人员职业、年龄、性别等方面的构成情况。
2. 不同市场的运作情况。
3. 对市场中出现的投资者的个别访谈，询问投资目的、获益情况及其他问题。
4. 对不同类型的金融投资进行比较分析，初步描绘投资的基本走向。

每组写出不少于1 000字的调研汇报，作为平时成绩计入。

项目 2　金融市场监管

【案例导入】

美国安然公司因重大舞弊申请破产引起的风波

2001 年 12 月 2 日，美国安然公司（Enron Corporation）向纽约破产法院正式申请破产保护。该公司在破产申请文件中开列的资产总额为 498 亿美元，超过 1987 年美国德士古公司提出破产申请时的 359 亿美元，成为美国历史上最大的一宗公司破产申请案。此前，安然公司公开承认，曾在过去的 5 年中采取非法手段虚报利润，隐瞒内部债务和损失，安然高层也由此获得巨额收益。在安然公司承认有重大舞弊行为后，安然股价急剧下跌，使美国证券市场和大批与安然有着资金和业务往来的公司受到巨大冲击。现美国司法部已对安然公司展开刑事调查。美国证监会（SEC）在调查安然公司的同时，还开始对为安然公司提供审计服务的安达信会计公司进行调查。

总部设在美国得克萨斯州休斯敦市的安然公司经营电力和天然气、能源和商品运输以及为全球客户提供财务和风险管理服务等，其中能源交易业务量居全美之首，2000 年营业额达 1 010 亿美元，总资产为 620 亿美元，业务遍及 40 多个国家和地区，员工超过 2 万名，是美国最大的能源公司，也是世界最大的能源商品和服务公司之一。2001 年 10 月 16 日，安然公司突然宣布，该公司第三季度亏损 6. 38 亿美元，净资产因受外部合伙关系影响减少 12 亿美元。安然股价随即迅速下跌，并引来 SEC 和多家律师事务所的关注。11 月 18 日美国《华尔街日报》揭露，安然公司财务主管与一些与涉及安然资产和股票的关联交易有涉，并从中获利数百万美元。10 月 22 日，安然公司承认，SEC 的质询已升格为正式调查。11 月 8 日，安然公司向 SEC 递交文件，修改过去 5 年的财务状况申明，宣布 1997 年以来通过非法手段虚报利润 5. 86 亿美元，并未将内部巨额债务和损失如实报告。11 月 21 日，安然公司又宣布，延期偿还 6. 9 亿美元的债务。此后，安然的股价一路下跌，到 11 月 29 日已跌至 26 美分，市值仅有 2. 68 亿美元。而一年前安然公司股价还曾高达 90 美元，市值近 800 亿美元，并在《财富》杂志所列的全球五百强企业中位居前十名，还连续 4 年在该杂志的调查中荣获全美最具创新精神的公司。在安然公司承认有重大舞弊行为后不到 2 个月内，安然股价便跌破 1 美元，市值急剧缩水，致使大批中小投资者倾家荡产，许多与安然有着资金和业务往来的公司受到巨大影响。如：曾为安然提供贷款的多家银行股价下跌，其中 JP 摩根大通股价下跌 5. 6%，花旗集团下跌 5. 4%，许多银行的信用评级也被降低，金融债券被抛售，引起美国债券市场震荡；一些全球首屈一指的能源公司无法收回在避险、商品互换以及未平仓现货能源等交易中超过 6 亿美元的合约权益，使世界能源业也受到影响；许多航运集团因安然无法履行合同而破产；美国天然气和电力市场更是直接受到巨大冲击等。西方舆论分析，安然公司的债务结构由大量复杂且大部分不受监管的衍生金融工具组合构成，一旦崩溃，整体金融市场必将蒙受难以估量的巨大冲击。

（资料来源：中国审计网，http：//www. iaudit. cn/article/showarticle. asp？ articleid = 55257.）

【任务互动】

在老师的组织下，完成如下学习任务：

1. 通过网络等多种方式、方法，结合在模块二中所学知识，了解“安然事件”发生的背景和原因。

2. 组织学生进行课堂讨论，体会政府对金融市场进行监管的必要性。

3. 组织学生讨论，这一事件对我们有什么启发？

4. 从自己身边的事例入手，我国是否存在金融市场监管局部失控导致投资者蒙受损失的情况？该如何解决？

一、金融市场监管的定义

金融市场监管是指国家或政府金融管理当局和有关自律性组织机构，对金融市场的各类参与者及它们的融资、交易活动所作的各种规定以及对市场运行的组织、协调和监督措施及方法。从法律角度看，则是指国家对货币市场和资本市场进行的行政、法律和经济管理的总称。包括制定和颁布金融市场管理法规；检查和监督金融市场交易活动；审批金融机构和金融市场业务许可；采用经济方式参与金融市场活动，调节金融市场供求，保持市场稳定。

二、金融市场监管的必要性

金融是现代经济的核心，金融体系是全社会货币运行及信用活动的中心，其对经济运行和发展起着至关重要的作用，具有特殊的公共性和全局性。

金融业是存在诸多风险的特殊行业，关系到千家万户和国民经济的方方面面。

良好的金融秩序是保证金融安全的重要前提，公平竞争是保持金融秩序和金融效率的重要条件。

三、金融市场监督管理的目标

从宏观经济角度看，是为了保证金融市场机制，进而保证整个国民经济秩序的正常运转，以高效、发达的金融制度推动经济的稳定发展。从金融市场本身来看，是为了限制和消除一切不利于市场运行的因素，诸如各种非法交易、投机活动、欺诈手段的存在和发展；保障市场参与者的正当权益；保证市场在具有足够深度、广度、弹性的基础上稳步运行。

四、金融市场监督管理的主要内容

金融市场监督管理包括金融市场监督和金融市场管理两层含义。金融市场管理一般是指国家根据有关金融市场法律，如《票据法》、《证券法》、《银行法》，规范金融市场交易行为，以达到引导金融市场健康有序运营、稳定发展的目的。金融市场监督是指为了实现此目的，而对金融市场进行全面监测、分析，发现问题并及时校正，使市场运行恪守国家法令及规定，严格遵循市场管理的过程。

金融市场监督管理的具体内容因国家经济金融体制不同而各有差异，但总的来说，主要是对金融市场要素构成的监督管理。这些要素包括：金融市场主体即交易者、金融市场客体即交易工具、金融市场媒体、金融市场价格等。

五、金融市场管理的形式

通过法律规范约束证券市场行为，以法律形式维护证券交易的公平性和合法性，是各国管理金融市场的基本形式。①制定证券发行方面的法律，将证券发行的条件和原则、发行申报制度、财务公开制度、证券发行人与投资者的权利和义务关系加以法律化。②按照证券交易法管理证券交易活动。有价证券交易法的基本内容包括：a. 证券交易组织者和管理者的权利与义务；b. 有价证券交易的基本原则、程序和方法；c. 对违反有价证券交易法的各种欺诈、投机行为的惩罚性条款等。③制定管理证券机构的法律，确定证券机构的经营原则、业务范围和应尽的义务。

六、金融市场管理的手段

金融市场上的经济管理主要体现为中央银行通过其政策手段影响金融市场的活动。中央银行在金融市场上具有双重身份：一方面中央银行为实施其货币政策，调节货币供应量，开展公开市场业务，买进或卖出有价证券，成为市场的一个重要参与者；另一方面中央银行肩负维护金融市场秩序的职责，它可以通过自身的业务和管理手段调节与管理金融市场。

知识链接

金融市场的三种管理体制

1. 国家管理模式

国家管理模式，如美国模式，它是根据国会立法设立专门管理金融市场的主管机构。美国证券交易委员会直接履行法律赋予的管理职责，对国会负责，不构成政府的一个部门。

2. 政府管理模式

国家设立专门的金融市场管理机构，但隶属政府领导，构成政府的一个职能部门，履行管理职责。如日本的证券市场管理机构隶属于大藏省。

3. 自我管理模式

管理金融市场的专门机构为民间性的自律管理组织，根据法律规定享有管理权限。如英国的证券投资委员会根据1986年《金融服务法》的规定，享有管理金融市场的权力和职责，但该委员会本身则是一个非政府性的管理机构。

【技能实训】

姚某金融凭证诈骗案

2008年7月14日，姚某以虚构的“诸暨佳成管业有限公司”的名义向A公司购买塑料原料。双方谈妥价格后，姚某用私刻的银行转账收讫章等，伪造了一份银行个人结算业务申请书，后传真至A公司，谎称其已支付了货款，骗得对方信任，继而骗得A公司聚丙烯树脂20吨，价值人民币31.8万余元。

姚某将上述赃物低价出销得人民币29万余元后，除归还了A公司人民币10万元外，其余赃款被其用于个人归还债务等。

案发后，姚某的家属帮助退赔给A公司人民币3万元。

附:《刑法》第一百九十四条【票据诈骗罪、金融凭证诈骗罪】

有下列情形之一，进行金融票据诈骗活动，数额较大的，处五年以下有期徒刑或者拘役，并处二万元以上二十万元以下罚金；数额巨大或者有其他严重情节的，处五年以上十年以下有期徒刑，并处五万元以上五十万元以下罚金；数额特别巨大或者有其他特别严重情节的，处十年以上有期徒刑或者无期徒刑，并处五万元以上五十万元以下罚金或者没收财产：

（一）明知是伪造或变造的汇票、本票、支票而使用的；

（二）明知是作废的汇票、本票、支票而使用的；

（三）冒用他人的汇票、本票、支票的；

（四）签发空头支票或者与其预留印鉴不符的支票，骗取财物的；

（五）汇票、本票的出票人签发无资金保证的汇票、本票或者在出票时作虚假记载，骗取财物的。

使用伪造或变造的委托收款凭证、汇款凭证、银行存单等其他银行结算凭证的，依照前款的规定处罚。

有关司法解释:

《关于经济犯罪案件追诉标准的规定》第四十三、四十四条，最高人民检察院、公安部公发〔2001〕11号文

一、进行金融票据诈骗活动，涉嫌下列情形之一的，应予追诉:

1. 个人进行金融票据诈骗，数额在5千元以上的；

2. 单位进行金融票据诈骗，数额在10万元以上的。

二、使用伪造或变造的委托收款凭证、汇款凭证、银行存单等其他银行结算凭证进行诈骗活动，涉嫌下列情形之一的，应予追诉：

1. 个人进行金融凭证诈骗，数额在5千元以上的；

2. 单位进行金融凭证诈骗，数额在10万元以上的。

《关于审理诈骗案件具体应用法律的若干问题的解释》第五、九、十二、十三条，最高人民法院法发〔1996〕32号文

一、个人进行票据诈骗数额在5 000元以上的，属于“数额较大”；个人进行票据诈骗数额在5万元以上的，属于“数额巨大”；个人进行票据诈骗数额在10万元以上的，属于“数额特别巨大”。单位进行票据诈骗数额在10万元以上的，属于“数额较大”；单位进行票据诈骗数额在30万元以上的，属于“数额巨大”；单位进行票据诈骗数额在100万元以上的，属于“数额特别巨大”。

二、对于多次进行诈骗，并以后次诈骗财物归还前次诈骗财物，在计算诈骗数额时，应当将案发前已经归还的数额扣除，按实际未归还的数额认定，量刑时可将多次行骗的数额作为从重情节予以考虑。

三、本解释中使用的货币数额是指人民币的数额。审理具体案件涉及外币的，应当依照案发当日国家外汇管理局公布的外汇牌价折算成人民币。

四、本解释所称“以上”包括本数在内。

在老师的组织下，参照国家相关法律规定（附后），分组讨论如下问题并写出总结：

1. 姚某所犯何罪？依据是什么？

2. 对姚某所犯罪行，其应接受何种法律处罚？

3. 从中我们可获得什么启示？

项目3　物价与利率管理

【案例导入】

据《石家庄报》2012年3月13日报道，石家庄市物价局对去年查处的五大价格违法行为典型案例进行发布。

1. 停车场收费不按规定明码标价案

2011年1月10日，桥东区物价局对停车场进行检查时发现，桥东区一停车场停车收费没有价目牌或价目表，已构成“不明码标价的”价格违法行为。桥东区物价局依法对其给予罚款1 000元的行政处罚。

2. 高出政府定价销售食盐行为案

新华区联盟路某超市2011年3月17日上午，以高于政府定价销售食盐。经查，该种400克袋装精制每袋应售1元，其实售3元；400克强化盐每袋应售2元，其实

售 3.4 元；800 克泡菜盐每袋应售 1.5 元，其实售 5 元。该超市已构成了不执行政府定价的价格违法行为。

3．超市销售商品价格欺诈案

2011 年 4 月 13 日，物价执法人员对桥西区某超市的商品销售价格进行检查时发现，该单位存在销售"可口可乐"（5L）标价签有 5.50 元/瓶和 5.60 元/瓶两个标价签，结账时却将 5.50 元/瓶按 5.60 元/瓶的价格结算。该店上述行为已构成了标示价格与实际结算价格不符的价格欺诈行为。

4．超市虚构原价销售商品案

2011 年 1 月 27 日，物价部门对长安区某超市销售的商品进行检查时发现，该单位销售蓝月亮洗衣液 500g×3 促销价格为 17.50 元，而标价签所标示的原价为 22.80 元，但该商场自开业以来没有销售过该商品 22.80 元的销售记录。该店上述行为已构成虚构原价的价格违法行为。

5．医院重复收取冷暖费案

2011 年 3 月 30 日，辛集市物价局对辛集市某医院的收费行为进行检查，发现该医院按照新建病房楼标准收取床位费，床位价格包含空调降温费、取暖费。该院在实际执行中，继续加收冷暖费 5 元/床日，2010 年 11 月 15 日至 2011 年 3 月 15 日共收取 10 044 元，其行为已构成重复收取冷暖费的价格违法行为。

【任务互动】

在老师的组织下，请同学们围绕如下问题展开课堂讨论：

1．上述典型个案说明了什么问题？

2．你认为，上述行为应该受到怎样的处罚？

3．结合自己的体验，你自己是否遇到过价格不合理的问题？你是怎么处理的？

4．从石家庄的案件中我们可以获得什么启发？

一、物价管理

（一）物价管理的含义

在我国，根据不同商品的具体情况，国家采取不同的价格管理办法。对实行指令性计划的工农业产品和关系国计民生的重要购销活动，由国家统一规定和调整价格；对实行指导性计划的产品，实行比较灵活的指导性价格；对种类繁多而产值比重不大的非计划产品，则主要依靠市场调节，使价值规律和供求规律自发起调节作用。在价格管理形式上，可以分为：国家统一定价、幅度浮动价格、议购议销价格和集市贸易价格等。

（二）物价管理原则

（1）保持价格总水平的相对稳定，使重要工农业产品价格的变动在宏观上不致失去控制，以利于国民经济的主要比例关系大体协调。

（2）有利于保护地方和企业的积极性，使微观经济主体具有活力。

（3）在维护国家整体利益的前提下，兼顾生产者、经营者、消费者的经济利益。

（4）正确处理中央与地方之间、部门之间、地区之间的关系。

（三）我国的物价管理体制简介

我国实行“统一领导、分级管理”的原则。凡属全国性的价格方针和政策、重要的价格法规、全国价格总体规划、价格调整计划，由国务院制定或批准；重要的农副产品、生产资料和消费资料的价格，以及运输价格，由国家物价局和国务院有关业务主管部门管理；其他指令性计划和指导性计划产品的价格，由地方各级人民政府物价部门和有关业务主管部门管理。国家还赋予工商企业在允许的范围内有一定的定价权。价格分级管理权限划分的依据，是各级物价部门会同有关部门根据上述原则制定的工农业产品价格、交通运输价格和非商品收费的分工管理目录。

（四）物价管理的方法

1．价格计划

价格计划是指国家根据国民经济发展状况和价值规律作用的要求，在对各类商品的社会必要劳动量和供求状况进行调查和预测的基础上，制订或调整各种商品价格的计划。它是国民经济计划的一个重要组成部分。价格计划的任务是使价格对国民经济各个方面的调节作用得到充分发挥。价格计划的内容主要包括：综合各类商品价格总水平的指数计划和各类具体商品价格的调整计划。它反映计划期内各类商品价格的变动趋势和程度及其对整个国民经济发展和人民生活状况的影响，对于社会商品价格总水平的稳定和各类商品价格之间的合理比例关系有着十分重要的作用。

2．价格监督

国家对不同经济部门、企业和事业单位在商品生产、交换和各种经济活动中发生的价格关系实行的监督。它是价格管理的一项重要内容。价格检查是实行价格监督的一种有效手段。价格监督的目的在于，使社会经济活动中的价格关系符合国家价格政策和价格管理法规的要求，保障各方面的合法经济利益，维护正常的经济秩序，制裁违反价格政策和价格纪律的行为，以利于国民经济的健康发展和人民生活的安定。

3．价格监督的对象

价格监督的对象是从事商品生产、经营和劳务活动的企业和事业单位，以及个体经营者，也包括违反价格政策和价格纪律的业务主管部门。价格监督的方式有：①国家监督。包括各级人民政府机构、物价部门，以及工商行政管理等各种综合经济管理部门对价格的监督。其中，各级物价部门的物价检查所，是国家授权的法定的价格监督检查机构。②社会监督。包括职工、干部、街道居民等群众物价监督组织，工会、妇联、消费者协会以及社会舆论等。③企业内部监督。指企业和事业单位内部的物价监督组织，对本单位经济活动中执行价格政策的情况进行监督检查。

（五）物价管理制度及其具体内容

物价管理制度是指为了防止生活费用的不断上涨而对商品和劳务价格实行的有关规定。这种管理制度，一般在战争状态时采用，但当一些国家通货膨胀的压力增加时也被作为抑制通货膨胀的手段而在和平时期采用。应该指出的是，物价管制违背了市场经济的自由竞争机制，属于人为的干预活动，在选择采用物价管制的办法时，需要慎重考虑。

一般来说，物价管理制度包括如下具体内容：

1．商品价格登记制度

商品价格登记，就是把本企业经营的全部商品价格系统地记载起来。价格登记是商业企业物价的基本工作。认真搞好价格登记，可以系统地积累价格资料，便于检查和核对价格执行情况，研究价格变动趋势。商业企业价格登记工作，主要采取价格账（卡），分为工业品价格登记账（卡）和农副产品价格登记账（卡）两个部分。价格登记的内容主要包括：商品类别、货号、名称、规格、牌号、产地、生产厂名、计价单位、价格形式、浮动价格幅度、进货价格、购销差串、地区差率、批零差率、零售价格以及定价或调价的主要依据和说明、执行日期、价格批准单位等。进行商品价格登记，是商业企业物价管理工作中记载商品价格的原始记录，是管理价格的基本依据。所以，必须登记及时，不得随意销毁。

2．商品编号制度

商品编号（货号）是商品的一种代号，这是商业企业管理商品和商品价格的一种方法。商业企业经营的商品名目繁多，规格型号、花色式样比较复杂，即便同一品名的商品，由于产地不同，价格也不尽一致。如果只用品名来区别，就会给开单、登账、对账、定价、查价以及储存保管工作带来许多困难，容易造成差错。若能科学地对商品进行分类编号，各业务部门按照统一的编号进行制定、调整、审查和核对价格，就能提高工作效率，减少差错。

3．明码标价制度

明码标价，是商业企业经营单位向顾客公布商品价格的一种形式。实行明码标价，有利于正确贯彻规定的价格，防止发生错误，便于群众交售农副产品或选购商品，接受群众监督，也有利于营业员售货，提高工作效率。因此，明码标价制度，是企业进行物价管理、提高服务质量的重要方法。明码标价采取红、蓝、绿三色标价签，区别价格形式。红颜色代表国家定价，蓝颜色代表国家指导价，绿颜色代表市场调节价。标价方法一般采用卡片式。价格标签的主要内容包括：商品编号、品名、产地、规格、牌号、等级、计价单位、价格等。价格标签要力求完整准确，字迹清楚，美观醒目，易看易懂，有价有签，不错不乱。商品价格标签必须统一管理。新标价签的填制和旧标价签的更换销毁，都必须由本企业物价员统一负责，其他人员不能随便更换或涂改。商品价格标签填写妥当后，应当由物价员签字或盖章。

4．定价和调价制度

定价是指对需要制定价格的商品包括购进的工业品和收购的农副产品，规定其价格。调价是指提高或降低原来规定的商品价格。新定价格或调整价格用通知单的形式，及时通知有关单位执行。通知单分新增、调整、撤销和错价商品更正等。价格通知单是传递各种商品价格的基本工具，是搞好物价管理的重要方法。因此，通知单必须做到：及时、准确，项目齐全完善，有物价局的签名盖章，以便正确执行。

另外，物价管理制度还包括：搜集和积累价格资料制度、价格联系制度、价格检查制度、价格保密工作制度、物价奖惩制度等。

知识链接

什么是CPI指数

CPI（Consumer Price Index 居民消费价格指数）旨在反映一定时期内居民所消费商品及服务项目的价格水平变动趋势和变动程度。居民消费价格水平的变动率在一定程度上反映了通货膨胀（或紧缩）的程度。通俗地讲，CPI就是市场上的货物价格增长百分比。一般市场经济国家认为CPI增长率在2%～3%属于可接受的范围，当然还要看其他数据。CPI过高始终不是好事，高速经济增长率会拉高CPI，但物价指数增长速度快过人民平均收入的增长速度就一定不是好事，而一般平均工资的增长速度很难超越3%～4%。

【技能实训】

在老师的组织下，将学生每4～6人分为一组，每组设小组长一名。利用周末时间到学校最近的农贸市场、服装批发市场、小商品批发市场、花鸟虫鱼市场、五金家电市场、大型超市等，了解10种左右主要代表性商品的价格并做详细记录。同时，采用个别访谈的方式，采访售货员、顾客、市场管理人员等，了解他们对物价的看法，做好笔录。

由小组长在征询组员意见的基础上，写出总结在下次课上向全班汇报。

二、利率管理

【案例导入】

吴英是原浙江本色控股集团有限公司法人代表，因涉嫌非法吸收公众存款罪，于2007年3月16日被逮捕。2009年12月18日，金华市中级人民法院依法作出一审判决，以集资诈骗罪判处被告人吴英死刑，剥夺政治权利终身，并处没收其个人全部财产处罚。2010年1月，吴英不服一审判决，提起上诉。2011年4月7日，浙江省高级人民法院开始二审“吴英案”，吴英所借资金究竟系用于正常经营活动，还是个人挥霍挪作他用，将成为判决的关键。2012年1月18日，浙江省高级人民法院二审判决，裁定驳回吴英的上诉，维持对被告人吴英的死刑判决，依法报请最高人民法院复核。“吴英案”在中国引发了一场罕见的讨论，舆论集中在当前中国正试图突破，但困难重重的金融体制改革上。2012年2月14日，最高人民法院通报了“吴英案”最新进展，称案情比较复杂，需要依法复核审理。2012年5月21日，吴英今日被浙江省最高人民法院重审判处死刑，缓期两年执行。

法院认定，吴英案的关键在于如下两点：

第一是以高额利息或高回报率为诱饵进行非法集资。吴英刚开始集资的回报条件就达到每万元每天 30 ~ 50 元，且给介绍集资的中间人每万元每天 10 元或每季 30% ~100% 的好处费。但其并未进行经营活动，即使经营，也不可能获得如此丰厚的利润。到后期集资的回报条件是受害人说了算，吴英曾指示帮助其集资的人：什么条件都能答应，只要能拿到钱就行。

第二是吴英并未将集资款用于生产经营活动。吴英除了将少部分非法集资款用于注册传统微利行业的公司以掩盖真相外，绝大部分集资款并未用于生产经营。一是为了造成其守信誉和巨富的假象，骗取更多的钱款，吴英将部分集资款用于支付前期集资款的本金和高额利息；一次性签订上万平方米的购房协议并交纳上千万元的定金，但事后又不买房，参与竞拍土地将价格抬到最高拍得后就不支付余款，因此仅被没收的预付款、定金、保证金就达 4 000 多万元；用集资款购买 1 亿多元珠宝，随意赠送他人或摆在办公室炫富等。她曾对珠宝商说："我的钱太多了，不知怎么花。"；还用集资款进行赞助等，欺骗群众。二是肆意挥霍集资款。吴英本人供认购物从不计较价格，经常到商场扫货，往往一次购买几十万元，在不到一年时间内个人吃玩和购物花费就有 1 000 多万元；吴英喜欢车，用集资诈骗来的钱购买法拉利、宝马等豪车 40 多辆，共计近 2 000 万元，其中一辆二手法拉利就用了 375 万元；还用集资款进行赌博。至案发前，吴英已四处躲债，根本不具备偿还能力，造成巨额集资款不能归还，还有大量债务。

法院认定，吴英的上述种种行为显系以非法占有为目的，采用虚构事实、隐瞒真相的诈骗方法集资，一、二审法院均认定吴英构成集资诈骗罪与本案的事实和我国的刑法规定相符。

【任务互动】

在老师的组织下，分组完成如下问题的讨论：

1. 吴英案中出现的高利率回报，符合有关法律规定吗？
2. 法院认定的吴英罪名是否恰当？
3. 通过本案，谈谈你对我国民间大量出现的"非法集资"现象的看法。

（一）利率管理的内涵

利率管理是指根据客观经济规律和国家的经济政策及利率政策的要求，按照一定的原则、程序和方法，对利率的水平、体系和管理方法进行调整、组织与控制，充分而有效地发挥利率调节经济的功能。

（二）利率管理的原则

利率作为借贷资金的价格，和税收、价格、信贷杠杆一样，都是调节经济的重要手段。与其他经济杠杆相比，利率杠杆具有灵活性、有偿性、间接性的特点，杠杆作用比较灵活，对经济的调节作用比较强，更适用于对市场经济的调节。因此，利率管理就是按照国家经济政策通过对利率杠杆的调节，来协调国民经济的发展。在实行利率管理的过程中应遵循如下原则：

（1）确定科学合理的利率水平，强化资金使用成本对借款人的约束力，以加速资金周转，平衡社会总供求，促进国民经济健康地发展。

（2）理顺各种利率之间的比例关系，合理引导和调整资金的流向和规模，以实现生产要素的最佳配置。

（3）要完善利率体系和利率管理体制，疏通资金价格信息的传递渠道，保证信号传递的及时性和真实准确性，以提高宏观金融的实施效果。

（4）对利率政策落实执行情况进行检查、监督，确保利率政策上通下达，顺利运行。

中央银行在利率管理和调节过程中，则应坚持以下原则：

（1）要有利于既定的货币政策目标。

（2）要有利于实现处理宏观经济效益与微观经济效益的关系。

（3）要有利于调节国家、集体和个人三者的利益，为国家积累资金。

（三）中国人民银行总行和分行的职责

中国人民银行总行的职责包括：根据国家利率政策，拟订有关利率管理的法规草案，制定利率管理的基本规章；根据国务院的授权确定和调整存贷款、同业拆借和各种债券的利率及其浮动幅度，确定和调整利率的种类和档次；领导中国人民银行分支机构的利率管理工作；监督金融机构执行国家利率政策、法规和各种利率的实施情况，协调、仲裁、处理金融机构的利率纠纷和违反国家利率管理规定的行为；宣传、解释国家利率政策、法规和中国人民银行制定的利率规章。

中国人民银行分行的职责包括：根据中国人民银行总行制定的利率管理基本规章，制定适用于本区域的实施细则、规定和办法；监督本区内金融机构的利率执行情况；协调、仲裁本区内金融机构的利率纠纷，查处本区内违反国家利率管理规定的行为；指导本辖区金融同业公会有关利率的协调工作。

知识链接

人民币利率管理规定（节选）

第一章　总　则

第一条　为有效发挥利率杠杆对国民经济的调节作用，加强利率管理，维护正常的金融秩序，创造公平有序的竞争环境，根据《中华人民共和国中国人民银行法》、《中华人民共和国商业银行法》及其他相关法律、法规制定本规定。

第二条　凡在中华人民共和国境内（不含香港、澳门、台湾）经营人民币存贷款业务的金融机构，邮政储蓄部门，其他法人、自然人和其他组织，均遵守本规定。

第三条　中国人民银行是经国务院授权的利率主管机关，代表国家依法行使利率管理权，其他任何单位和个人不得干预。

第四条　中国人民银行制定的各种利率是法定利率。法定利率具有法律效力，其他任何单位和个人均无权变动。

第二章　利率的制定与管理

第五条　中国人民银行制定、调整以下利率：

（一）中国人民银行对金融机构存贷款利率和再贴现利率；

（二）金融机构存贷款利率；

（三）优惠贷款利率；

（四）罚息利率；

（五）同业存款利率；

（六）利率浮动幅度；

（七）其他。

第六条　金融机构根据中国人民银行的有关规定确定以下利率：

（一）浮动利率；

（二）内部资金往来利率；

（三）同业拆借利率；

（四）贴现利率和转贴现利率；

（五）中国人民银行允许确定的其他利率。

第七条　中国人民银行总行履行下列利率管理职责：

（一）根据国民经济发展的需要和货币政策要求，制定利率政策和利率管理法规并组织实施；

（二）领导中国人民银行分支机构的利率管理工作；

（三）监督、检查金融机构执行国家利率政策、法规的情况；

（四）协调、处理金融机构的利率纠纷和利率违规行为；

（五）宣传、解释国家的利率政策及相关法规；

（六）研究、制定、实施国家的利率改革规划；

（七）监测、调控金融市场利率；

（八）其他利率管理工作。

第八条　中国人民银行分支机构在中国人民银行总行授权的范围内履行下列利率管理职责：

（一）实施对辖区内金融机构的利率管理，指导下级行的利率管理工作；

（二）及时转发中国人民银行总行的有关文件，对有关利率调整等内容的重要文件，应在生效日之前传送到辖区内金融机构，并严守机密；

（三）监督、检查辖区内金融机构执行利率政策的情况，处理利率违规行为，并及时向上级行报告本辖区内利率政策执行情况；

（四）建立和完善利率违规举报制度，加强社会监督；

（五）宣传、解释国家的利率政策及相关法规；

（六）组织有关利率政策的调查研究；

（七）完成上级行安排的其他利率管理工作。

第九条　金融机构履行下列职责：

（一）协助和配合中国人民银行进行利率管理工作，宣传、贯彻、执行国家利率政策；

（二）系统内发布的有关利率的文件必须抄送辖区内中国人民银行，凡与中国人民银行有关规定不一致的内容，以中国人民银行的规定为准；

（三）严格执行国家的利率政策和相关法规，加强自身及所辖分支机构的利率管理，发现问题应主动处理；

（四）自觉接受并主动配合中国人民银行的利率管理和检查，提供真实的相关资料；

（五）在营业场所挂牌公告法定利率水平；

（六）对利率政策执行过程中出现的问题及时向中国人民银行报告。

第十条　利率管理人员应当坚持原则，依法办事，不得徇私舞弊，泄露机密，玩忽职守。

【技能实训】

在老师的组织和带领下，利用周末时间，分批前往银行等金融机构实地考察和了解利率管理情况。仔细观察银行营业厅内反映利率变化的滚动式显示屏幕上出现的数字，了解其含义，体会利率的意义和作用。在银行工作人员有闲暇时，尽量与之攀谈，借以具体了解银行有关利率管理的一般性规定，增强对利率问题的感性认识。

项目 4　货币政策

【案例导入】

疯狂的柳沙：宽松货币政策下的楼市样本

亲历 2009 年房价上涨切肤之痛的购房者，这一年来听到最多的一个新名词是“日光”。以“日光”为主旋律的 2009 年南宁楼市，除了本地购房者的积极入市外，更强大的力量来自于一大批空降的外地购房者。而“日光”的出现，与宽松的货币政策脱不了干系。

以柳沙某楼盘为例，2009 年上半年，该楼盘房价一直维持在 4 500 元/平方米左右，即使是江景房，也没过 5 000 元大关。如今，当年同一楼栋的江景房，最高已经卖到 9 000 多元/平方米。

该楼盘的销售负责人表示，就开发商而言，普通商品住房项目的最低资本金比例降低至 20%，房地产信贷政策开始“松绑”，开发商的资金运转就更从容。

而房地产信贷优惠与楼市的繁荣息息相关。首付降低，利率优惠，降低了首次购房的门槛，而二套房贷政策的松动，则降低了投资者们的投资成本。于是大量刚性需求、投资需求的购房者（外地购房者占了相当大的比例）入场看房、买房，直接促进了楼市的繁荣，千人抢房的场面在2009年屡见不鲜，"日光"盘在柳沙乃至整个南宁楼市屡屡出现。而需求的增加，市场的繁荣，助推了房价的攀升。

2009年12月，上市公司珠海华发实业股份有限公司旗下全资子公司广西华诚房地产投资有限公司，以24.7亿元总价、885.4万元/亩的单价拿下柳沙路沿江一地块，一举打破了总价及楼面地价的最高纪录。南宁的开发商从未如此真切地感受到，上市房企的资金实力如此强大。

【任务互动】

在老师的组织下，分组讨论如下问题：

1. 楼价不断上涨和货币政策之间存在怎样的关系？
2. 以你所在家乡为例，讨论楼价上涨或下跌的主要原因。
3. 讨论一下货币政策在调节国家经济生活方面的作用。

一、货币政策的定义

货币政策是指货币当局为实现一定的宏观经济目标而采取的各种控制和调节货币供应量或信用方针、政策和措施的总和。包括宏观经济目标、政策工具、操作目标、中介目标及货币政策操作技巧等内容。

二、货币政策的目标

货币当局制定和实施货币政策所要达到的目的，一般分最终目标和中间目标（亦称"中介指标"）两个层次。货币政策最终目标指的是货币政策制定者期望货币政策运行的结果，对宏观经济总体目标所能发挥的实际效应。一般包括充分就业、稳定物价、经济增长和国际收支平衡四项内容。在经济发展中，货币政策要同时满足四项目标的要求，事实上是不可能的，所以各国都以其中一项作为主要目标，经济发展比较快速稳健的国家，都把稳定物价作为货币政策的首要目标或唯一目标。1990年，新西兰率先提出，货币政策应当以控制通货膨胀为唯一目标，其后，美国、英国、加拿大、澳大利亚等十几个国家接受了反通货膨胀的货币政策。德国则一贯奉行"保卫马克"的政策。

三、货币政策传导机制

货币政策传导机制，是指货币政策从政策手段到操作目标，再到中介目标，最后到最终目标发挥作用的途径和传导过程的机能。货币政策分为制定和执行两个过程，制定过程从确定最终目标开始，依次确定中介目标、操作目标、政策手段。执行过程则正好相反，首先从操作政策手段开始，通过政策手段直接作用于操作目标，进而影响中介目标，从而达到实现货币政策最终目标的目的。

四、广义货币量

广义货币量（M_2），是狭义货币（M_1）的对称，是狭义货币（M_1）加商业银行定期存款的总和。由于各种定期存款一般可以提前支取转化为现实购买力，把它算作货币，可以更全面地反映货币流通状况，便于分析和控制市场金融活动。依此类推，储蓄存款、可转让定期存单、易转手的短期债券等作为具有通货性质的准货币，也可按其流动性状况囊括进来，通常用M_2、M_3等作代号进行分类统计，依次递增的准货币在流动性上依次递减。各国中央银行对这些分类指标的规定有所不同，广义货币分类指标的多少在一国经济、金融发展的不同时期也不尽相同。中国中央银行目前采用的分类方法如下：$M_2 = M_1$ + 城乡居民储蓄存款 + 企业存款中具有定期性质的存款 + 信托类存款 + 其他存款。

广义货币的供应量是中央银行的一项货币供应量统计指标。

五、三大货币政策工具

一般性货币政策工具，又称经常性、常规性货币政策工具，即传统的三大货币政策工具，俗称三大法宝：存款准备金政策、再贴现政策和公开市场业务。

1. 存款准备金政策

存款准备金政策是指中央银行对商业银行等存款货币机构的存款规定存款准备金率，强制性地要求商业银行等货币存款机构按规定比例上缴存款准备金，中央银行通过调整法定存款准备金以增加或减少商业银行的超额准备，从而影响货币供应量的一种政策措施。

2. 再贴现政策

再贴现政策就是中央银行通过提高或降低再贴现率来影响商业银行的信贷规模和市场利率，以实现货币政策目标的一种手段。

3. 公开市场业务

所谓“公开市场业务”（Open Market Operation，也称“公开市场操作”），是指中央银行在金融市场上公开买卖有价证券，以改变商业银行等存款货币机构的准备金，进而影响货币供应量和利率，实现货币政策目标的一种货币政策手段。

六、我国常用货币政策工具简介

我国最常用的货币政策工具是调整人民币存款准备金率和人民币存贷款基准利率。

在美国金融危机蔓延、全球金融动荡的背景下，中国对货币政策工具进行了重大调整：中国人民银行2008年10月8日决定，自15日起下调人民币存款准备金率0.5个百分点；自9日起下调一年期人民币存贷款基准利率各0.27个百分点，其他期限档次也相应调整。

"存款准备金率"和"银行利率"均为中央银行最具影响力的货币政策工具，能直接调控货币供给。背景显示，这是自1999年底起，央行近9年来首次下调所有存款类金融机构人民币存款准备金率；自2002年2月起，央行6年来首次下调人民币存贷款基准利率。

就这次存贷款基准利率调整幅度来看，包括个人住房公积金贷款在内的绝大多数期限档次的存贷款利率均下调了0.27个百分点；此外，活期存款利率不变，三个月整存整取定期存款下调0.18个百分点，六个月贷款下调0.09个百分点。

虽然前几年为防止经济过热、控制通货膨胀压力，央行曾连续上调存款准备金率和银行利率，但中国人民银行此次对"两率"进行反向重大调整，市场却并不感到意外。此间专家表示，在美国次贷引发的金融危机波及全球的背景下，中国经济正面临着国际国内的诸多挑战，保持经济平稳较快发展已成为当前重要任务，相应政策灵活调整正是题中之义。

鉴于国际经济金融正在经历严重的挑战，中国已提出要采取灵活审慎的经济政策，以妥善应对各种复杂局面。

知识链接

国家货币政策

西方国家运用货币政策的中心点是调节货币供应量。增加货币供应量称为"放松银根"，减少货币供应量称为"紧缩银根"。

运用货币政策所采取的主要措施包括七个方面：

第一，控制货币发行。这项措施的作用是，钞票可以整齐划一，防止币制混乱；中央银行可以掌握资金来源，作为控制商业银行信贷活动的基础；中央银行可以利用货币发行权调节和控制货币供应量。

第二，控制和调节对政府的贷款。为了防止政府滥用贷款助长通货膨胀，资本主义国家一般都规定以短期贷款为限，当税款或债款收足时就要还清。

第三，推行公开市场业务。中央银行通过它的公开市场业务，起到调节货币供应量，扩大或紧缩银行信贷，进而起到调节经济的作用。

第四，改变存款准备金率。中央银行通过调整准备金率，据以控制商业银行贷款、影响商业银行的信贷活动。

第五，调整再贴现率。再贴现率是商业银行和中央银行之间的贴现行为。调整再贴现率，可以控制和调节信贷规模，影响货币供应量。

第六，选择性信用管制。它是对特定的对象分别进行专项管理，包括证券交易信用管理、消费信用管理、不动产信用管理。

第七，直接信用管制。它是中央银行采取对商业银行的信贷活动直接进行干预和控制的措施，以控制和引导商业银行的信贷活动。

【技能实训】

在老师的组织下，先利用网络等途径查阅近期黄金市场的政策资料。然后利用课余时间分组、分批前往黄金珠宝首饰市场，实地考察、参观、个人采访。考察结束后，各组在组长的组织下，讨论并书面回答如下问题：

1. 现阶段国家对黄金市场的政策有什么基本特征？

2. 上述政策对黄金市场走向产生什么影响？

3. 目前，投资于黄金市场的人群有什么特点（年龄、性别、职业、教育程度、投资意向等）？黄金市场未来的趋势可能是什么？为什么？

项目 5　外汇管制

【案例导入】

假定一件价值 100 元人民币的商品，人民币兑美元的汇率分别为 0. 150 2 和 0. 142 9（间接标价法）。

【任务互动】

在老师的组织下进行如下计算并讨论：

1. 在不同的汇率下，计算该商品的美元价格。

2. 两种不同的计算结果，说明了什么问题？

3. 价格、商品竞争力和销量之间存在怎样的关系？

4. 讨论一下对汇率如何定义比较准确？

一、汇率的定义及其产生的原因

在模块五中，我们也曾涉及汇率问题。为了与本模块的学习内容相衔接，有必要对汇率进行进一步的说明。

所谓汇率，简单地说就是用一个单位的一种货币兑换等值的另一种货币。比如案例中的数字就表明，1 元人民币可换 0. 150 2 或 0. 142 9 美元，换句话说，1 美元可换 6. 657 8 或 6. 997 9 元人民币。

结合本项目中的案例，一件价值 100 元人民币的商品，如果人民币兑美元的汇率为 0. 150 2（间接标价法），则这件商品在美国的价格就是 15. 02 美元。如果人民币兑美元汇率降到 0. 142 9，也就是说美元升值，人民币贬值，用更少的美元可买此商品，这件商品在美国的价格就是 14. 29 美元。所以该商品在美国市场上的价格会变低。商品的价格降低，竞争力变高，便宜好卖。反之，如果人民币兑美元汇率升到 0. 166 7，也就是说美元贬值，人民币升值，则这件商品在美国市场上的价格就是 16. 67 美元，此商品的美元价格变贵，买的人就少了。

可见，汇率的变化对一国的出口和国民财富的增加将产生极为深刻的影响。

那么，汇率问题究竟是怎么出现的呢?

我们首先要了解，各国货币之所以能够进行对比并形成相互之间的比价关系，原因在于它们都代表着一定的价值量，这是汇率的决定基础。

在金本位制度下，黄金为本位货币。两个实行金本位制度的国家货币单位可以根据它们各自的含金量多少来确定他们之间的比价，即汇率。如在实行金币本位制度时，英国规定1英镑的重量为123.274 47格令，成色为22开金，即含金量113.001 6格令纯金；美国规定1美元的重量为25.8格令，成色为千分之九百，即含金量23.22格令纯金。根据两种货币的含金量对比，1英镑=4.866 5美元，汇率就以此为基础上下波动。而在纸币制度下，各国发行纸币作为金属货币的代表，并且参照过去的做法，以法令规定纸币的含金量，称为金平价，金平价的对比是两国汇率的决定基础。但是，纸币不能兑换成黄金，因此，纸币的法定含金量往往形同虚设。所以在实行官方汇率的国家，由国家货币当局（财政部、中央银行或外汇管理当局）规定汇率，一切外汇交易都必须按照这一汇率进行。在实行市场汇率的国家，汇率随外汇市场上货币供求关系的变化而变化。汇率对国际收支、国民收入等具有影响。

二、外汇管制

1. 什么是外汇

在模块五中，我们说道，外汇就是以外币表示的用于国际结算的支付凭证。这里为引出外汇管制的话题，再进行一下简要说明。

国际货币基金组织对外汇的解释为：外汇是货币行政当局（中央银行、货币机构、外汇平准基金和财政部）以银行存款、财政部库券、长短期政府证券等形式所保有的在国际收支逆差时可以使用的债权，包括外国货币、外币存款、外币有价证券（政府公债、国库券、公司债券、股票等）、外币支付凭证（票据、银行存款凭证、邮政储蓄凭证等）。外汇的概念有动态和静态之分。动态的外汇是指把一国（地区）货币转换成另一国（地区）货币，并在国际间流通以清算因国际经济往来而产生的债权债务的行为；静态的外汇则指以外币表示的可以用作国际清偿的支付手段和资产。通常情况下，外汇的概念是在静态意义上使用的。

要注意的是，尽管外汇在形式上表现为某种外国货币或外币资产，但并不能因此就认为所有的非本国货币都是外汇。只有那些具有可兑换性的外国货币才能成为外汇。根据不同国家对外汇管制的程度以及国际货币基金组织规定的条件，迄今为止，全世界已有50多个国家的货币可自由兑换。我国的人民币目前属于有限度自由兑换货币。

2. 外汇管制及其基本类型

外汇管制又称外汇管理，是指一个国家为保持本国的国际收支平衡，对外汇的买卖、借贷、转让、收支、国际清偿、外汇汇率和外汇市场实行一定的限制措施的管理制度。外汇管制的目的在于保持本国的国际收支平衡，稳定汇率，限制资本外流，防止外汇投机，促进本国的经济发展。通常，外汇管制的基本手段有两种，即外汇数量管制和外汇汇率管制。前者是指为集中外汇数量而采取的外汇统筹统配，如强制结汇制度；后者是指通过实行本位币定值过高或歧视性的多重汇率来实现保证本国国际收支平衡、增强出口竞争力等目标。

以外汇管理的宽严程度为标准，当今世界的外汇管理制度可分为三种基本类型：一是严格的外汇管理，即对经常项目和资本项目的外汇收支都实行严格的限制。由于外汇短缺，经济落后的发展中国家通常实行这种严格的外汇管理制度。二是有限的外汇管理，即对经常项目的外汇收支原则上不予限制，对资本项目的外汇收支则加以限制。一些经济发展较快的新兴工业国家采取这种有限的外汇管理制度。我国的外汇管理即属此类型。三是不加限制的外汇制度，即对经常项目和资本项目的外汇收支均不予限制，允许外汇自由兑换，自由出入国境，在采用此种外汇制度的国家，一般不存在外汇数量的管制，汇率的形成则依靠市场。一些发达国家采取这种制度。

知识链接

直接外汇管制与间接外汇管制

直接外汇管制，是指对外汇买卖的汇率实行直接的干预和控制。按直接管制的方式不同，又可分为行政管制与数量管制。

政府的外汇管理部门对外汇买卖、外汇汇率、外汇资金来源和运用直接进行控制和管理。其中包括行政控制和管理、数量控制和管理、成本控制和管理。行政控制和管理是由政府指定的专门机构实行外汇管理。主要是集中垄断外汇买卖，即收入的外汇要卖给国家指定的银行，支出的外汇要经过申请批准；管理外汇资产、贵金属和贵金属制品；管制资本输出入，即资本输出入要经过严格审批。外汇数量控制和管理主要是对外汇收支实行数量调节；贸易和非贸易方面所使用的外汇实行配额制；实行外汇留成制，允许某些企业和个人留存部分外汇收入；对外借款实行数额管理。凡单位对外借款要制订计划，报送有关部门审批；对外国企业的外籍职工汇出或售出外汇也有数量限制。成本控制和管理主要是运用调整汇率的方法实行差别汇率，即对贸易和非贸易收支规定不同的汇率。前种汇率由政府规定，后种汇率随市场供求状况而定。有的国家还实行“多种汇率制”。

根据不同种进出口商品以及不同性质的外汇买卖规定了多种汇率，借以对非必需品的进口加以限制，鼓励出口，并对必需品的出口加以限制，鼓励进口。这都是为了影响外汇供求，控制外汇收支。

间接外汇管制与直接外汇管制对称，是外汇管制的方式之一。间接外汇管制是指政府运用经济手段、行政手段，通过对国际收支经常项目和资本项目的控制，达到影响外汇市场上外汇供求的目的，从而使外汇供求达到基本平衡，起到稳定汇率的作用。

其主要方法是：

（1）扩大出口，减少进口。

通过本国货币法定贬值，降低本国货币对外汇率，从而降低本国出口商品的成本，有利于增加出口商品的国际竞争力，扩大国际市场；同时，提高进口商品的价格，减少国内对进口商品的需求。

在进口方面发放进口许可证，凭进口许可证购买所需外汇。

采用进口配额制，对一定时期内进口商品的数量和金额加以限制，超过配额部分不准进口或征收高关税或罚款。

进口存款制，是对某些限制进口商品要求进口商预交一定金额的进口存款作为无息存款。有些国家还规定进口方必须获得出口方所提供的一定数量的出口信贷或提高开出信用证押金等方式限制进口。

在出口方面给予出口信贷、出口补贴，鼓励出口。

（2）管制资本输出入。即根据经济情况变化，有时采取一些措施鼓励资本输出，限制资本输入。通常情况下，发达国家多实行限制资本输入鼓励资本输出的政策；发展中国家多采取鼓励资本输出限制资本输入的政策。

（3）建立外汇平准基金。当国际收支发生逆差，表现在国内外汇市场上就是外汇供不应求，外汇汇率必然上升。此时，中央银行抛出外汇，阻止汇率继续上扬；当国际收支出现顺差而引起外汇汇率下跌时，买进外汇，防止汇率继续下跌。这种外汇买卖活动，在国家不直接规定汇率变动幅度的情况下对汇率起到了缓冲和稳定作用。但是，这种方式只能对国际收支的短期逆差效果显著，而对长期逆差作用不大。因为外汇平准基金数额有限，无法供应长期的外汇市场需求。

【技能实训】

甲是某外国公司，欲将千万美金转至国内某公司，但是操作错误，转到了国内乙公司，巧合的是，乙公司欠银行巨额贷款到期未还。自此，银行将甲账户上的这千万美元，全额扣除，以此了结相应金额的债务。

补充背景：从国外转至国内的大额交易外汇到账后，账户持有人并不能即刻动用这笔资金，需要收到外汇的国内公司首先到外汇管理局办理相应手续，通过审核之后，账户上的资金才能变成账户持有人可以支配的外汇。

事后，甲公司在中国法院同时起诉了乙公司和涉案银行，有人说是侵权之诉，有人说是不当得利之诉。

在老师的组织下，针对上述案例完成下列技能训练内容：

1. 通过网络等多种方式，查阅有关法律规定并摘录其中的基本要点以备讨论用。
2. 在下次课上分组进行讨论，甲应该向谁起诉？以何种罪名起诉？
3. 从中我们可以获得什么启发？

【模块小结】

本模块围绕金融市场及其监管、物价与利率管理等五个基本问题，介绍了我国现行金融市场及管理的概况，国家对物价和利率进行管理的基本规定，三大货币政策的含义及相互关系和汇率管制的基本类型等方面的知识。通过学习，同学们应该对上述知识形成比较清晰的认识，并能运用这些知识对社会经济中的现实问题进行分析、判断和思考，初步掌握对国家政策的基本分析方法，学会从相关案例中找到解决问题的方案，形成科学理性的金融理财意识，学会用专业的金融眼光看待和分析问题。

【练习题】

一、单项选择题

1. 金融市场包括有形市场与无形市场两部分。就总体而言，金融市场大多为(　　)。
A. 有形市场　　B. 无形市场
C. 模拟市场　　D. 货币市场

2. 金融市场分为货币市场和资本市场，其分类标准应是（　　）。
A. 资本借贷及有价证券期限　　B. 交易对象
C. 交易交割方式　　D. 金融交易的地理范围

3. 金融市场赖以生存和发展的首要前提是（　　）。
A. 发达、完善的金融体系，银行制度及相当规模的专门人才
B. 完备的经济、金融法规以及富有效率的监管体系
C. 相当数量和种类的金融工具
D. 发达的商品货币经济

4. 金融市场监督与管理的关系是（　　）。
A. 监督是目的，管理是手段　　B. 管理是目的，监督是手段
C. 监督和管理都是目的　　D. 监督和管理都是手段

5. 我国现行物价管理体制的基本原则是（　　）。
A. 发挥地方和中央两个方面的积极性　　B. 以地方为主，接受中央指导
C. 统一领导、分级管理　　D. 中央高度集中，适当分级、分层管理

6. 物价管理的最基本方法是（　　）。
A. 制订价格计划　　B. 实行价格监督
C. 进行价格审查　　D. 接受和处理价格违规举报

7. 通常情况下，外汇的概念是在（　　）意义上使用的。
A. 静态　　B. 动态
C. 常态　　D. 难以确定的状态

8. 货币政策的首要内容是（　　）。
A. 确定政策工具和操作目标　　B. 制定宏观经济目标
C. 决定对外金融工作方针　　D. 解释货币政策操作技巧

9. 假定人民币兑美元汇率为 1：0.150 7。这意味着 1 美元可以兑换（　　）元人民币。
A. 6.635 7　　B. 6.637 5
C. 6.758 2　　D. 6.690 1

10. 证券交易信用管理是（　　）的重要内容。
A. 选择性信用管制　　B. 直接信用管制
C. 推行公开市场业务　　D. 调整再贴现率

二、多项选择题

1. 金融市场根据交易交割方式可分为（　　）。

A. 现货市场　　B. 回购市场
C. 期货市场　　D. 黄金市场

2. 金融市场中的资本市场，具体包括（　　）等。

A. 银行中长期贷款市场
B. 国家公债、公司债券、股票、抵押契约等交易市场
C. 期货市场
D. 黄金市场

3. 金融市场有效运作的条件包括（　　）。

A. 市场化条件下的法治经济
B. 完善的金融体系、银行制度及相当规模的专门人才
C. 相当数量和种类的金融工具
D. 完备的经济、金融法规以及富有效率的监管体系

4. 以法律形式维护证券交易的公平性和合法性，是我国管理金融市场的基本形式。这一基本形式具体又包括（　　）。

A. 制定证券发行方面的法律
B. 按照证券交易法管理证券交易活动
C. 制定管理证券机构的法律，确定证券机构的经营原则、业务范围和应尽的义务
D. 制定制裁证券交易违规、违法行为的法律

5. 金融市场的功能可概括为（　　）。

A. 调剂资本余缺，便利筹资与投资
B. 提高资本效率
C. 促进资本流动，调节国民经济
D. 有利于以市场化方式实施货币政策

6. 金融市场监管的必要性主要体现在（　　）。

A. 金融是现代经济的核心，对经济运行和发展作用重大
B. 金融业是存在诸多风险的特殊行业
C. 良好的金融秩序是保证金融安全的重要前提
D. 可以提升我国的国际地位

7. 一般来说，物价管理制度包括如下具体内容（　　）。

A. 商品价格登记制度　　B. 商品编号制度
C. 明码标价制度　　D. 定价和调价制度

8. 中央银行在利率管理和调节过程中，应坚持以下原则（　　）。

A. 有利于既定的货币政策目标
B. 有利于调节国家、集体和个人三者的利益，为国家积累资金
C. 有利于股票和债券交易市场的稳定

D. 有利于实现处理宏观经济效益与微观经济效益的关系

9. 三大货币政策工具是指（　　）。

A. 存款准备金政策　　B. 电子货币政策

C. 再贴现政策　　D. 公开市场业务

10. 以外汇管理的宽严程度为标准，当今世界的外汇管理制度可分为如下基本类型（　　）。

A. 严格的外汇管理　　B. 有限的外汇管理

C. 不加限制的外汇制度　　D. 弹性外汇制度

三、判断题

1. 广义的市场包括资本借贷及证券、外汇、黄金的买卖。狭义的市场包括资本借贷及有价证券买卖这两个主要部分。（　　）

2. 货币市场，属于长期资金市场，一般指一年以上期限的资金借贷及有价证券的交易市场。（　　）

3. 公民理性而成熟的金融意识是金融市场正常运转的重要条件。（　　）

4. 对金融市场主体即交易者进行监督是金融市场监管的重要内容。（　　）

5. 金融市场上的经济管理主要体现为中央银行通过其政策手段影响金融市场的活动。（　　）

6. 对种类繁多而产值比重不大的非计划产品，则主要依靠指导性计划和市场调节相结合的方式，使价值规律和供求规律自发起调节作用。（　　）

7. 各国货币之所以能够进行对比并形成相互之间的比价关系，原因在于它们都代表着一定的价值量，这是汇率的决定基础。（　　）

8. 实施对辖区内金融机构的利率管理，是中国人民银行分支机构在中国人民银行总行授权的范围内履行的管理职责之一。（　　）

9. 外汇汇率管制是指为集中外汇数量而采取的外汇统筹统配，如强制结汇制度。（　　）

10. 再贴现率是商业银行和中央银行之间的贴现行为。调整再贴现率，可以控制和调节信贷规模，影响货币供应量。（　　）

四、案例分析题

非法集资定罪背后的“标准”难题

据2011年1月7日《经济导报》(济南) 报道，日前，最高人民法院发布实施了《关于审理非法集资刑事案件具体应用法律若干问题的解释》（下称《解释》）。其中，确立了非法吸收公众存款罪的定罪量刑、非法擅自募集基金行为的定性处理意见，以及非法集资活动中虚假广告行为的认定和处罚等主要内容。

其中，非法吸收公众存款罪的定罪标准引起了社会关注。中央财经大学法学院教授郭华5日接受《经济导报》记者采访时表示，对于非法吸收公众存款的“入罪门槛”，“应当合理界定什么是‘户’，而非直接认定为‘30 人’”。

非法集资几乎无孔不入。

近年来，吉林海天案、安徽兴邦案、万里大造林案、亿霖木业案、浙江吴英案等一批重大非法集资案陆续被查出。去年 12 月，哈尔滨市中院宣判的一起集资诈骗、非法吸收公众存款案涉案金额更是高达 22.22 亿元。

“非法集资犯罪属于涉众型案件，影响非常大。”郭华说。数据显示，非法集资案件涉及全国 29 个省区市，涵盖农业、林业、建筑、金融、教育等十几个行业，一些个案甚至涉及多个行业。

非法集资类案件每年约以 2 000 起、集资额 200 亿元的规模快速增加。公安部的数据显示，2009 年全国公安机关共立非法集资案件 2 641 起，同比增长 56%。

根据上述情况，在老师的组织下，同学们讨论并回答如下问题：

1. 非法集资屡禁不止的原因是什么？
2. 刑罚是否为解决问题的最好选择？为什么？
3. 通过本案，你获得了什么启发？

各模块练习题参考答案

模块一

一、单项选择题

1. C 2. B 3. A 4. D 5. B 6. A 7. D 8. D 9. C 10. B

二、多项选择题

1. ABD 2. ACD 3. ABCD 4. BCD 5. ABCD 6. ABCD 7. ABC 8. AB 9. AB 10. ABCD

三、判断题

1. √ 2. × 3. √ 4. × 5. √ 6. √ 7. √ 8. × 9. × 10. ×

四、案例分析题

答案要点：

1. rate（12，-1 000，10 000，0）=2.92%，月利率和年利率分别为2.92%和35%，很不划算。

2. rate（10，-1 000，9 500，0）=0.94%，月利率0.94%，换算为年利率11.3%，比第一种情况划算，但利率仍然偏高。

3. 采用一次性付款的方式，相对来说是最为划算的。

4. 以分期付款的方式来享用耐用消费品的效用，但分期付款的年限不要超过耐用消费品的使用年限。分期付款时应比较现金一次付清与分期付款期限及每期付款额，来换算所支付的利率。

模块二

一、单项选择题

1. A 2. C 3. B 4. C 5. B 6. A 7. C 8. B 9. D 10. A

二、多项选择题

1. ABCD 2. ABCD 3. BCD 4. AD 5. BD

三、判断题

1. × 2. √ 3. √ 4. × 5. × 6. × 7. √ 8. √ 9. × 10. ×

四、案例分析题

答案要点：

随着我国按照入世协议的要求逐步对外资金融机构开放国内金融市场，我国金融机构将面临着越来越激烈的市场竞争。如何增强国内商业银行及其他金融机构的市场竞争能力，已成为摆在我们面前的重大问题。决定商业银行竞争能力高低的因素是多方面的，包括产权构成、资本及规模实力、机构组成及内部管理效率、资产及服务质量、管理层及员工素质、技术及企业文化、业务范围及运作模式、产品结构及创新等。而本案例所反映的主要是产品及服务创新对我国银行经营的巨大冲击。

虽然这一事件最后被证实报道有误，但报道的内容仍然对我们的思维产生了一定的冲击，可以说是中国金融业经历的一次“脑震荡”。我们同样应该从中获得一些警示。

1. 报道中爱立信“倒戈”的重要原因之一是公司有大量的应收账款，希望银行提供无追索权应收账款买断服务，以尽快获得流动资金。由于这种业务风险较大，需要保险公司参与提供保险服务，而目前中资银行无法像外资银行那样得到这种保险服务，因此无法满足爱立信的要求。于是，爱立信转投外资银行。

众所周知，与其他许多行业一样，银行业也存在一个“二八定律”，即银行业 80% 的利润来自占客户总量 20% 左右的优质客户。加入世贸组织后，像爱立信那样的优质客户势必成为中外资银行争相拼抢的焦点。中资银行若想在争夺中获胜，就必须不断进行金融创新，为客户提供品种更多、质量更优的金融服务。为了应对入世后外资银行的挑战，国内银行进一步加快金融创新已迫在眉睫。目前，国内银行的业务创新的确进展十分缓慢，难以与外资银行相抗衡。如果仍然按现在的创新节奏发展下去，势必会面临真实而且普遍的“倒戈事件”。

2. “爱立信事件”见诸报端后，也有一些人认为在未来的金融竞争中，中资银行将节节败退，无招架之力。我们认为，这种看法也是片面的。事实上，中资银行已经具备了一定的竞争实力。实际上，闯荡世界市场的中资银行就要比抢滩中国市场的外资银行多。目前中资银行在境外的资产已高达 1 400 亿美元，而外资银行在境内的资产仅为 400 多亿美元。另一方面，国内银行经营体制的改革与改造的步伐也已加快。国务院动用 450 亿美元外汇储备注资中国银行和中国建设银行，以实施其股份制改造与上市的计划，就充分说明了这一点。对于中资银行跟外资银行展开的金融竞争，我们不该盲目乐观或是妄自菲薄。只要国内银行在增强核心竞争力方面多下工夫、多做努力，凭着已有的市场占有优势，就不难在未来的国际化竞争中立于不败之地。

模块三

一、单项选择题

1. B 2. C 3. B 4. B 5. A 6. D 7. C 8. C 9. B 10. C

二、多项选择题

1. ABCD 2. ABCD 3. ABC 4. ABCD 5. CD 6. BC 7. ABC 8. CD 9. BC 10. ACD

三、判断题

1. × 2. √ 3. × 4. √ 5. × 6. × 7. √ 8. × 9. √ 10. √

四、案例分析题

答案要点：

1. 提及的金融工具主要包括银行储蓄、证券投资基金和保险。

2. 蚁族的生活背景关键是处于事业刚起步，收入不高，没有太多的结余资金存固定、存定期，风险承受能力相对较低，不能投资于高风险金融工具，所以，银行储蓄和基金定投比较合宜。其中，银行储蓄的选择要灵活组合，充分利用银行的各类产品、工具，如信用卡消费、定期宝、活期宝等，既可保持资金流动性又能获得高于活期利息的资金收益率。根据个人情况，拿出其中一部分结余资金用于基金定投，则能积少成多，利用复利效应，获得比银行储蓄更高的收益。

模块四

一、单项选择题

1. D 2. A 3. B 4. A 5. C 6. B 7. D 8. A 9. C 10. B

二、多项选择题

1. ABCD 2. ABC 3. ABCD 4. ACD 5. ABC 6. ABC 7. ACD 8. ABD 9. ABCD 10. ABD

三、判断题

1. √ 2. × 3. × 4. √ 5. √ 6. × 7. √ 8. √ 9. × 10. ×

四、案例分析题

答案要点：

1. “光贴”，是对“光票贴现”的习惯性叫法，即企业在银行承兑汇票贴现过程中没有在贴现银行开户，而是将票据背书给了一个“有名无实”的企业，再从该“企业”账上周转获得贴现款。其主要危害是逃避银行监督，以虚假发票、贸易合同等手段伪造出相互间上下手的贸易，由此迎合银行合规审查，获得贴现资金。这种非法行为对我国金融秩序的稳定构成了严重威胁。

2. 票据贴现的正常程序是：符合条件的商业汇票的持票人可持未到期的商业汇票连

同贴现凭证向银行申请贴现。贴现银行可持未到期的商业汇票向其他银行转贴现，也可以向中国人民银行申请再贴现。贴现、转贴现和再贴现时，应作成转让背书，并提供贴现申请人与其直接前手之前的增值税发票和商品发运单据复印件。

持票人持未到期的汇票向银行申请贴现时，应根据汇票填制贴现凭证，在第一联上按照规定签章后，连同汇票一并送交银行。银行信贷部门按照信贷办法和支付结算办法的有关规定审查，符合条件的，在贴现凭证“银行审批”栏签注“同意”字样，并由有关人员签章后送交会计部门。

贴现银行向中国人民银行申请再贴现时，必须持已办理贴现但尚未到期的、要式完整的商业承兑汇票或者银行承兑汇票，填制再贴现凭证，并在汇票上背书，一并送交中国人民银行。中国人民银行审查后，对符合条件的予以再贴现。

3. 从本案中可以看出，必须加大对非法票据贴现的打击力度，强化对金融业从业人员的职业道德教育，提升职业素养。同时，我国有关票据贴现方面的法规也需要进一步完善。

模块五

一、单项选择题

1. A 2. C 3. C 4. A 5. A 6. A 7. A 8. C 9. D 10. C

二、多项选择题

1. ABCD 2. AB 3. ABCD 4. ABC 5. ABCD 6. ABC 7. ABCD 8. ABD 9. ABCD 10. ABCD

三、判断题

1. √ 2. √ 3. × 4. × 5. √ 6. × 7. √ 8. √ 9. × 10. ×

四、案例分析题

答案要点：

1. 欧元兑美元的汇率波动受以下主要因素的影响：

（1）欧洲中央银行动向。欧洲中央银行控制着欧元区 12 国的货币政策，其主要政策目标是保持价格稳定。欧洲中央银行的货币政策有两个支柱，第一个支柱是价格变化及其对价格稳定影响的展望。价格稳定定义为协调的消费者价格指数（HICP）上涨低于 2%。第二个支柱是以 M_3 表示的货币增长率，欧洲中央银行的参考数值是 M_3，增长率为 4.5%。

（2）欧洲中央银行每隔一周的星期四召开一次理事会来讨论利率事宜。在每个月的第一次会议上，欧洲中央银行举行一次新闻发布会，发布其对货币政策和整体经济的展望报告。很显然，欧洲中央银行对欧元汇率走势的评论或对外汇市场的干预，都会对欧元兑美元汇率产生一定的影响。

（3）短期利率走势。短期利率走势的影响主要应该从两方面来看：①再融资利率。欧洲中央银行的再融资利率是银行进行流动性管理的关键短期利率。再融资利率与美国联邦基金利率的差异是判断欧元兑美元汇率的一个较好的指标。②3个月的欧元存款利率。在欧元区之外3个月的欧元存款利率是判别利率差异的有价值的基准，有助于对汇率进行评估。欧元存款利率相对于美元越高，欧元兑美元越有可能升值。

（4）交叉汇率效应。欧元兑美元汇率有时还要受到非美元汇率的影响，如欧元兑日元。如果日本发布正面影响的新闻，欧元兑日元汇率就有可能下跌，而由于欧元兑日元汇率的下跌，欧元所出现的弱势自然也将会导致欧元兑美元汇率的下跌。

（5）3个月欧元期货合约的效应。期货合约反映了市场对3个月欧元区外的欧元存款利率的预期。3个月欧洲美元期货合约与欧元存款期货合约利率的差异是决定欧元兑美元预期的一个基本因素。

（6）其他因素。欧元兑美元汇率与美元兑瑞士法郎汇率之间存在较强的负相关，反映了欧元与瑞士法郎之间的关系。这是因为瑞士经济主要依赖于欧元区经济。在多数情况下，欧元兑美元汇率的上升会伴随着欧元兑瑞士法郎的下跌。

（7）政治因素。还有一个不可忽视的因素是，欧元兑美元汇率容易受到政治不稳定的影响，如法国、德国或者意大利联合政府出现不稳定的趋势，受到的影响就更大。俄罗斯政治或者金融不稳定也影响到欧元兑美元汇率，因为德国在俄罗斯有大量的投资。

（8）基本经济因素。如欧元区近十年经济表现远逊美国，特别是在1996—2000年间，美国经济平均增长达4.3%，与欧元区2.5%相比差距很大。而在劳工生产力方面，20世纪90年代美国领先欧元区国家的趋势亦逐步确立。欧元第一阶段的走势即可说明。

2. 2005年，欧元下跌趋势明显，欧元对美元的汇率从最高位回落，在年底回到欧元最初推行时水平。2006年至今，汇率稳步回升，并且在2007年，一度飙升，创下1.368 2的新高。随着世界金融危机的爆发，欧元从高位回落，进入欧债危机后，欧元一路下行。

模块六

一、单项选择题

1. B　2. A　3. D　4. B　5. C　6. A　7. A　8. B　9. A　10. A

二、多项选择题

1. ABC　2. AB　3. ABCD　4. ABC　5. ABCD　6. ABC　7. ABCD　8. ABD　9. ACD　10. ABC

三、判断题

1. √　2. ×　3. ×　4. √　5. √　6. ×　7. √　8. √　9. ×　10. √

四、案例分析题

答案要点：

1. 非法集资犯罪属于过程性犯罪，它是在运行过程中才逐渐出现的犯罪，比如非法吸收公众存款罪，需要达到一定的数额才构成犯罪，这种过程性犯罪的特点导致了其隐蔽性强，公安机关侦破起来难度较大。

2. 一般随着经济的发展，经济类犯罪如贪污贿赂犯罪等的起刑点都在不断提高。而《解释》降低了非法集资的“入罪门槛”，在市场经济并不完善的情况下，采取刑罚手段解决并非最佳方法，而且不能因为非法集资犯罪的隐蔽性以及侦破难度大，就加大打击力度。

3. 金融体系内发生的违法行为，应当用行政或经济的手段解决问题，一旦解决不力，可能是体制的问题，不能简单采取刑罚的手段解决，这样会造成解决手段的单一。同时，在多元化投资背景下，应当加强金融监管。要打击非法集资犯罪，就需要从上游着手，完善金融管理体制，预防该类案件的发生。

参考文献

1. ［美］斯科特·贝斯利，尤金·F. 布里格姆．金融学原理（第3版）．王宇，吴先红译．北京：北京大学出版社，2010.

2. 郑道平，张贵乐．货币银行学原理（第6版）．北京：中国金融出版社，2009.

3. ［美］斯蒂芬·F. 勒罗伊，简·沃纳．金融经济学原理．汪建雄，何雪飞译．上海：上海财经大学出版社，2003.

4. 曹华．金融分析——原理及应用．北京：机械工业出版社，2010.

5. 王允平．金融企业会计学（第3版）．北京：经济科学出版社，2011.

6. ［美］萨利赫·N. 内夫茨．金融工程原理（第2版）．陈典发译．北京：机械工业出版社，2010.

7. 石兴．保险产品设计原理与实务．北京：中国金融出版社，2006.

8. 张凡雷，苏世伟．保险学原理与实务（第2版）．北京：科学出版社，2012.

9. 杨惠昶．金融学原理．北京：科学出版社，2006.

10. 贺显南．投资学原理及应用．北京：机械工业出版社，2011.

11. 万解秋，贝政新．现代投资学原理．上海：复旦大学出版社，2012.

12. 陈信华．金融衍生工具——定价原理与实际运用（第2版）．上海：上海财经大学出版社，2009.

13. 杨胜刚，姚小义．外汇理论与交易原理．北京：中国金融出版社，2002.

14. 王晓军，孟生旺．保险精算原理与实务（第2版）．北京：中国人民大学出版社，2010.

15. 付荣辉，李丞北．保险原理与实务．北京：清华大学出版社，2010.

16. 丁邦开，周仲飞．金融监管学原理．北京：北京大学出版社，2004.

17. 杨胜刚，姚小义．外汇理论与交易原理．北京：高等教育出版社，2008.

18. ［美］乔治·E. 瑞达．风险管理与保险原理（第10版）．刘春江，王欢译．北京：中国人民大学出版社，2010.

19. 沈能．现代金融学概论——原理与案例．北京：经济科学出版社，2011.

20. 毛二万，刘欣，胡荣才，徐春骐．证券投资分析原理与实务．北京：中国人民大学出版社，2008.

21. 张峰．网络金融原理与实务．北京：清华大学出版社，2012.

22. 张峰．中证券投资原理与实务．北京：清华大学出版社，2008.

23. 何泽荣．国际金融原理（第3版）．成都：西南财经大学出版社，2004.

24. 许谨良．人身保险原理和实务（修订本）．上海：上海财经大学出版社，2002.

25. 苏世伟．保险学原理与实务．北京：科学出版社，2006.

26. 杨忠海．保险学原理（第 2 版）．北京：清华大学出版社；北京交通大学出版社，2011.

27. 庄新田，苏艳丽，王健．金融工程——原理、工具与应用．北京：科学出版社，2009.

28. 刘连生，付鹏．保险学原理．北京：经济科学出版社，2012.

29. 徐颖，王建梅，徐弥榆．保险学．北京：经济科学出版社，2011.

30. 唐友清．国际金融原理与实务．重庆：重庆大学出版社，2006.

31. 马宜斐，段文军．保险原理与实务（第 2 版）．北京：中国人民大学出版社，2011.

32. 粟芳，许谨良．保险学．北京：清华大学出版社，2006.

33. 单昕欣．外汇市场——高频数据的经验分析．北京：中国金融出版社，2008.

34. 杨胜刚．外汇理论与交易原理．北京：高等教育出版社，2008.

35. ［英］古德哈特，帕内．外汇市场——高频数据的经验分析．杨胜刚，姚小义译．北京：中国金融出版社，2008.

36. 吴志明．开放经济条件下的我国外汇储备规模．长沙：湖南大学出版社，20012.

37. ［美］凯茜·莲恩．外汇日内交易与波段交易．魏强斌，文子译．太原：山西人民出版社，2012.

38. 陈不同．外汇交易手册．北京：地震出版社，2012.

39. 刘金波．外汇交易原理与实务．北京：人民邮电出版社，2011.

40. ［美］詹姆斯·陈．外汇交易必读．杨艳译．北京：中国人民大学出版社，2012.

41. 倪信琦，兰容英．外汇交易实务．厦门：厦门大学出版社，2010.

42. 马翔．汇率变动对国际直接投资的影响研究．杭州：浙江大学出版社，2011.

43. 都红雯，张新杰．跨国经营企业汇率风险研究．杭州：浙江大学出版社，2009.

44. 陈信华．外汇经济学．上海：立信会计出版社，1994.

45. 李念祖．外汇交易原理与实务．上海：立信会计出版社，2002.

46. 刘舒年，温晓芳．国际金融．北京：中国人民大学出版社，2006.

47. 田文锦．国际金融实务．北京：机械工业出版社．2006.

48. 货币．百度百科，http：//baike. baidu. com/view/26698. htm.

49. 中国货币．中华人民共和国人民政府，http：//www，gov. cn/test/2005 －06/16/content_ 18254. htm.

50. 货币．维基百科，http：//zh. wikipedia. org/wiki/% E8% B2% A8% E5% B9% A3.

51. 我国的金融机构有哪些．百度知道，http：//zhidao. baidu. com/question/154350531. html.

52. 国内银行业金融机构．中国银行业监督管理委员会，http：//www. cbrc. gov. cn/chinese/jrjg/index. html.

53. 金融工具．百度文库，http：//wenku. baidu. com/view/0bcd68fec8d376eeaeaa31fe. html.

54. 新型金融工具分析报告．道客巴巴，http：//www. doc88. com/p - 675409143386. html.

55. 金融工具创新．中国人民银行，http：//www. pbc. gov. cn/publish/main/851/3008/30083/30083_ . html.

56. 金融市场　第九章　短期货币市场工具．智库文档，http：//doc. mbalib. com/view/a76594ae08ae9317b3ed1515afacd728. html.

57. 短期货币市场工具．道客巴巴，http：//www. doc88. com/p - 491278534634. html.

58. 外汇市场．百度百科，http：//baike. baidu. com/view/76750. htm.

59. 外汇交易时间．百度百科，http：//baike. baidu. com/view/1735925. htm.

60. 外汇频道—金融界，http：//forex. jrj. com. cn/.

61. 恒信外汇，http：//www. hx8888. com/cn/index. html？ action = bd.

62. 第十一章　金融市场管理．百度文库，http：//wenku. baidu. com/view/63a9ca1dc281e53a5802fffc. html.

63. 金融市场管理的主要内容是什么．百度知道，http：//zhidao. baidu. com/question/286643342. html.

64. 我国金融市场及其管理问题．中国知网，http：//mall. cnki. net/magazine/Article/NKJJ198504005. htm.

65. 经营方略目录．中国金融家网，http：//www. zgjrj. com/jyfl/new_ page_ 0. htm.

66. 金融管制．百度百科，http：//baike. baidu. com/view/693261. htm.

后　记

在注重终身教育的时代，社会对中职学校毕业生的需求也在悄然发生着变化。用人单位更加看重从业者具有个性化特征的综合职业能力、职业岗位适应能力和转岗能力，更加注重从业者从事生产、经营、管理、服务、技术第一线工作或其辅助性工作的具体操作技能，而对精深的专业理论则不过分强调。

这种变化对中职教育提出了严峻的挑战。如果不打破以往学科型、学术导向型的职业教育教学理念，职业教育的应用特征就无法凸显，技能训练就得不到重视，教育与实际工作岗位的能力需求相吻合更是无从谈起。我们非常认同我省一些职教专家对财经类中职学校培养目标的准确定位：培养既具有可持续发展能力，又具有初步执业技能的财经文员。按照这一定位，结合中职学生年龄偏小且普遍文化知识基础较为薄弱的现状，在总结多年职业教育教学工作经验和企业工作经验的基础上，依据金融类工作岗位的基本职业能力要求，本教材将知识点巧妙融合于真实案例和逼真的金融机构业务工作场景中，以“案例导入—任务互动—正文讲解—知识链接—技能实训—模块小结—练习题”为编写线索，打破传统的章节结构，进行教学内容的项目化改造。同时，高度注重金融案例的导引作用，使学生从一个个“故事”中去揣摩、猜测、体会相关的知识点，再通过老师的生动讲解，领悟貌似艰深枯涩、玄妙莫测的金融学术语和概念的真正含义，并最终运用这些已与现实进行过“接轨”、“碰撞”与“亲密接触”的理论知识去解答新的问题，从而达到理论与实操一体化、师之教与生之学一体化、课堂知识讲授与真实业务运作一体化、学生对知识的猜测及预估与知识本身的一体化，并使之相互印证的教学目标。

在我们的设想中，本书将给学生提供现实社会经济生活的生动场景，让他们通过案例、图片、所设计的问题、所制造的思维困境以及教师的点拨与指引，消除对金融学“高深”理论的恐惧感和厌倦感，真正体会“理论是灰色的，生活之树常青”这句至理名言的确切含义。我们希望，在我们的努力下，尤其是在主讲本门课程的老师的引领下，金融学的学习不再被视为畏途。

尽管如此，我们也深知，由于金融学本身的学科特点，纵然使出浑身解数，也不可避免要讲到、用到、涉及一些所谓“高深”理论和计算起来很麻烦的数字，并以此作为解读典型案例、深刻体会相关知识点的一把钥匙。这样一来，会不会又陷入一个怪圈？即为避免教学的枯燥乏味所付出的全部努力，最终还是使学生一脸茫然，一头雾水。坦白说，我们真的有这个担忧。

但我们坚信努力不会白费。因为对我们所熟知的教学模式、教学内容和教学方法进行大胆改造，总是要冒一定风险的。这个风险主要来源于我们对教材内容的把握是否精准，对学生学习规律和认知特点的认识是否到位，对所选案例的适切性是否胸有成竹，对来自教材使用者的反馈信息是否高度重视并以此作为今后改进的重要依据。如果我们能够以这样一种态度，这样一份平常心，这样一份对职教事业的热爱，这样一片对学生的赤诚之心，去对待这本摆在读者面前的教材和所面临的风险，我们就可以认为已经尽了全力并且心中无悔了。

由于时间匆促和作者水平有限，本教材的缺陷一定不少。所以，当这本教材摆在您面前的时候，请一定告诉我们您的宝贵意见与建议，我们渴望听到批评的声音。作为由从教多年的教师组成的教材编写团队，我们事业上的任何一点进步，永远只能来自您的鼓励。

最后要特别加以说明的是，在编写过程中，我们参考了来自百度百科、维基百科等的同行的研究成果，虽然在引用资料方面我们已尽量将每位作者列出，但由于信息方面的原因，少数未能与作者取得联系，敬请作者在看到我们的书籍之后，能与我们联系，我们将酌付稿酬并寄送样书。

洪宇平

2012 年 7 月 16 日于广州